# A CONQUISTA DE BERLIM
## 1945 - A DERROTA DOS NAZISTAS

Proibida a reprodução total ou parcial em qualquer mídia
sem a autorização escrita da editora.
Os infratores estão sujeitos às penas da lei.

---

Consulte nosso catálogo completo e últimos lançamentos em **www.editoracontexto.com.br**.

# A CONQUISTA DE BERLIM

## 1945 - A DERROTA DOS NAZISTAS

### Vassily Tchuikov

*Tradução*
Roberto Cataldo Costa

*Consultoria técnica*
Coronel Alessandro Visacro

*Copyright* © da edição brasileira:
Editora Contexto (Editora Pinsky Ltda.)

*Montagem de capa e diagramação*
Gustavo S. Vilas Boas

*Preparação de textos*
Lilian Aquino

*Revisão*
Tatiana Borges Malheiro

Dados Internacionais de Catalogação na Publicação (CIP)
Andreia de Almeida CRB-8/7889

Tchuikov, Vassily
A conquista de Berlim : 1945: a derrota dos nazistas / Vassily Tchuikov ; tradução de Roberto Cataldo Costa. – São Paulo : Contexto, 2017.
    256 p. : il.

Bibliografia.
ISBN 978-85-520-0028-0

Título original: The fall of Berlin: with the Russian Army in Berlin. The last battle of nazi Germany

1. Guerra Mundial, 1939-1945 – Alemanha – Berlim 2. Berlim (Alemanha) – História 3. Berlim, Batalha de 1945 4. União Soviética – História 5. Militarismo I. Título II. Costa, Roberto Cataldo

17-1226                                    CDD 940.5421

Índices para catálogo sistemático:
1. Segunda Guerra Mundial – Berlim (Alemanha)

2017

EDITORA CONTEXTO
Diretor editorial: *Jaime Pinsky*

Rua Dr. José Elias, 520 – Alto da Lapa
05083-030 – São Paulo – SP
PABX: (11) 3832 5838
contato@editoracontexto.com.br
www.editoracontexto.com.br

# Sumário

Introdução à edição brasileira ........................................................... 7

"Outono, outono..." ............................................................................ 9
Rumo a Berlim ................................................................................... 19
Forçando a travessia do Vístula ........................................................ 37
Comprima a mola, depois a solte ..................................................... 57
Eventos para reflexão ........................................................................ 85
Chegamos ao Oder ............................................................................ 97
Alguns erros de cálculo ................................................................... 107
A queda da Cidadela ....................................................................... 115
O estandarte vermelho sobre Küstrin ............................................. 123
Falta pouco! .................................................................................... 131
O começo poderia ter sido melhor ................................................. 141
Começa a agonia da morte ............................................................. 153
O passo derradeiro .......................................................................... 163
Sobre Berlim: fogo! ......................................................................... 169
Os soldados da guarda .................................................................... 179
O assalto ao Tiergarten ................................................................... 189
Krebs chega ao meu posto de comando ........................................ 207
Primeiro de Maio em Berlim .......................................................... 225
A rendição ....................................................................................... 239
O último tiro é disparado em Berlim ............................................. 251

O autor ............................................................................................ 255

# Introdução à edição brasileira

Conhecemos muitos relatos sobre a Segunda Guerra Mundial e uma parte deles é sobre o que aconteceu após o Dia D, com a vitória dos Aliados sobre os alemães. Até agora não dispúnhamos de uma obra fundamental que desse um testemunho sobre como a guerra foi vencida... pelos soviéticos. O Marechal Tchuikov, autor deste livro extraordinário que finalmente chega aos leitores brasileiros, foi um dos maiores heróis da União Soviética. Na verdade, mais do que isso, e de forma paradoxal, todos os ocidentais amantes da liberdade devem a esse militar próximo ao tirano Stalin o fato de podermos viver em sociedades democráticas, não racistas, livres da praga totalitária. Afinal, foi sob a liderança desse militar, filho de camponeses, que os soviéticos venceram os nazistas, primeiro em Stalingrado, depois na própria Alemanha e, finalmente, em Berlim, onde destruíram o que restava do Terceiro Reich e levaram o líder nazista ao suicídio.

Este não é um livro de um historiador, um jornalista, um intelectual. Tchuikov era um soldado, um militar de campo, desses que precisavam sentir o ruído da batalha. Não que não fosse um excelente estrategista. Sua simples sobrevivência física em um ambiente hostil como a Moscou stalinista mostra que tinha numerosas habilidades políticas também. Mas era na frente do combate que se sentia bem e isso pode ser percebido na sua narrativa minuciosa dos feitos da guerra, no amor que dedicava aos companheiros de farda, na alegria com que narra a conquista do território inimigo.

A narrativa com que nos brinda é fundamental para quem quer conhecer os sucessos da Segunda Guerra, mas não é um primor de objetividade. Aqui os soldados soviéticos não conquistam, só libertam. O marechal evita falar da hostilidade com que suas tropas foram recebidas em diversos países, antes de chegar à Alemanha. Seus comandados são educados, dividem até suas rações com os alemães famintos. Estupros, nem pensar. Além de tudo faz com que os russos vençam pela qualidade militar, não pela superioridade de armamento. De resto, não podemos esquecer que escreveu este livro já nos anos 1960, em plena Guerra Fria. Daí o autor ser tão duro com os ocidentais, embora seja um fato real a demora dos Aliados para abrir uma segunda frente, no aguardo de que soviéticos e nazistas se matassem mutuamente, para honra e glória dos países ocidentais.

Tchuikov não poupa o maquiavelismo de Churchill (o primeiro-ministro inglês tinha forte influência sobre o presidente americano, que era o responsável pela decisão de atacar a Europa ocupada pelos alemães), mas o faz com o que passou a saber quando escreveu o livro, não no calor das batalhas. Nesses vinte anos (entre os anos 1940 e os anos 1960), Ocidente e soviéticos passaram de aliados a inimigos. É importante saber disso para que a leitura do livro de Tchuikov se torne ainda mais interessante.

De resto, para quem gosta de narrativas bélicas, estratégias e táticas de guerra, de intrincados planejamentos, de descrição de armamentos, esta será uma grande leitura. Aqui se respira o ar das batalhas, aqui se ouvem os canhões, aqui se percebem a destruição e o sofrimento que a guerra causa, mas também o espaço para gestos heroicos. Muitos já leram sobre o fim do Terceiro Reich, mas só agora terão a oportunidade de saber como ele foi destruído pela pena do Marechal Tchuikov, o comandante em chefe do Exército Soviético que promoveu a conquista de Berlim.

Os editores

# "Outono, outono…"

Durante a noite que antecedeu o 28 de maio de 1944, três grupos de reconhecimento, formados por homens experientes que eu conhecia desde a Batalha de Stalingrado, penetraram detrás das linhas inimigas. A noite era de um calor e uma quietude incomuns. Mas, no *front*, não se deve confiar na quietude, pois ela pode ser enganadora.

Passei a noite na margem oeste do Dniestre, na cabeça de ponte onde as principais forças do exército estavam operando, embora o Estado-Maior alemão acreditasse, graças a falsos comunicados e relatos presunçosos, que as tropas russas que ocupavam essa ponte na região de Sharneny-Pugocheny haviam sido esmagadas e davam seu último suspiro. As tropas em questão pertenciam ao 62º Exército, que fora rebatizado de 8º Exército da Guarda após a Batalha de Stalingrado. Os generais alemães queriam muito esmagar esse exército e anunciavam esse desejo como se fosse realidade.

Para mim, era importante saber se o inimigo estava se preparando para desferir um novo golpe contra as nossas tropas, que ele tinha conseguido fazer recuar um pouco em direção à margem do Dniestre, ou se ele havia se entrincheirado e esperava por novas reservas.

A conquista de Berlim

A observação pessoal do comportamento das tripulações dos tanques alemães nos últimos combates, bem como o próprio estilo do ataque nazista, que tinha sido hesitante no início e, em seguida, de uma violência temerária, com pausas curtas, indicava que o inimigo havia ficado sem fôlego.

Naquele momento, era importante saber se essa suposição era verdadeira, a partir de relatórios de reconhecimento.

**De Stalingrado ao Dniestre**

"Outono, outono..."

Como se sabe, nessa época os alemães já não sonhavam com a conquista do *Lebensraum* (espaço vital) até os montes Urais; eles estavam tratando de salvar a própria pele, lutando pela vida. Então, o instinto de autopreservação vinha em primeiro lugar.

Esse estado psicológico provoca dois extremos opostos: resistência acirrada, beirando à negligência imprudente, e timidez que se aproxima da covardia mórbida. Esses dois extremos (imprudência e medo) costumam evocar uma atividade mental frenética cujo objetivo é um só: encontrar o meio mais seguro de defesa, atacar o inimigo da maneira que mais lhe cause prejuízo e depois se retirar enquanto a coisa vai indo bem.

Tinha sido bastante eficaz o golpe desferido por duas divisões Panzer e seis divisões de infantaria contra as nossas tropas que haviam ocupado uma cabeça de ponte do outro lado do Dniestre, mas ainda não tinham tido tempo de consolidá-lo plenamente. O inimigo conseguira nos atingir de forma a causar muito prejuízo. Os generais alemães estavam ansiosos para, a todo custo, se vingar do 8º Exército da Guarda, por causa do terrível fim que ele tinha imposto ao exército de Paulus, e tinham escolhido um momento favorável.

Sim, favorável, porque naquele momento, os soldados do nosso exército estavam fisicamente exaustos, no limite da resistência. Eles vinham executando ações ofensivas por quase um ano, sem pausa. A travessia forçada do Donets, ao norte; lutas sangrentas no Donbass; depois, após uma breve pausa para respirar, o ataque a Zaporizhia. Após Zaporizhia, a operação no Dnieper; depois, Nikopol, Apostolovo, a travessia do Bug Meridional, enfrentando estuários (*limans*) e planícies de inundação; a captura de Odessa; complexas operações de flanqueamento sem usar estradas, quando bombas, morteiros e armas leves tinham que ser operadas à mão o tempo todo, isso sem falar no avanço em alta velocidade por aquela parte da Ucrânia que fica a oeste do Dnieper. O 8º Exército da Guarda era como um pugilista que fora chamado para ir de um ringue a outro, sem intervalo, e lutar com oponentes de pesos variados. Antes da última luta, não houve tempo sequer para respirar fundo e enxugar o suor.

Metaforicamente falando, nessa última batalha, o exército tinha ficado na lona durante uma contagem breve, mas havia se recuperado rapidamente e levantado a guarda de novo. Afinal de contas, ele incluía regimentos e divisões que tinham uma grande e inestimável experiência de luta defensiva nas margens do Volga. Lá, os homens tiveram que aguentar golpes mais pesados do que esse, mas, como sabemos, Paulus não tinha conseguido celebrar qualquer vitória desde então. E como terminou o duelo ali, na cabeça de ponte do Dniestre? Eu chamo de duelo porque as tropas das outras frentes não conseguiram auxiliar o 8º Exército da Guarda com homens nem com ações diversionistas. Somente a força aérea atacou as concentrações do inimigo. Munições, especificamente bombas e projéteis de morteiro, tinham praticamente parado de chegar naquele que foi o pior de todos os períodos para nós, já que o derretimento do gelo em função da primavera impedia o uso das estradas.

À meia-noite, recebemos um sinal de rádio codificado dos nossos homens de reconhecimento. Era curto e claro: "Outono, outono". A primavera estava conosco, mas era outono atrás das linhas do inimigo. Isso significava que não havia sido descoberta nenhuma aproximação de novas forças e que as divisões, agora paralisadas, estavam em má situação. Para elas, era a queda outonal das folhas: sepulturas e mais sepulturas, além de tristeza no coração. Agora, já não eram necessárias mais explicações para deixar claro quem tinha vencido.

Naquela mesma noite, veio uma ordem: o 8º Exército da Guarda deveria entregar a cabeça de ponte na margem oeste do Dniestre ao 5º Exército da Guarda e retornar à reserva da frente.

De manhã, eu me lavei na água do Dniestre, atravessei para a margem leste e tomei um café da manhã reforçado. Quando a névoa matinal se dissipou, o chefe da seção de operações e eu subimos um morro ao sul do vilarejo de Butor, e se abriu diante de nós um panorama inesquecível: nas encostas e no vale, ao longo de toda a linha de defesa, nas estradas e em frente às trincheiras, estavam as formas negras e com corcovas dos tanques dos inimigos mortos, como camelos ajoelhados. Muitos ainda fumegavam. Alguns estavam de lado, com os canhões erguidos parecendo focinhos, como se implorassem aos céus por misericórdia.

Contamos mais de cem tanques destruídos e queimados. Não havia nenhum dos nossos entre eles porque as unidades do 8º Exército da Guarda que operavam na cabeça de ponte só tinham um único regimento de tanques, com cinco veículos, que tinham sido capturados. Eles haviam sido bem enterrados e foram usados como pontos de tiro.

Usando binóculos, também era possível ver elevações cinzentas: os cadáveres dos soldados e oficiais alemães. Eles estavam espalhados em grande número pelo campo de batalha. Ninguém contou quantos havia, e só mais tarde se soube que as companhias de infantaria, no ataque à nossa cabeça de ponte, tinham sido reduzidas a 15 ou 20 homens cada uma. Em resumo, uma força de ataque inimiga formada por duas divisões Panzer e seis divisões de infantaria, operando contra cinco divisões de fuzileiros do 8º Exército da Guarda, tinha sido aniquilada. Os alemães não tinham nada com que atacar, enquanto as nossas companhias de fuzileiros ainda tinham entre 50 e 60 combatentes ativos.

Aqui eu me permito recordar brevemente a situação militar geral naquele momento.

Depois da derrota esmagadora infligida às forças nazistas diante de Moscou em 1941, o centro das operações militares se deslocou para o sul da Rússia soviética, a Ucrânia, o Cáucaso e os braços mais baixos do Volga. Os anos de 1942 e 1943 e a primeira metade de 1944 foram um período de batalhas violentas e de grandes vitórias para as Forças Armadas Soviéticas.

Em 1942, o inimigo sofreu uma derrota decisiva no Volga, que foi o clímax de toda a Segunda Guerra Mundial e marcou uma virada no conflito. Após a Batalha de Kursk, no verão de 1943, e, mais tarde, com a travessia forçada do Dnieper por nossas tropas e a libertação de Kiev, a Alemanha hitlerista estava diante de uma catástrofe.

O avanço das Forças Armadas Soviéticas na ala esquerda da frente soviético-alemã terminou em maio de 1944, com sua vitória completa sobre as principais forças da coalizão hitlerista engajadas no sul. Nossas forças libertaram o Donbass, toda a Ucrânia, a Crimeia e uma parte considerável da Moldávia. Na ala direita e no centro, forçamos o inimigo a recuar de Leningrado e Smolensk e avançamos para uma linha que ia de Pskov até Kovel, passando por Vitebsk e Rogachev.

Mesmo com as Forças Armadas Soviéticas tomando a ofensiva ao longo de uma frente ampla, o poder de combate de seus exércitos e *fronts* não havia diminuído, uma vez que, nessas batalhas, as perdas de armas e equipamentos foram reduzidas ao mínimo e nem sequer podem ser comparadas às perdas sofridas em 1941, quando estávamos recuando. Além disso, os territórios liberados permitiram aumentar as reservas de soldados. A indústria, em ritmo cada vez mais acelerado de produção, estava fornecendo ao *front* tudo o que era necessário. Tudo isso gerava segurança em relação a uma vitória rápida e completa sobre o inimigo.

Hoje, sem qualquer constrangimento, os generais e os marechais de campo nazistas citam, em suas memórias, cifras supostamente precisas das perdas sofridas pelas forças soviéticas e falam de um desequilíbrio de poder de fogo absolutamente colossal em nosso favor, em todos os setores do *front*, principalmente nas partes onde nossas forças conquistaram vitórias. Cada um desses autores de memórias, seja Von Manstein, Guderian, Hans Doerr ou Tippelskirch, faz todo o possível para mostrar que os russos derrotaram os alemães em função dos números e não da habilidade, e que a vitória russa foi obtida ao preço de rios de sangue e montanhas de máquinas esmagadas e destruídas. Enquanto isso, *eles*, os generais e marechais de campo nazistas, sabiam travar seus embates e suas batalhas com forças pequenas, de modo que, sem dúvida, apesar de os russos os superarem muitas vezes em quantidade, eles teriam sido completamente vitoriosos se não fosse pela má liderança de Hitler.

Assim, para se justificar e também para agradar a seus novos mestres do outro lado do oceano, os generais e marechais de campo, tanto os que foram batidos quanto aqueles que não foram suficientemente bem batidos, inventam toda espécie de fantasias e distorcem a verdade, em uma tentativa de falsificar o registro da História.

Porém, o que é ainda mais estranho é que essas falsas versões sejam usadas por historiadores ingleses de renome, como Liddell Hart, Fuller e outros, que alegam ter precisão científica e objetividade irrepreensível em suas obras. Sem parar para pensar sobre o relato dos eventos evidentemente contraditório apresentado por esses autores nazistas de memórias, os primeiros aceitam os esforços literários dos segundos com uma fé incrivelmente fácil e crédula e tiram suas próprias "conclusões históricas" com base em dados falsos.

Na verdade, o comportamento desses ilustrados senhores é totalmente esperado. Afinal, se alguém acreditasse nos comunicados do Estado-Maior alemão, pensaria que, no final do segundo ano da guerra, não restavam soldados nem tanques na Rússia soviética e tampouco indivíduos aptos entre os trabalhadores ou agricultores. Segundo esses comunicados, a Rússia soviética era um deserto naquela época e o equilíbrio de forças era favorável aos nazistas em todas as frentes.

Contudo, vale a pena lembrar como Goebbels e seus subordinados bradavam, durante o terceiro ano da guerra, que o Exército Vermelho superava muitas vezes os alemães em homens, tanques, artilharia e aviões. Era um verdadeiro grito de pânico. Por que os generais que outrora foram de Hitler e aqueles que lhe faziam eco em outros países se esquecem disso em suas memórias?

## "Outono, outono..."

Sabemos que alguns líderes de círculos reacionários no Ocidente queriam ver a Segunda Guerra Mundial terminar com a Alemanha de Hitler no túmulo e a Rússia soviética agonizando em seu leito de morte. O longo atraso na abertura da segunda frente fez com que nós, soldados soviéticos, compreendêssemos que as verdadeiras ações de nossos aliados ocidentais não eram aquelas anunciadas nas mensagens cheias de infinitas promessas tranquilizadoras que recebíamos dos estadistas do Ocidente. Nós dependíamos de nós mesmos, das capacidades de nosso próprio país. É por isso que não nos surpreende, agora, ver os Liddell Harts e Fullers da vida se alinhando aos Guderians, Mansteins e outros que estão em busca de vingança.

No decorrer da guerra, contudo, mais de uma vez o nosso povo surpreendeu tanto os seus inimigos quanto os seus aliados. Inspirados nas vitórias militares, os trabalhadores e os agricultores das fazendas coletivas da União Soviética se esforçaram incansavelmente para aumentar os índices de produção industrial e agrícola. As áreas libertadas da ocupação nazista foram rapidamente restauradas. No final do terceiro ano de guerra, o poder das Forças Armadas Soviéticas foi novamente alimentado pelo carvão do Donbass, o manganês de Nikopol e o minério de ferro de Querche.

As vitórias do Exército Soviético ajudaram a intensificar a luta pela libertação nacional nos países europeus ocupados pelos nazistas. Essa luta foi liderada pelo Partido Comunista e por outros partidos operários, que uniram centenas de milhares de patriotas. Com o avanço do Exército Soviético em direção ao Dniestre e à porta de entrada para os Bálcãs, o movimento antifascista se tornou mais ativo nos países satélites da Alemanha. Na Bulgária e na Romênia, os exércitos sublevados e de libertação nacional cresceram em número. Naquele verão, as unidades búlgaras de *partisans* totalizavam cerca de 30 mil combatentes, que imobilizaram o exército monarquista. Em maio, a Frente Húngara foi formada por iniciativa dos comunistas da Hungria e, na Romênia, formou-se um bloco nacional-democrático, que organizou um levante armado antifascista.

Na Iugoslávia, na Albânia e na Grécia, sob a liderança dos comunistas, os *partisans* lutaram com muita bravura contra os invasores fascistas, em batalhas que mantiveram 19 divisões fascistas ocupadas e imobilizadas.

O povo polonês, independentemente da política traidora de Mikolajczyk e de seu governo no exílio, intensificou a luta armada contra os invasores nazistas. Desde o início de 1944, o Conselho Nacional da Polônia, criado pelas forças progressistas do país, iniciou um trabalho extremamente ativo de organização, estimulando o povo trabalhador e mobilizando-o para a luta contra fascistas e traidores.

Tudo isso, junto aos ataques na Frente Oriental, onde as divisões de Hitler estavam sendo destroçadas, ia enfraquecendo inexoravelmente os fundamentos da coalizão fascista.

As derrotas sofridas pela Alemanha no Leste inocularam um medo mortal nos corações dos grupos monopolistas do país, os verdadeiros senhores do Terceiro Reich. Sua fé em Hitler estava perdida e, depois da catástrofe no Volga, eles já não sonhavam em dominar o mundo.

Em 1944, os grupos monopolistas alemães que tinham posto Hitler no poder em 1933 organizaram uma conspiração para destituí-lo e iniciar negociações em separado com os governos dos Estados Unidos e da Grã-Bretanha. Os conspiradores queriam se livrar de Hitler antes que o Exército Soviético chegasse ao território alemão e atribuir ao Führer toda a responsabilidade pela guerra e pela derrota. O novo governo alemão abriria a Frente Ocidental às forças norte-americanas e britânicas e transferiria suas divisões de lá para o Leste, contra o Exército Soviético.

Os norte-americanos estavam em contato com os conspiradores por meio de agentes do serviço de inteligência de Allen Dulles. Winston Churchill, chefe do governo britânico, com intermediação do banqueiro sueco Wallenberg, deu seu consentimento para que se iniciassem negociações com o novo governo alemão.

O ponto culminante da trama foi a explosão de uma bomba em 20 de julho de 1944, na Toca do Lobo, perto de Rastenburg (atual Ketrzyn), na Prússia Oriental. A bomba errou o alvo, e o Führer escapou, levando apenas um susto, mas a explosão abriu os olhos de Hitler e alertou o ditador, uma vez mais, sobre o quanto sua posição era incerta. Ele também se convenceu de que norte-americanos e britânicos não se opunham ao que seria, para eles, uma paz vantajosa e separada com a Alemanha, desde que esta lhes prestasse um serviço fiel e verdadeiro contra as forças soviéticas que avançavam do Leste.

Todos esses eventos mostram o quanto as forças da Alemanha de Hitler estavam abaladas naquela época e como o poder do Estado soviético havia crescido. De repente, certos círculos no Ocidente começaram a ver nos exércitos soviéticos de libertação uma ameaça não apenas ao nazismo, mas também ao capitalismo em geral.

## "Outono, outono..."

Nossos aliados norte-americanos e britânicos começaram a acelerar a abertura da segunda frente, temendo que o Exército Soviético pudesse chegar, sem a sua ajuda, não só a Berlim, mas também ao Reno ou mesmo a pontos a oeste dele. A partir do momento em que a bomba explodiu, em 20 de julho, Hitler começou a procurar cada vez mais energicamente uma brecha dentro da coalizão anti-hitlerista entre a União Soviética, de um lado, e os Estados Unidos e a Grã-Bretanha, de outro. Ele procurou por essa brecha e alimentou esperanças de encontrá-la até o dia de sua morte.

Os acontecimentos históricos, todavia, desenrolaram-se na devida ordem. As intrigas e conspirações que visavam atingir objetivos de guerra sem a União Soviética, sem a participação de suas forças armadas, estavam fadadas ao fracasso. Enquanto os Aliados ainda se preparavam para abrir a segunda frente, a mente de generais, oficiais e soldados soviéticos estava completamente ocupada com pensamentos sobre as batalhas finais em território alemão, que poriam fim a todo o sistema do Terceiro Reich.

Essas não são generalidades. Mesmo antes de nossas tropas terem atravessado os campos da Ucrânia Ocidental, as florestas da Bielo-Rússia e os vales da Moldávia, o Quartel-General Central do Comando Supremo já havia elaborado o plano para a derrota completa e final das tropas nazistas em território alemão. Mais especificamente, embora ainda houvesse luta em curso ao longo do Dnieper, durante o tempo do assalto a Zaporizhia, no verão de 1943, o Q.G. Central do Comando Supremo decidiu transferir forças que haviam participado da Batalha do Volga para a linha de avanço sobre Berlim. Isso incluía as tropas do 8º Exército, que traziam consigo a experiência de combate urbano obtida a duras penas e que agora se preparavam para atacar Berlim, para tomar de assalto a fortificada capital da Alemanha. Com muita antecedência, no verão de 1943, decidiu-se que Berlim devia ser tomada pelos soldados da guarda, que tinha conquistado esse título de honra na batalha cruel travada às margens do Volga. E, quando a cidade caiu, foram precisamente eles que deram o golpe final no centro de Berlim e, assim, puseram fim ao Terceiro Reich.

Nestas memórias, tentarei relembrar como isso aconteceu e o caminho que os soldados do 8º Exército da Guarda percorreram antes de alcançar seu tão almejado objetivo.

# Rumo a Berlim

Em 5 de junho de 1944, as tropas do 8º Exército da Guarda foram retiradas da cabeça de ponte do Dniestre e reposicionadas na 3ª reserva da Frente Ucraniana. Eu logo fiquei sabendo que o exército seria transferido para o norte, para uma das principais linhas de avanço no centro da frente soviético-alemã. Ninguém disse diretamente que estávamos avançando em direção a Berlim, mas entendi tudo sem precisar de palavras.

Acho que não é necessário explicar quais eram os meus sentimentos. Muito antes disso, eu tinha chegado à conclusão - mais do que à conclusão, à certeza - de que era isso que deveria acontecer, que seria minha tarefa levar meus regimentos a atacar Berlim.

No entanto, após a travessia forçada do Dnieper, após a tomada de Zaporizhia e Nikopol, o exército foi sendo redirecionado cada vez mais rumo ao sul. Eu não sabia o que estava sendo decidido no Q.G. Central nem como. Então, de repente, veio a decisão oficial: "O exército está sendo transferido para uma das principais linhas de avanço".

Se eu fiquei satisfeito? Sim. Que militar não se alegra quando lhe são concedidas honra e confiança? Ele não valeria nada de outra forma. É preciso querer estar onde se pode fazer mais pela causa comum. Mas eu não tive tempo para me alegrar, havia muitas tarefas a cumprir naquele momento: em primeiro lugar, o reagrupamento das tropas na cabeça de ponte do Dniestre sem perdas e sem ceder nada ao inimigo.

Nesse mesmo dia, foi elaborado um plano exaustivo, e o reforço às tropas na cabeça de ponte foi sendo feito com calma, sem interferências por parte do inimigo, que evidentemente tinha sido arrasado na luta anterior.

Uma vez com a reserva, nossas tropas descansaram ou, como diz a expressão, "se aprumaram". Apenas os oficiais assistentes do comando do exército não tinham descanso. Era preciso preparar os planos de treinamento e prática de batalha para os jovens soldados, além de organizar a revisão de armas e equipamentos de transporte e comunicação. Todo esse fardo repousava sobre os ombros do chefe do Estado-Maior do Exército, Vitali Andreyevitch Belyavski, que era jovem e inexperiente. Ele tinha cerca de 40 anos na época. De cabelos claros e estatura mediana, parecia bastante jovem; na verdade, era assim que o chamávamos: "O General Jovial".

**A ofensiva de verão de 1944**

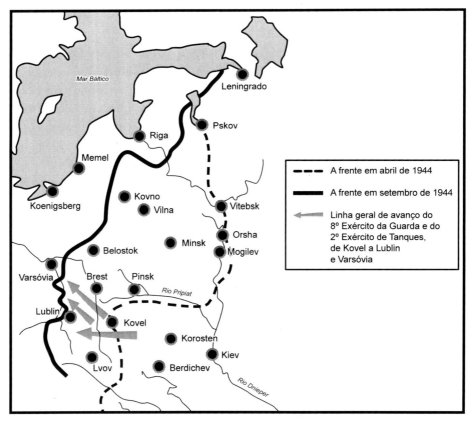

Em 10 de julho, Belyavski foi convocado para ir a Moscou com dados completos sobre a situação do exército. No mesmo dia, o exército recebeu a ordem de se transferir, por via ferroviária, de sua posição no flanco sul para o centro da frente soviético-alemã, sob as ordens do general comandante da 1ª Frente Bielo-russa.

O treinamento deveria começar às seis da manhã do dia 12 de julho de 1944. Para levar a cabo o reposicionamento, nomeou-se um grupo operacional chefiado pelo oficial no comando depois de mim, o tenente-general da guarda M. P. Dukhanov.

Contudo, apesar de terem sido tomadas todas as medidas para preservar o segredo militar sobre o rumo do nosso exército, o "boca a boca" estava, como sempre, em pleno funcionamento e rompeu todos os anteparos e barreiras destinados a preservar o sigilo. A partir de palavras solitárias, deixadas escapar ao acaso, sem querer, de expressões ouvidas de passagem em telegramas, os soldados tiraram suas conclusões com precisão infalível.

Uma vez que o Conselho Militar do Exército se convenceu de que os trens de tropas estavam sendo carregados e partindo normalmente, decidiu-se que eu deveria partir de carro para o Quartel-General da 1ª Frente Bielo-russa, juntamente com o membro do Conselho Militar A. M. Pronin e o general comandante da artilharia N. M. Pozharski. Na noite anterior à nossa partida, em 14 de julho, chamei o meu motorista Kayum Kalimulin e lhe dei ordens para deixar o carro pronto e abastecido para uma longa viagem. Quando terminei de falar, Kalimulin respondeu que não havia necessidade de abastecer muito, já que poderíamos fazer isso no caminho, em Berdichev, Vinnitsa ou Zhitomir. "Supostamente, a nova área de concentração é secreta, mas os motoristas já sabem tudo!", pensei, com raiva. E disse em tom severo: "Do que você está falando? Por que está inventando um caminho pelo qual não iremos?".

Ele deu um sorriso compreensivo e disse: "Nós vamos pegar o caminho que o senhor mandar, camarada general, mas muita gente já sabe".

"O que você quer dizer? E quem é 'muita gente'?"

"Ah, quase todo mundo…"

Essa conversa me trouxe pensamentos melancólicos. Se "muita gente" sabe de alguma coisa, já não há segredo. Não tínhamos conseguido manter esse segredo, essa era a realidade. As notícias chegariam até os ouvidos do inimigo? O boca a boca seria capaz de conter a disseminação de um segredo militar, para que não pagássemos por isso mais tarde, com nosso próprio sangue?

Os acontecimentos subsequentes mostraram que, apesar do número de homens envolvidos, o boca a boca sabia se conter quando necessário. As informações dos soldados passavam por canais confiáveis e não chegaram ao inimigo. Durante muito tempo, o inimigo não soube da concentração do nosso exército em sua nova área.

Ao fim do dia 15 de julho, já estávamos no Q.G. da Frente, em uma floresta a oeste de Korosten. Não encontramos o marechal K. K. Rokossovski, o general comandante do *front*, em seu Q.G.; ele estava em sua ala direita, ao norte do rio Pripiat. O general M. S. Malinin, chefe do Estado-Maior, cumprimentou-nos de forma muito cortês, informou-nos sucintamente da tarefa que nos esperava e nos aconselhou a não esperar pelo general comandante, e sim prosseguir à área de concentração do exército.

"Não se esqueça de que aqui", ele nos advertiu, apontando para o mapa, "nessas matas, os homens de Bandera podem aparecer".

"Entendido", foi a minha resposta. As matas eram aquelas onde as nossas tropas deveriam ocupar suas posições.

O Q.G. do Exército também estava situado em uma mata, três quilômetros ao sul da estação de Rafaluvka. Oficiais no comando de divisões e unidades separadas tinham recebido instruções para só movimentar tropas e máquinas à noite, observando estritamente as precauções de camuflagem. Era proibido tomar banho e lavar roupas em pontos abertos de rios e lagos. Ao longo de toda a extensão das rotas percorridas por tanques, canhões autopropelidos e tratores e em suas áreas de concentração, as marcas deixadas pelas suas esteiras eram varridas e ocultadas. Toda a comunicação de rádio foi interrompida até que se recebessem ordens especiais. O equipamento de rádio foi lacrado e conversas telefônicas só ocorriam em código.

Ao mesmo tempo, treinamentos de tropas e exercícios táticos continuavam dia e noite. Os homens eram ensinados repetidas vezes a derrubar árvores e construir obstáculos, bloqueios de estradas e barreiras antitanque em alta velocidade e a fazer caminhos de troncos sobre terrenos pantanosos. A arma de engenharia também deveria saber construir pontos de tiro, camuflar esconderijos em árvores para observadores em trabalho de reconhecimento, bem como construir e ocultar abrigos e trincheiras nos pântanos.

Para cada oficial e representante do Partido, preparar-se para a próxima operação significava trabalhar com toda a força, física e moralmente. Também não vou esconder o quanto fiquei preocupado com o destino do meu exército, com o qual eu tinha percorrido um caminho nada curto: do Volga ao Donets norte, ao Dnieper e depois ao Dniestre. Entre as tropas da 3ª Frente Ucraniana, ele nunca tinha desempenhado um papel secundário. Nosso exército sempre lutou na linha principal de avanço e tinha realizado cada tarefa da forma devida, como membros da guarda. Agora, em uma nova situação, em uma nova frente, ele deveria ocupar seu devido lugar. A perspectiva que tínhamos diante de nós era de mostrar, na prática, em nosso primeiro ataque, o que os regimentos da guarda eram capazes de fazer. Praticamente todos os homens levam muito em conta a sua própria dignidade quando enfrentam uma situação nova e têm novos deveres a cumprir. A natureza não me negou esses sentimentos; aliás, não acredito em pessoas que assumem uma falsa modéstia e alegam não pensar em si mesmas, em sua própria dignidade. Absurdo! Na guerra, a ausência de sentimentos de autoafirmação torna o homem indiferente, desinteressado. Poderia eu, nessa nova situação, ser indiferente à fama dos combatentes dos meus regimentos? Claro que não. Caso contrário, seria melhor entregar meu exército a outro e entrar para a lista de reservistas.

As tropas da 1ª Frente Bielo-russa, das quais faríamos parte, haviam acumulado um rico acervo de experiências em ações defensivas e ofensivas. O quartel-general dessa frente (outrora conhecida como Frente Don) tinha muita prática na condução de grandes operações. Sob seu comando, o grupamento cercado de Paulus fora finalmente esmagado. Esse mesmo Q.G. cumprira de forma habilidosa as tarefas que lhe haviam sido atribuídas na Batalha de Kursk e em outras operações estratégicas bem-sucedidas.

Como sempre, o que me preocupava, mais do que tudo, eram os soldados, isto é, elevar o moral deles para que pudessem cumprir as tarefas que tinham pela frente. Desde os primeiros dias, portanto, nós nos propusemos a lhes explicar da forma mais completa possível a situação tal como se cristalizara na frente soviético-alemã e nossas tarefas decorrentes disso. Oficiais e sargentos, famosos franco-atiradores e membros da artilharia, operadores de metralhadoras e tripulantes de tanques, todos os ativistas políticos, inclusive o Conselho Militar do Exército, saíram para conversar com os jovens soldados e oficiais que haviam chegado para reforçar os nossos regimentos e que ainda não tinham passado por seu batismo de fogo. Essas conversas pessoais eram muito importantes.

Mas é claro que os preparativos para uma operação ofensiva não podem se resumir a fortalecer o moral dos soldados. Diante de nós estava o item principal: tomar a decisão certa, aquela que excluiria equívocos e erros de cálculo. Eu queria encontrar um método operacional e tático que pudesse chocar o inimigo por seu caráter original e inesperado. Era preciso não perder de vista, é claro, que o próprio inimigo era capaz de nos enganar. A "defesa elástica", que a propaganda de Goebbels proclamava em toda parte e na qual Hitler depositava grandes esperanças, era cheia de surpresas. Uma delas foi o contragolpe, mencionado anteriormente, dos alemães contra unidades do nosso exército na cabeça de ponte do Dniestre, em maio de 1944. Ninguém no Q.G. do Exército ou no da Frente pensava que as tropas nazistas, destroçadas na Ucrânia, seriam capazes de realizar operações ativas no início de maio. Esse contragolpe nos obrigou a pensar mais profundamente sobre a natureza dessa estratégia, com base na qual o Alto-Comando de Hitler estava fazendo sua principal tentativa de vencer, talvez a última.

Pouco tempo depois, outro aspecto da "defesa elástica" nos foi revelado. Aconteceu quando já entrávamos na 1ª Frente Bielo-russa, durante o período de acúmulo de forças para o ataque a Kovel. O inimigo se absteve de contra-atacar e, de repente, recuou 20 quilômetros, abandonando posições preparadas e bem equipadas diante das nossas tropas. O objetivo era formar uma linha de frente mais reta, economizando forças e recursos necessários em outros setores mais ativos. Mas, no Q.G. Central da 1ª Frente Bielo-russa e no Q.G. do 47º Exército, decidiram que o inimigo começara a recuar para além do rio Bug. O general Rudkin, comandando o 11º Corpo Mecanizado, recebeu ordens de começar a perseguição enérgica ao inimigo.

Ao receber essa ordem, o general Rudkin lançou todas as suas forças, principalmente tanques, para executar a missão, sem fazer reconhecimento preliminar. O resultado foi que o corpo do exército bateu de frente com uma posição preparada e sofreu grandes perdas. O conhecimento superficial da situação, somado a decisões precipitadas sobre a ação, resultou em fracasso.

Ao trabalhar no plano para nossa próxima ação ofensiva, eu também tinha que ter em mente essa lição. Qual seria a manobra correta para não deixar o inimigo nos enganar com uma retirada astuta ou com um contragolpe inesperado? Como poderíamos, com a menor perda possível, atravessar a "defesa elástica" do inimigo?

É verdade que os nazistas não tinham muita força para a ação ofensiva, mas se poderia esperar outra coisa: que o inimigo, tendo descoberto o nosso grupamento, nos enganasse, fingindo não ter notado o que estava acontecendo, e nos deixasse concentrar forças, para que, antes do avanço decisivo, antes da preparação de artilharia, voltassem à sua linha de defesa mais próxima, fazendo com que nós gastássemos trens cheios de munição no vazio. Isso era de se esperar.

Qual era a chave do problema?

Afinal, depois de muita reflexão, depois de uma cuidadosa análise de todas as informações que tínhamos acumulado sobre o inimigo, a resposta começou a tomar forma, e ela se baseava na experiência pessoal.

Na Frente Sul, eu tinha empregado o reconhecimento, que evoluíra para ataque. A essência dessa técnica era a seguinte: começaríamos o reconhecimento em força não um ou dois dias antes de um ataque, mas duas ou três horas antes, para que o inimigo não tivesse tempo de alterar sua ordem de batalha posteriormente.

Esse tipo de reconhecimento (precedido por uma preparação de artilharia curta, mas forte) seria realizado não apenas em um setor, mas ao longo de todo o *front* do ataque que estava por vir. Os destacamentos de infantaria em linha estendida (duas ou três companhias de cada regimento, com tanques e apoiadas por artilharia e fogo de morteiros) atacariam a linha de frente do inimigo. Se este realmente tivesse suas posições principais ali, o pior que poderia acontecer era o nosso grupo de reconhecimento ser parado em frente às primeiras posições de defesa inimigas. Mas mesmo esse desfecho daria à nossa artilharia a oportunidade de identificar as posições e o sistema de fogo do inimigo e começar, digamos, duas horas mais tarde, a principal preparação de artilharia para o ataque, com metas definidas com precisão. Porém, se o inimigo tentasse nos iludir deixando apenas destacamentos de cobertura em suas posições avançadas, enquanto suas forças principais eram recuadas para sua segunda ou sua terceira linha de defesa, nossa força de reconhecimento conseguiria tomar as primeiras trincheiras e continuar o ataque até suas posições principais. Em ambos os casos, nossa munição seria usada contra alvos reais e nossas unidades de infantaria e tanques não se encontrariam em situações inesperadas.

Logo atrás do grupo de reconhecimento, estariam todos os tipos de equipamento de reconhecimento e observação, para que se pudessem estimar as posições precisas das baterias de infantaria, dos canhões e dos morteiros, bem como os locais de concentração das reservas. Dentro de uma ou duas horas, os postos de comando e de observação em todos os níveis, com meios de comunicação, estariam prontos para organizar a preparação da artilharia e o ataque propriamente dito às posições mais importantes do inimigo. As forças principais de nossas tropas de avanço seguiriam em frente, de acordo com os sinais dos seus comandantes, prontas para formar em ordem de batalha e atacar o inimigo. Figurativamente falando, o punho erguido das forças principais do exército seguiria atrás dos destacamentos que realizariam o reconhecimento em força, pronto para cair sobre a cabeça do inimigo a qualquer momento.

Expus esse plano de ataque ao membro do Conselho Militar e ao chefe do Estado-Maior do Exército. Eles concordaram comigo e, a partir daquele momento, teve início a elaboração detalhada da operação.

O exército estava prestes a romper as defesas nazistas que se posicionavam diante do centro das posições operacionais da ala esquerda da 1ª Frente Bielo-russa e, mais ou menos no segundo dia da operação, deveria possibilitar que o grupo móvel da frente (o 2º Exército de Tanques) fosse enviado para atravessar a brecha. Sendo assim, do êxito das ações do 8º Exército da Guarda dependiam todo o rumo e a evolução subsequentes da operação na ala esquerda da frente.

Os oficiais que comandavam os corpos, as divisões e as várias armas, juntamente comigo, realizaram um reconhecimento do setor de ruptura. Com base na missão recebida e na minha avaliação da situação, tomou-se uma decisão fundamentada em considerações como a de que o inimigo já havia recuado suas tropas uma vez, por 20 km, sem qualquer pressão do nosso lado; portanto, manter território não era muito importante para ele. Era possível que, quando nosso golpe se fizesse sentir, ele recuasse repetidas vezes a sucessivas linhas de defesa para conservar suas forças. O terreno coberto de mato e pantanoso era totalmente apropriado para essas táticas. Por isso, era importante capturar ou interceptar o inimigo em uma posição e em um momento tais que ele não conseguisse evitar a ação. Não deveríamos alertá-lo com nosso reconhecimento, principalmente na véspera do ataque, e nosso golpe deveria ser decisivo, sem demora na acumulação de forças a partir da retaguarda.

Planejamos realizar o reconhecimento em força em toda a frente de avanço do exército antes que começasse o ataque das nossas forças principais; para isso, as divisões no flanco direito e no centro alocaram dois batalhões de fuzileiros cada um, e a do flanco esquerdo, um batalhão.

Nosso objetivo era conquistar as primeiras linhas de defesa do inimigo e, em seguida, continuar o ataque para ocupar elevações bem dentro de sua zona de defesa. Com os batalhões de reconhecimento foram os tanques que apoiavam diretamente a infantaria e os tanques de remoção de minas. Foi feita uma preparação de artilharia de 30 minutos.

Decidiu-se que, se a força de reconhecimento tivesse êxito, passaríamos a atacar com as nossas principais forças, sem a preparação de artilharia, e a romper as defesas inimigas em toda a profundidade da sua zona defensiva. Se, no entanto, a força de reconhecimento não conseguisse cumprir a tarefa que lhe fora atribuída e fosse parada em frente às primeiras posições defensivas do inimigo, a preparação de artilharia continuaria por uma 1h40, e se continuaria o ataque da força principal, ou seja, todo o corpo das unidades avançadas do exército.

Eu tinha certeza de que o reconhecimento em força ao longo de toda a frente de avanço não só revelaria quais eram as defesas e as forças do inimigo, mas também faria com que as operações da força de reconhecimento evoluíssem para um avanço geral da força principal.

O nosso objetivo definido pelo Q.G. da Frente foi o de alcançar, no segundo dia de avanço, uma linha de Kuznishche a Lyuboml, e nós planejamos conseguir isso até o final do primeiro dia, sair no Bug oeste durante o segundo dia e tomar cruzamentos e pontes. Mais exatamente, estávamos nos antecipando ao plano do Q.G. em 24 horas.

Isso foi ditado pelo nosso objetivo de impedir que o inimigo conseguisse manter linhas de defesa preparadas por meio de uma retirada planejada de tropas. A estrutura em profundidade de nossa ordem de batalha garantia um acúmulo gradual de forças no decorrer da batalha e um avanço em alta velocidade.

Para o início da operação, um poderoso grupo de artilharia da reserva do Comando Supremo fora anexado ao nosso exército. Isso nos permitiu reforçar os regimentos de infantaria das divisões avançadas de forma que houvesse ao menos um regimento de artilharia para cada regimento de infantaria. E no 29º Corpo de Fuzileiros da Guarda, que tinha menos tanques anexados do que outros corpos, havia um regimento de artilharia e morteiros para cada regimento de infantaria, além da artilharia dos regimentos e batalhões. Foi previsto que gastaríamos cerca de 170 mil projéteis durante a preparação de artilharia.

As formações de batalha do exército receberam cobertura de aviões de combate. Aeronaves com muita autonomia deveriam realizar uma incursão contra as principais posições defensivas do inimigo durante a noite anterior ao nosso ataque, com o objetivo de suprimir sua artilharia, inutilizando suas comunicações e privando-o de um controle estável das operações. Para orientar o caminho de nossos aviões e demarcar nossa própria linha de frente, montamos holofotes na linha de trincheiras avançada, com seus raios direcionados para leste em um ângulo de 45 graus. A artilharia também ajudou os aviadores disparando munições traçantes em direção aos alvos da incursão.

Para que os alemães não notassem a chegada de novas unidades, a 60ª Divisão de Fuzileiros, que estava em contato direto com o inimigo, foi substituída por unidades do 8º Exército da Guarda apenas algumas horas antes do avanço. O fogo preliminar da nossa artilharia fora planejado de forma a não alterar o cronograma de ataque estabelecido naquele setor. Operações de reconhecimento de todos os tipos nos haviam dado uma ideia bastante precisa das defesas nazistas.

Vinte e quatro horas antes do início propriamente dito, fez-se um ensaio da operação seguinte para verificar se a articulação tinha funcionado devidamente. Estavam presentes os marechais da União Soviética G. K. Zhukov e K. K. Rokossovski; o marechal-chefe da Força Aérea, A. A. Novikov; o marechal de comunicações, I. T. Peresypkin; o comandante do 2º Exército de Tanques da Guarda, coronel-general S. I. Bogdanov; entre outros.

O transcurso desse exercício me deu a certeza de que os comandantes de nossos corpos, divisões e armas militares tinham uma compreensão correta do que havia de novo na organização desse avanço. Eles não aceitavam respostas prontas, de manual, no ataque ou na defesa, e procuravam por conta própria novas técnicas táticas. Lamentavelmente, alguns dos visitantes vindos de comandos superiores não compreendiam as novas características da operação que estava prestes a se iniciar. Um dos convidados perguntou: "Por que o seu exército está avançando mais rápido do que o comando da frente planejou?". Eu respondi corretamente, mas pensei comigo mesmo que a nossa ideia não agradava à vaidade desse oficial superior, que tentava fazer "melhorias" sem dispor dos novos conhecimentos que as tropas tinham adquirido na batalha.

Felizmente, K. K. Rokossovski, o comandante da frente, veio me ajudar e anunciou alto o bastante para que todos pudessem ouvir: "O senhor está no comando do exército, o senhor decide, e o senhor responderá por tudo o que acontecer de bom ou de ruim".

Isso me servia muito bem.

Durante a noite anterior a 14 de julho, as divisões avançadas do 8º Exército da Guarda chegaram ao setor de ruptura e assumiram a segunda e a terceira linhas de defesa em lugar das unidades que as estavam defendendo anteriormente. Em frente, na primeira linha de defesa, a 60ª Divisão de Fuzileiros permanecia, por enquanto, mascarando a aproximação dos grupos da guarda. Enquanto nossa artilharia continuava o fogo preliminar, reconhecíamos em detalhes as primeiras posições de defesa do inimigo, identificando seu sistema de fogo e seus pontos fortes.

Em 17 de julho, fui informado de que o 8º Exército da Guarda seria seguido, ao longo da linha de ruptura, pelo 1º Exército Polonês. Os oficiais que comandavam esse exército chegariam ao meu posto de comando antes que o avanço começasse, para estudar a organização e a dinâmica de uma ruptura de defesas preparadas.

O surgimento de um exército polonês inteiro no *front* tinha, na verdade, grande significado militar e político. Enganados por líderes como Pilsudski, Smigly-Ridz e Sikorski, os poloneses haviam sido hostis à Rússia soviética, ou seja, a russos, ucranianos e bielo-russos, desde 1917. Em troca de migalhas desprezíveis da mesa do imperialismo, a pequena nobreza polonesa estava disposta a vender os interesses de seu próprio país, no atacado e no varejo. Quando as hordas de invasores varreram a Polônia, em 1939, ficou claro que não havia ninguém para defender os interesses do povo trabalhador, exceto as massas do próprio povo, reunidas em torno dos comunistas poloneses. Eles, os comunistas, organizaram a luta contra os nazistas desde os primeiros dias da ocupação. Ao mesmo tempo, os comunistas poloneses que estavam na União Soviética fundaram a União dos Patriotas Poloneses. Em abril de 1943, essa organização fez um pedido ao governo soviético para formar uma unidade militar polonesa para combater os nazistas. O governo soviético atendeu ao desejo dos poloneses de combater o fascismo de armas na mão e concordou com o pedido. A formação do 1º Exército Polonês teve início em 19 de maio de 1943, e agora, esse exército, bem equipado e bem treinado, estava entrando ao nosso lado na luta contra o inimigo comum: o fascismo.

Ficamos muito felizes ao ouvir essa notícia. Representantes do comando do 1º Exército Polonês chegaram ao meu posto de comando na noite anterior ao dia 18 de julho. Naquela mesma noite, nossas divisões avançadas substituíram a 60ª Divisão de Fuzileiros e assumiram a primeira linha de trincheiras. E, às 5h30 da manhã, começou aquilo para o que tínhamos nos preparado por tanto tempo e com tanta dedicação. Depois de uma preparação de artilharia súbita e curta, os destacamentos de reconhecimento de nossas divisões avançadas começaram o reconhecimento em força.

Acompanhados por tanques de infantaria e tanques de remoção de minas, eles passaram ao ataque e, às 7h, haviam conquistado as primeiras posições de defesa do inimigo e uma série de elevações estratégicas. Imediatamente, tomei a decisão de lançar a força principal do exército à batalha e avançar.

Às 6h da manhã, os marechais da União Soviética G. K. Zhukov e K. K. Rokossovski chegaram ao nosso posto de observação avançado. Viram o reconhecimento em força que acontecia ao longo da frente do nosso exército sendo apoiado por um poderoso ataque de artilharia, com a participação de canhões de grosso calibre, incluindo alguns de 203 mm. O coronel-general da artilharia V. I. Kazakov, oficial que comandava a artilharia da frente, ficou particularmente perplexo com isso. Ele repreendeu o oficial comandante de artilharia do exército, o general Pozharski, mas este se manteve firme e respondeu: "Se o senhor se dirigir ao general comandante do exército, ele lhe dirá por que estamos empregando esse tipo de armamento".

Às 7h30, eu me reportei a Zhukov e Rokossovski: "A primeira linha de defesa do inimigo foi rompida! Estou pondo em ação a força principal das unidades avançadas do exército, sem fazer a preparação de artilharia planejada, sem barragem...".

Todos estavam convencidos de que romper as defesas do inimigo dessa forma dera um bom resultado, pois economizara centenas de milhares de projéteis e centenas de toneladas de bombas, e, mais importante de tudo, as perdas de homens ou máquinas haviam sido praticamente nulas.

Às 7h30, a força principal de nossas divisões avançadas começou a se mover. As baterias do inimigo tentaram intensificar sua atividade e abriram fogo contra nossas tropas, mas nossa artilharia do exército e dos corpos respondeu imediatamente com concentrações maciças que suprimiram prontamente o fogo. Depois disso, ficaram em silêncio durante todo o dia.

Assim, a súbita preparação de artilharia e o ataque firme por parte de batalhões de reconhecimento reforçados nos permitiram romper completamente a primeira linha de defesa nazista durante o primeiro dia e dividir a segunda linha.

No segundo dia, às 7h da manhã, depois de uma preparação de artilharia de 20 minutos, tropas do nosso exército atacaram as forças inimigas que defendiam a margem oeste do rio Lyska, romperam sua resistência e ganharam terreno, proporcionando margem para manobras. Nessa fase, os tanques do 11º Corpo entraram em cena.

A partir das evidências fornecidas pelos prisioneiros e pelo modo como a batalha se desenvolveu, ficou claro que o inimigo não estava esperando um golpe tão forte. Ele já não controlava seus regimentos e divisões destroçados, que recuavam em desordem para o oeste, até a margem oposta do Bug. Agora, era necessário perseguir energicamente o inimigo, com todas as nossas forças, para impedi-lo de assumir posições preparadas ao longo da próxima linha de rio.

Nesse mesmo dia, as unidades de reserva do corpo de fuzileiros do exército foram lançadas à batalha. Seu objetivo era acelerar o ritmo do avanço, chegar ao Bug oeste e passar por ele sem parar.

A batalha não cessava, nem mesmo à noite. Os tanques e as unidades de fuzileiros continuaram avançando e, na manhã de 20 de julho, tinham percorrido mais 10 a 20 quilômetros.

No início da madrugada, fui acordado pelo chefe do Estado-Maior do Exército, o major-general V. A. Belyavski, que me informou que o corpo liderado pelo tenente-general Glazunov, agindo em conjunto com o 11º Corpo de Tanques, começara a cruzar o Bug. Corremos até o ponto onde a travessia estava sendo feita. Ali, juntou-se a mim o coronel-general Semyon Ilyich Bogdanov, que comandava o 2º Exército de Tanques e tinha estado sempre ao meu lado desde que o avanço começara, incitando seu grupo de operações do Estado-Maior dizendo: "Aguentem firme!".

A travessia forçada do rio estava em pleno andamento. Vendo que nenhuma intervenção era necessária de nossa parte, partimos para visitar o comandante do 29º Corpo da Guarda, o tenente-general Fokanov. Dirigimos pela margem do Bug, na expectativa de que unidades de seu corpo já tivessem atingido o rio e começado a atravessá-lo. No entanto, após dirigir cerca de sete quilômetros para o norte, e depois um pouco mais, até o vilarejo de Zabuzhye, ainda não tínhamos encontrado um único soldado dos nossos, mas vimos, no próprio vilarejo, vários grupos de soldados alemães com submetralhadoras recuando para o rio. Não tentamos trazê-los ao combate, e Bogdanov observou que tiroteio de fuzil não era exatamente tarefa de comandantes de dois exércitos. Eu respondi que o que certamente deveríamos fazer, em primeiro lugar, era encontrar o 29º Corpo e seu comandante.

Dirigimos uns três quilômetros pela mata, e observadores da divisão do general Glebov quase atiraram em nós. Ainda bem que muitos de nossos soldados me conheciam de vista. Despachamos o pessoal de reconhecimento com ordens para alcançar o Bug o mais rápido possível e chegamos ao vilarejo de Gorokhovishche. Lá, em uma varanda, estava sentado o comandante do 29º Corpo, o tenente-general Fokanov, seu chefe de Estado-Maior, coronel Kozlovitski, e outro general, o representante do comandante da frente. Também estava presente outro representante do comandante da frente, o tenente-general Dratvin, que estava vinculado ao 4º Exército, supostamente para que houvesse uma articulação clara entre os dois exércitos.

Dirigimos até eles, não da retaguarda, mas do oeste, da direção do Bug oeste, o que deixou aqueles generais consideravelmente surpresos, pois eles não sabiam da situação em seu próprio setor da frente. Tivemos que colocar todos em carros, levá-los à margem do Bug e ordenar que comandassem suas tropas, que só agora estavam começando a chegar até o ponto de travessia.

Falei ao representante do comandante da frente em um tom baixo, quase ao seu ouvido, mas claro o suficiente para que ele me entendesse: "Se é assim que o senhor vai ajudar as tropas e o pessoal deste corpo, peço que interrompa sua estadia com este exército e volte ao Quartel-General da Frente".

Esses representantes geralmente eram nomeados dentre os generais da reserva. A razão mais comum para estarem na reserva era o fracasso de operações sob seu comando. O que eles tinham, de fato, era uma ampla discriminação contra quem não havia seguido seus conselhos e teve sucesso na luta mesmo assim. Eles eram tolerados com dificuldade nos diversos exércitos, mas isso não impedia que fossem condecorados ao lado dos comandantes do exército.

"Por que ele está recebendo isso?", perguntei certa vez a Semyon Ilyich Bogdanov, quando ele leu o nome de um general em uma lista de premiações. "O pessoal lá de cima deve saber o que está fazendo", acrescentei. Mas isso foi apenas um episódio; esse tipo de coisa não costumava acontecer durante o avanço.

O inimigo trouxe reservas da retaguarda e tentou várias vezes contra-atacar as nossas unidades que tinham atravessado o Bug. Em alguns setores, sua infantaria e seus tanques estavam tentando nos empurrar de volta à água. Nessas ações, ficou clara a superioridade dos nossos novos tanques pesados J. S. em relação aos do inimigo. Os tanques J. S. tinham canhões excelentes. Com um alcance direto muito longo e um poderoso projétil, eles atingiam os tanques do inimigo de longe e sem falhar. Os próprios tripulantes estavam cientes de sua vantagem e entravam na batalha com autoconfiança, levando atrás de si a infantaria. As tripulações dos canhões das baterias antitanque das divisões de fuzileiros também fizeram um excelente trabalho.

Ao meio-dia de 20 de julho, o exército tinha dois corpos em todo o Bug oeste, ao longo de uma frente de uns 15 quilômetros de extensão. Durante a noite anterior a 21 de julho, continuamos preparando o ataque. De manhã, tínhamos conseguido forçar a travessia do Bug oeste ao longo de toda a frente de avanço do exército. A terceira e mais bem preparada linha de defesa do inimigo tinha sido completamente rompida, e sua intenção de conter nosso avanço nessa linha havia sido frustrada. Em dois dias e duas noites, o exército havia coberto mais de 50 quilômetros e rompido três linhas de defesa.

O fato de as tropas soviéticas terem alcançado as fronteiras entre a Polônia e a União Soviética levou os *partisans* poloneses a intensificar a luta armada contra as forças de ocupação nazistas.

Em 21 de julho de 1944, o Krajowa Rada Narodowa (Conselho Nacional da Pátria) emitiu um decreto histórico sobre a formação das Forças Armadas Polonesas. Agora, faria parte delas o 1º Exército Polonês (comandado pelo tenente-general S. M. Berling), que na época operava na ala esquerda da 1ª Frente Bielo-russa.

Tendo em mente os interesses do governo da Polônia democrática, o Q.G. Central exigia que o avanço acontecesse em alta velocidade.

Na manhã de 21 de julho, o posto de comando do 8º Exército da Guarda foi visitado pelo marechal K. K. Rokossovski, comandante da 1ª Frente

Bielo-russa, e pelo membro do conselho militar N. A. Bulganin. Ao se familiarizar com a situação, o marechal Rokossovski declarou que as operações do 8º Exército da Guarda haviam sido excelentes e deu ordens para que o 2º Exército de Tanques de Bogdanov atravessasse imediatamente a brecha nas defesas do inimigo, o que ainda não havia sido feito porque o 8º Exército da Guarda avançara a uma velocidade muito alta.

Ao final do dia 22 de julho, as unidades de tanques de Bogdanov e o 28º Corpo de Fuzileiros tinham cercado Lublin. Nos arredores da cidade, ao leste, os alemães haviam deixado muitos depósitos com estoques de munições e provisões, incluindo adegas de vinho. Sendo assim, era necessário providenciar imediatamente a guarda desses estoques e adegas. No entanto, alguns espíritos ousados, principalmente das unidades de retaguarda, exerceram muita criatividade para entrar nelas. Dentro de uma adega que continha garrafas de champanhe, encontrei um motorista do quartel-general de um regimento de artilharia.

"O que você está fazendo aqui?", perguntei.

"Não consigo encontrar destilados fortes como os nossos", respondeu o motorista. "É a sexta caixa que eu abro e é tudo coisa espumante. Eles não têm nenhuma bebida forte boa..."

Não parei para punir o motorista, mas chamei o intendente do regimento e lhe ordenei que reforçasse a guarda do depósito.

Durante o combate por Lublin, o coronel-general Semyon Ilyich Bogdanov, comandante do 2º Exército de Tanques da Guarda, foi gravemente ferido em uma das ruas da cidade. Eu havia me separado dele na manhã de 22 de julho, na pequena cidade de Łęczna, quando seu exército de tanques ultrapassou unidades do excelente exército da guarda e se deslocou rapidamente para a brecha. Eu lhe apertei a mão e garanti que a infantaria da guarda faria tudo o que estivesse ao seu alcance para acompanhar os tanques e ajudá-los se necessário. Então, apenas um dia depois, ao dirigir até a cidade cercada, fiquei sabendo pelo general A. I. Ryzhov, comandante do 28º Corpo da Guarda, que Semyon Ilyich tinha seguido seus tanques em um carro blindado, sendo incauto o suficiente para descer dele na rua, e fora subitamente ferido no braço direito. Seu úmero havia sido estraçalhado; ele fora ferido por uma bala explosiva disparada por um franco-atirador alemão.

Semyon Ilyich Bogdanov era um homem corajoso por natureza. Ele liderou suas tropas pessoalmente no campo de batalha. Alguns comandantes não aprovavam e ainda não aprovam esse estilo de liderança. Pessoalmente, considero que não é algo a ser condenado. Na verdade, só é possível apreciar corretamente uma situação que muda muito rápido em uma moderna batalha de manobra se tivermos a sensação do movimento e do pulsar do combate. Às vezes, isso significa arriscar a própria vida, mas também significa salvar as vidas de muitos subordinados, pois o êxito é alcançado com menos derramamento de sangue. Além disso, a conduta ousada do comandante de um grande grupamento tem um efeito forte sobre o moral dos que estão sob seu comando. Vendo seu comandante ao lado deles, os homens se sentem confiantes em relação ao sucesso da ação. Esse comandante será amado, e seus homens o defenderão com seus próprios corpos e o seguirão ao combate mais feroz, acreditando que sairão vivos.

Encontrei Bogdanov em um hospital militar ao norte de Lublin. Ele estava prestes a ser evacuado para Moscou de avião. Eu perguntei: "Como você está se sentindo, Semyon?". E ele respondeu, embora estivesse com dor naquele momento: "Nada mal, Vasya, estarei de volta em breve, e nós certamente entraremos juntos em Berlim". Dois meses depois, ele realmente estava de volta e, mais uma vez, avançamos juntos, do Vístula ao Oder, e depois a Berlim.

Os alemães tinham construído um campo de concentração no sudeste de Lublin, que entrou para a história com o nome de Majdanek. Os prisioneiros desse campo foram libertados pelos homens do 2º Exército de Tanques da Guarda e de divisões e regimentos que tinham, eles próprios, derrotado a morte quando permaneceram firmes na Batalha de Stalingrado.

Todos os soldados e oficiais soviéticos estremeciam ao caminhar pelos depósitos de roupas retiradas de crianças e de homens e mulheres idosos que haviam sido mortos ali ou ao passar pelos fornos do crematório, com seu fogo já extinto. Eles estremeciam ao pensar que aquele também poderia ter sido o destino de sua família.

Quanto ódio cresceu nos corações de nossos soldados quando eles ficaram sabendo das atrocidades cometidas pelos nazistas em Majdanek! Agora parecia difícil conseguir que um prisioneiro saísse vivo das mãos deles. Mas os verdadeiros heróis conseguem conter sua ira.

No dia seguinte à libertação de Majdanek, um prisioneiro foi trazido a mim: um oficial alemão, evidentemente um nazista. Ele tinha sido capturado pelo primeiro-sargento Yukhim Remenyuk, encarregado de uma equipe de guarnição de metralhadoras da 88ª Divisão da Guarda.

Remenyuk tinha lutado bravamente em Stalingrado e participara de muitas ações. Fora de serviço ou durante intervalos na marcha, ele costumava dizer aos seus amigos: "Quando chegarmos perto da nossa fronteira, eu vou convidar vocês para ir à minha casa. Minha esposa se chama Yarinka e minha filha, Oksana, e meu pai e minha mãe, que já são velhos, moram conosco. É um lugar bom onde nós moramos: tem mato, tem uma clareira onde há colmeias e muito espaço para todo mundo".

E assim aconteceu de sua unidade realmente chegar à casa de Yukhim, e sua companhia entrou em ação para tomar seu vilarejo. Vocês deviam tê-lo visto naquele momento! Ele foi o primeiro homem a entrar no vilarejo e correu para a sua casa. Mas ela não estava lá: a cabana tinha desaparecido; só havia ruínas. O pomar fora queimado. Apenas uma velha macieira ainda estava em pé. Seu pai estava enforcado nela e sua mãe estava morta debaixo dela. Os alemães tinham levado Yarinka e Oksana. Os homens viram a tristeza de Yukhim e juraram vingar sua família. Eles pressionaram os alemães com tanta intensidade que os fizeram recuar 20 quilômetros sem parar.

Agora ele estava diante de mim, sombrio e sábio, aquele homem de espírito heroico. Ele entendia que a melhor maneira de conquistar a vingança era aniquilar todo o covil fascista.

O ataque violento de nossas tropas foi irresistível, devastador. Nos seis dias da ofensiva, os regimentos do 8º Exército da Guarda lutaram e conseguiram avançar 180 quilômetros, forçando a travessia em dois rios, o Bug oeste e o Wieprz, destroçando três divisões de infantaria inimigas e libertando milhares de vilarejos e muitas cidadezinhas.

# Forçando a travessia do Vístula

Nas matas entre os rios Vístula e Wieprz havia muitas unidades do Armia Krajowa. Nossas tropas encontraram esse exército pela primeira vez ao sul e a oeste de Lubartów. Suas formações totalizavam cerca de 20 mil homens e eram organizadas oficialmente em companhias, batalhões, regimentos e até mesmo divisões. Mas eles simplesmente não lutavam contra os alemães, e estes, por sua vez, não tocavam neles. O primeiro-ministro britânico, Churchill, cuidou para que eles fossem formados, equipados e mandados à Polônia não para vingar seu país e lutar contra quem o ocupava, mas apenas pela aparência.

Ao encontrar inesperadamente as tropas regulares do Armia Krajowa na mata, os oficiais que estavam no comando de nossas unidades não souberam, inicialmente, que atitude tomar com relação a elas, mas logo perceberam que tipo de exército era aquele. Foi proposto que o Armia Krajowa se colocasse sob as ordens do 1º Exército Polonês ou do Armia Ludowa (Exército Popular), que lutavam contra o inimigo comum, ombro a ombro com o Exército Soviético.

Toda a atenção do *front* estava concentrada em Praga, uma parte de Varsóvia na margem leste do Vístula, onde os nazistas estariam se preparando para operações ativas. O 2º Exército de Tanques recebeu a tarefa de avançar na direção de Garwolin-Praga e interromper o recuo do grupamento do inimigo em Brest, rumo a Varsóvia. As tropas do 8º Exército da Guarda, por sua vez, intensificaram ainda mais a ofensiva: uma divisão alcançou o Vístula em 26 de julho, enquanto a força principal continuava avançando para noroeste, em Varsóvia.

Nosso exército não foi instruído a forçar a travessia do Vístula, ainda que, em termos gerais, as circunstâncias fossem muito favoráveis a isso. O inimigo esperava, naturalmente, que agíssemos para tomar cabeças de ponte ao longo do rio, mas não tinha forças para defender a margem oeste. Ao mesmo tempo, o avanço do 2º Exército de Tanques em direção à área de Praga, em Varsóvia, criava condições para o cercamento completo de seu grupamento em Brest.

O grupamento inimigo que vinha sendo fortalecido para defender essa área conhecida como Praga nos prometia muitas surpresas. Isso deixava o Q.G. da Frente nervoso, reduzia o ritmo de avanço do 2º Exército de Tanques e, em certa medida, restringia a ânsia do 8º Exército da Guarda para forçar a travessia do Vístula. Em dois dias, recebi três ordens do Q.G. da Frente: uma dizia que deveríamos "interromper temporariamente o avanço e consolidar as posições já ocupadas"; outra, que "continuássemos com o avanço".

Em 26 de julho, chegou uma ordem do comandante da frente que dizia: "A tarefa geral do 8º Exército da Guarda é chegar ao rio Vístula no setor de Garwolin-Dęblin. O senhor manterá o enfrentamento. Destacamentos móveis e avançados podem ser deslocados até uma distância considerável à frente do exército".

Poucas horas depois, veio uma segunda ordem: "O 8º Exército da Guarda não se dispersará e executará com precisão minhas ordens com relação a dias e linhas. O exército terá seu principal grupamento em seu flanco direito, tendo em mente que as operações inimigas têm mais probabilidade de acontecer na direção Siedlce-Łuków. O exército irá reagrupar suas forças em direção ao flanco direito enquanto continua avançando. Na chegada do 1º Exército Polonês e do 69º Exército na área de Lublin, o 28º Corpo de Fuzileiros da Guarda será retirado para a reserva e concentrado atrás do flanco direito".

No entanto, ficou claro para mim que, mais cedo ou mais tarde, teríamos de forçar a travessia do Vístula. Por isso, estudei a topografia da área e percebi que era hora de escolher um setor preciso.

Na manhã de 29 de julho, recebi, por telefone, permissão do comandante da frente, o marechal Rokossovski, para reconhecer a área e, em seguida, ordenei ao comandante do 4º Corpo de Fuzileiros da Guarda, o tenente-general V. A. Glazunov, que deslocasse os postos avançados à margem do Vístula no alvorecer de 30 de julho para proteger a área a ser reconhecida. O Estado-Maior do Exército foi instruído a elaborar um plano para o reconhecimento.

Era feriado, e os poloneses passeavam na margem do Vístula. Chegando de carro até o vilarejo de Wilga, ouvimos canções e melodias de acordeão. Deixamos nossos carros na mata e nos dividimos em três grupos, cada um liderado por um comandante de corpo, e seguimos os caminhos que nos haviam sido designados.

Tiramos as nossas fardas e quepes e fomos à beira do rio, com aparência de moradores locais, onde estudamos as margens e o canal e registramos os locais mais adequados para a travessia e as formas de chegar a eles.

Passamos cerca de seis horas na margem leste do rio, procurando diligentemente cada sinal do que estava acontecendo na margem oeste. Estava praticamente deserta. Às vezes era possível ver pequenos grupos do inimigo, ou talvez da população local, cavando trincheiras em torno de vilas e em um dique que corria junto ao rio.

Nosso reconhecimento identificou que o inimigo não esperava que nossas tropas agissem naquele setor, tinha poucas forças e estava despreocupado e passivo. Não vimos nenhuma fortificação de qualquer porte que fosse digna de consideração. Todos estavam convencidos de que aquele era o melhor setor para forçar a travessia do rio. Na floresta, ao norte do vilarejo de Skurcza, intercambiamos as informações obtidas no reconhecimento. Eu decidi forçar a travessia do Vístula sobre o setor dos rios Pilica e Radomka, com o objetivo imediato de tomar uma cabeça de ponte na região dos vilarejos de Magnuszew Grande e Magnuszew Pequeno. Foram estabelecidos imediatamente setores e linhas de demarcação para os diferentes corpos, e foram combinadas as linhas gerais sobre os meios de reforço. Os comandantes de corpo receberam ordens de organizar a observação da margem oeste para esclarecer detalhes sobre as forças e obras de defesa do inimigo.

Ao regressar ao Quartel-General do Exército, relatei ao comandante da frente as propostas para forçar a travessia do Vístula. Ele gostou delas, mas não autorizou a operação, prometendo refletir sobre a questão e dar sua resposta no dia seguinte.

Às 12h do dia seguinte, Rokossovski chegou, e tivemos a seguinte conversa (reproduzo de memória):

*Rokossovski*: É essencial que o senhor se prepare, com caráter de urgência, para forçar a travessia do Vístula no setor Maciejowice-Stężyce, para começar a forçar operações em cerca de três dias, com o objetivo de conquistar uma cabeça de ponte. O plano para forçar a travessia do rio deve ser apresentado às 14h de 1º de agosto.

*Eu*: Eu entendo a missão, mas estou lhe pedindo autorização para começar a forçar operações no setor Wilga (foz do rio)-Podwierzbie, para termos os rios Pilica e Radomka nos flancos da cabeça de ponte do outro lado do Vístula. Posso começar a forçar operações amanhã de manhã cedo, não em três dias, uma vez que todo o trabalho preparatório já foi feito aqui. Quanto mais rápido começarmos, maior será a nossa chance de sucesso.

*Rokossovski*: O senhor tem pouca quantidade de artilharia e equipamento de travessia; a frente só poderá lhe mandar reforços dentro de três dias. O Quartel-General do Comando Supremo considera fundamental forçar a travessia do Vístula e exige que tenhamos a maior certeza possível de que essa missão complexa será cumprida com êxito.

*Eu*: Compreendo. Mas em uma operação complexa desse tipo, confio principalmente na ação rápida e súbita. No que diz respeito aos reforços, se pudermos agir rapidamente, acho que podemos conseguir com o que temos. Peço sua autorização para iniciar as operações amanhã de manhã.

*Rokossovski*: Está ótimo, eu concordo. Mas reflita mais uma vez, avalie tudo e faça um breve relatório final sobre seu plano. Informe aos oficiais de todas as patentes que os oficiais e soldados que se destacarem nessa operação serão indicados para receber prêmios, incluindo o título de Herói da União Soviética.

*Eu*: Assim será feito. Começo a operação amanhã de manhã. Relatarei imediatamente o meu plano.

E esse foi o fim da nossa conversa. Transmiti o meu plano para forçar a travessia do Vístula ao Q.G. da Frente imediatamente, da seguinte forma:

"As operações devem começar em 1º de agosto. Fogo preliminar de artilharia das 5h às 8h da manhã. Simultaneamente (das 6h às 8h) reconhecimento em força por um batalhão de cada divisão. Se houver sucesso, o reconhecimento deve evoluir para uma ofensiva geral; por exemplo, rompimento das defesas inimigas a oeste de Kovel. Se o reconhecimento não for bem-sucedido, se o inimigo impedir o desembarque e nossas forças de assalto não conseguirem atacar na margem oeste do Vístula, haverá uma pausa das 8h às 9h para identificar alvos e articular as diversas ações. Durante esse tempo, os bombardeiros de mergulho atacarão as primeiras posições de defesa do inimigo. Às 9h ocorrerá o início da preparação de artilharia e a travessia da força principal."

O leitor pode me acusar de aplicar mecanicamente um plano pronto; afinal de contas, estou repetindo o mesmo método: reconhecimento em força evoluindo para uma ofensiva.

Não, não era repetição mecânica. Romper a frente a oeste de Kovel não era a mesma coisa que forçar a travessia do Vístula, e o inimigo mal teria tempo de prever essa nova tática. De frente para nós, no Vístula, estavam unidades muito diferentes daquelas que haviam defendido o terreno a oeste de Kovel, e destas só restavam trapos e farrapos.

Ao forçar a travessia do Vístula, nossa principal preocupação era garantir fogo direto de uma quantidade imensa de canhões. A maior parte da nossa artilharia de divisões e toda a artilharia de regimentos foi posicionada na margem leste para disparar em cenários abertos. O exército tinha 83 veículos anfíbios e cerca de 200 embarcações de assalto (com remos), incluindo vinte capturadas do inimigo. Com elas, até 3.700 homens poderiam atravessar em cada viagem.

Tínhamos muito poucos pontões para estabelecer até mesmo uma ponte sobre o Vístula, mas isso não nos desanimou. Acreditávamos que poderíamos conseguir, pois tínhamos a vantagem do ataque súbito.

Na noite anterior a uma batalha, poucas pessoas costumam dormir. Verifica-se cuidadosamente se tudo está organizado e se as tropas estão em prontidão para a ação, se todos os quartéis-generais também estão em prontidão e se seu pessoal, assim como o da seção política do exército, está devidamente alocado. Alguns oficiais vão para postos de observação do exército, outros, para quartéis-generais inferiores e para unidades, fazer verificação e ligação. A maioria dos oficiais que são membros do Partido Comunista permanece com os regimentos e batalhões, para entrar em ação com eles e garantir que o plano da ofensiva seja implementado com precisão.

A manhã de 1º de agosto de 1944 estava se aproximando. Tendo o céu escuro como pano de fundo, uma faixa branca, precursora da aurora, ia ficando cada vez mais clara. Os pinheiros altos estavam posicionados em silêncio solene e, calados e tensos, aqueles oficiais e homens sobre os quais recaíra a honra de serem os primeiros a atravessar o Vístula, vasto e cheio, aguardavam o sinal.

Nessa hora de calmaria antes da tempestade, eu estava em um posto de observação, olhando o relógio o tempo todo. Os ponteiros se moviam lentamente em direção ao momento fatídico. Lentamente, porque tudo estava pronto e queríamos apressar o tempo para dar início às operações.

Dessa vez, era um tipo incomum de reconhecimento em força. À nossa frente havia uma vasta extensão de água, e a fina linha cinzenta que era a margem esquerda estava muito distante. Todos se perguntavam o que haveria ali, do outro lado do rio. Que forças o inimigo teria levado para lá? Que tipo de recepção ele estaria preparando para nós?

Os primeiros barcos de pescadores saíram para a escuridão antes do amanhecer. Os observadores que iam neles, sob o comando do primeiro-tenente V. Lisitsyn, alcançaram a margem e se moveram, correndo e buscando cobertura, em direção às trincheiras inimigas. Os nazistas abriram fogo com metralhadoras pesadas. Nossos observadores destruíram duas equipes de guarnição de metralhadoras alemãs com granadas e fogo de submetralhadoras e rapidamente esvaziaram as trincheiras do inimigo. "Linha conquistada!", eles sinalizavam por rádio.

Igualmente ousadas e decisivas foram as ações dos observadores comandados pelo capitão Ivan Yakovlevich Dunayev. Seus barcos saíram um após o outro, e, quando se ouviu o estrondo dos tiros, o pessoal de observação já havia desembarcado na margem oeste e sobrepujado os nazistas nas trincheiras do rio com uma chuva de artilharia que caía como granizo. Ivan Yakovlevich Dunayev, oficial e comunista, não perdeu o controle da ação sequer por um momento e inspirou seus soldados da guarda com um exemplo pessoal de coragem inflexível.

Depois dos observadores, os batalhões de fuzileiros começaram a travessia. O batalhão comandado pelo capitão da guarda Yefim Grigoryevich Tsitovski cruzou um terreno arenoso em uma série de investidas curtas e estava perto das posições inimigas quando uma metralhadora pesada abriu fogo inesperadamente, por trás de uma colina cheia de mato de salgueiro. Tsitovski mudou de direção bruscamente, fazendo seus homens contornar o monte para flanqueá-lo, e foi o primeiro a lançar uma granada, e depois outra. A metralhadora alemã silenciou. Os que estavam à frente de companhias e pelotões comandados por ele aproveitaram a oportunidade e atacaram as trincheiras inimigas, desalojaram os nazistas e avançaram sem perder um minuto.

Forçando a travessia do Vístula

Seguiu-se um confronto acirrado nos arredores do vilarejo de Magnuszew Pequeno. Os homens do batalhão de Tsitovski, nos calcanhares dos alemães, foram os primeiros a chegar a esse local habitado e hastearam a bandeira vermelha em uma das casas.

Os nazistas passaram ao contra-ataque. Eles incluíram tanques na batalha, mas nem isso os ajudou. Tsitovski tinha posicionado seus fuzileiros antitanque a tempo e, assim que os tanques se aproximaram de nossas posições, dois deles foram incendiados por disparos precisos. O restante deu meia-volta e fugiu.

Dezoito oficiais e soldados desse batalhão foram condecorados com a Ordem da Bandeira Vermelha por se destacarem nessa ação, e Yefim Grigoryevich Tsitovski se tornou Herói da União Soviética.

Bravura na comunicação, habilidade militar e capacidade organizativa foram exibidas naquele dia por um jovem oficial do 217º Regimento, o segundo-tenente Anatoli Bayandin. Pouco antes da batalha, ele tinha sido eleito organizador do Komsomol (abreviatura de *Kommunisticheski Soyuz Molodyozhi*, ou Liga dos Jovens Comunistas) no batalhão. Bayandin foi um dos primeiros homens a romper as posições defensivas do inimigo. Nossos soldados da guarda estavam atirando granadas nas trincheiras inimigas e ceifando seus defensores com fogo de fuzis, submetralhadoras e metralhadoras. O atirador de metralhadora Goryunov, membro do Komsomol, acabou com 16 nazistas nesse enfrentamento. Bayandin transmitiu prontamente a notícia dessa façanha ao longo da linha e, em pouco tempo, todo o batalhão soube do bravo heroísmo do soldado.

O organizador do Komsomol tinha ciência de qual era o seu lugar na batalha; ele estava sempre onde as coisas eram mais difíceis. Quando os alemães começaram a contra-atacar, ele estava com as guarnições de metralhadoras e organizou a produção de "panfletos de batalha" com notícias das façanhas heroicas que tinham sido realizadas. Após essa ação, 20 jovens membros da guarda entraram para as fileiras do Komsomol, e muitos de seus membros no batalhão foram condecorados.

Como resultado da ação de 1º de agosto, foi estabelecida uma cabeça de ponte com cerca de dez quilômetros de largura e de três a cinco quilômetros de profundidade. Nos dias 2 e 3 de agosto, nossas unidades do exército continuaram ampliando e aprofundando essa cabeça de ponte e transportando tropas e meios de reforço ao outro lado do rio.

Os comandantes de corpo receberam ordens para preparar postos na margem oeste do Vístula.

Três divisões de reserva permaneceram na margem leste.

Durante os dois primeiros dias de combates pela cabeça de ponte, as forças terrestres do inimigo não apresentaram grande resistência, mas sua força aérea fez ataques constantes aos nossos destacamentos enquanto eles cruzavam o rio. Aproveitando-se dos acessos ao rio, cheios de árvores e ocultos, seus aviões continuavam chegando em voos baixos, em esquadrilhas ou sozinhos, e lançando bombas de fragmentação (nossos soldados as chamavam de "sapos") sobre concentrações de homens, máquinas ou barcos. Nossas perdas de barcos e lanchas foram consideráveis naqueles primeiros dias, mas as embarcações eram rapidamente recuperadas e recolocadas em uso.

O único regimento antiaéreo do exército, que tinha de dar cobertura às nossas tropas ao longo de uma frente de até 25 quilômetros, não conseguiu dar conta das aeronaves inimigas até a divisão antiaérea polonesa surgir. Mesmo depois disso, nossos recursos estavam sob muita pressão, e o *front* estava sendo ampliado. Nossa força de caça-bombardeiros estava presa antes de Varsóvia e não podia nos dar apoio. Além disso, a força aérea sofria com escassez de combustível.

Na guerra nunca há o suficiente de coisa alguma, principalmente no final de uma operação. Então, tivemos que contar com as nossas próprias forças e a habilidade dos soldados de infantaria para cavar trincheiras e entrar nelas com segurança.

Essas dificuldades nós podíamos enfrentar; mais complicado era resolver outras questões. Mencionei anteriormente que o exército estava todo o tempo recebendo uma orientação para ir em direção ao norte, já que se esperava que o inimigo começasse operações ativas a partir dali. Por isso, três de nossas divisões foram deixadas na margem leste do Vístula, em suas antigas posições.

No auge da luta pela cabeça de ponte, em 3 de agosto, recebemos uma ordem do comandante da frente. Cito-a na íntegra:

> Na frente Węgrów-Stanisławów (com exceção de Wołomin), quatro divisões Panzer estão operando: a S. S. "Viking", a "Cabeça da Morte", a 19ª e, na área leste e sudeste de Praga-St. Wawer, a "Hermann Goering".
>
> Existe a possibilidade de essas divisões Panzer inimigas tentarem uma abertura em direção ao sul.

## Forçando a travessia do Vístula

O setor onde se deve considerar mais provável que isso aconteça é Kaluszyn-Minsk-Mazowiecki.

O 47º Exército está avançando com todas as suas forças em uma direção ao norte da linha Grębków-Wisníew-Jakubów-Zamienie.

O 2º Exército de Tanques tem dois corpos em ação na linha Okuniew-Międzylesie, e um corpo que ocupa a área Radzimmin-Marki-Ossów-Wołomin.

Com o propósito de aumentar a profundidade das posições do 47º Exército, eu ordeno que:

O comandante do 8º Exército da Guarda avance um corpo de fuzileiros, reforçado por não menos de três brigadas da 6ª Divisão de Artilharia, com a missão de estabelecer duas divisões em posições defensivas até a manhã de 4 de agosto de [19]44, ao longo da linha Trąbki-Osieck, com uma divisão dando apoio na área de Pilawa.

Minha posição ao receber essa ordem era extremamente delicada. Por um lado, a ofensiva tinha que ser levada a cabo na margem oeste do Vístula, e a ponte, estendida, e seis divisões de infantaria já estavam envolvidas na ação; por outro lado, de acordo com a ordem do comandante da frente, eu agora tinha que redirecionar três divisões para o norte e deixá-las em posições defensivas, de 30 a 40 quilômetros das travessias do rio. A ordem roubava do exército toda a força na cabeça de ponte que ele tinha conquistado e o condenava à passividade mais uma vez. Será que o Q.G. da Frente e o Comando Supremo realmente não compreendiam que forçar a travessia do Vístula, bem como conquistar e a ampliar a cabeça de ponte do outro lado, ameaçava o inimigo com consequências terríveis? Depois de perder em uma operação toda a Bielo-Rússia, metade da Polônia e grande parte de suas forças, ele não conseguia pensar em um contragolpe ao sul! Não podia, porque não só a ala esquerda da 1ª Frente Bielo-russa havia chegado ao Vístula, como a ala direita da 1ª Frente Ucraniana também estava lá. Em 4 de agosto, foi estabelecida a cabeça de ponte de Sandomierz. Cada passo dado por nossas tropas no lado oeste do Vístula nos aproximava dos centros industriais da Polônia e das fronteiras da própria Alemanha.

Ao cumprir essa ordem, convenci o Q.G. da Frente, com alguma dificuldade, a deixar que uma divisão fosse enviada à margem oeste do rio e direcionar apenas duas divisões ao norte para assumir posições defensivas ao norte de Garwolin.

Como era de se esperar, em 4 de agosto, as tropas que estavam estendendo a cabeça de ponte encontraram a oposição obstinada da unidade inimiga que havia sido transferida de uma área próxima a Varsóvia. E, em 5 e 6 de agosto, duas divisões alemãs iniciaram contra-ataques: a 19ª e a Hermann Goering, exatamente as mencionadas na ordem do comandante da frente. Naquele momento, elas mostraram não estar na área ao sudeste de Praga, em Varsóvia, como se supunha, mas já do outro lado do Vístula, antes da cabeça de ponte conquistada pelo 8º Exército da Guarda.

Seguiram-se dias de intensos combates pela cabeça de ponte. Além das duas divisões de tanques, o alto-comando nazista transferiu para a área a 17ª e a 45ª Divisões de Infantaria e, depois disso, a 25ª Divisão Panzer. De nossa parte, só pudemos enviar para a margem oeste a 11º Brigada de Tanques e três regimentos não completos de artilharia autopropulsada.

A superioridade de forças, principalmente das forças de tanques, estava do lado do inimigo. Ele estava mobilizando tudo o que tinha para nos retirar da cabeça de ponte. A situação no nosso exército era complicada pelo fato de que não tínhamos pontes para atravessar. As tentativas de colocar uma ponte na área do vilarejo de Skurcza não produziram resultados. A força aérea alemã "pairava" incessantemente sobre as cabeças dos homens da engenharia que trabalhavam nos pontões. Foi só em 5 de agosto que conseguimos montar uma ponte e enviar artilharia e munições através dela. Mas essa ponte só se manteve por cerca de duas horas, pois os aviões inimigos a despedaçaram e a divisão antiaérea polonesa que a defendia sofreu perdas consideráveis.

Os contra-ataques nazistas estavam sendo intensificados. Ao longo do rio Pilica, a 19ª Divisão Panzer estava fazendo uma investida e, ao longo do Radomka, a Hermann Goering fazia outra. Entre elas, operavam a 17ª e a 45ª Divisões de Infantaria. Vinha um contra-ataque depois do outro, como ondas. As coisas ficaram muito difíceis no setor defendido pelo 4º Corpo da Guarda, comandado pelo tenente-general V. A. Glazunov.

Sob a pressão da Divisão Panzer Hermann Goering e da 45ª Divisão de Infantaria alemã, suas unidades foram forçadas a ceder terreno. Os pontos habitados de Wola Chodkowska e Studzianki mudaram de mãos várias vezes.

Na noite de 5 de agosto, conseguimos que três regimentos da 47ª Divisão da Guarda passassem à cabeça de ponte e os usamos, junto com uma brigada de tanques, para reforçar a defesa ao longo da linha Kepa-Celinów contra a Divisão Hermann Goering.

Naquela noite, o posto de comando do exército também foi transferido para a margem oeste. O pessoal do Q.G. do Exército e da seção política foi enviado a companhias e batalhões para organizar a destruição de tanques inimigos, pois esta era a sua mais impressionante arma em contra-ataques. Todos os nossos soldados foram informados de que recuar para aquém do Vístula seria uma catástrofe para nós. Tínhamos que aguentar. Em primeiro lugar, precisávamos romper a linha da Divisão Hermann Goering. Nossos homens odiavam esse nome. Alguém cunhou o *slogan* "acabemos com os tanques do barrigudo Hermann Goering!". Uma encarniçada batalha de tanques aconteceu no setor defendido pelo 220º Regimento de Fuzileiros da 79ª divisão. Então, diante das posições de uma companhia de fuzileiros comandada pelo tenente Vladimir Trifonovich Burba, ocorreu um dos mais dramáticos episódios da guerra. A companhia tinha posições bem camufladas em um campo de centeio. Ao longo dos combates, ficou claro que aquele era o setor mais importante da linha de defesa da divisão, e os tanques da Hermann Goering direcionavam seu golpe principal àquele ponto.

Os soldados da guarda defenderam sua linha com determinação. Burba, oficial destemido e comunista, organizou habilmente a defesa das posições de sua companhia. Esses homens corajosos barraram a passagem dos blindados alemães com granadas e fogo de fuzis antitanque. Os homens usavam metralhadoras e fuzis comuns e apontavam para as fendas de observação dos tanques, cegando suas tripulações.

Os alemães fizeram seis ataques, um após o outro, mas não conseguiram romper. O sétimo ataque começou. Os tanques chegaram até as posições dos nossos soldados da guarda. Seu ousado comandante correu em direção ao tanque principal e o parou com uma granada de vara, mas, nesse momento, um segundo tanque surgiu sobre ele. Burba se jogou debaixo do tanque com uma segunda granada de vara e o explodiu, o que lhe custou a própria vida. Inspirados pelo heroísmo de seu oficial, os soldados da guarda continuaram lutando com firmeza. Do posto de observação do comandante da divisão se podia ver claramente a luta selvagem contra esses tanques que acontecia no campo de centeio. O fuzileiro Pyotr Khlyustin, um calmo e modesto jovem de 18 anos, natural de Smolensk e que era ordenança de Vladimir Burba, notou um tanque alemão que atravessava em direção ao Quartel-General do Batalhão. Ele saiu do campo de centeio em chamas com duas granadas de vara e correu para a frente do monstro blindado. A primeira vara atingiu a máquina de lado. Naquele momento, o soldado ficou gravemente ferido; ao cair, atirou a segunda granada debaixo da esteira do tanque. Pyotr Khlyustin morreu, mas o tanque não conseguiu passar.

O dia 6 de agosto foi de grande tensão. O comandante do 4º Corpo, o tenente-general V. A. Glazunov, que jamais se queixava de dificuldades, me telefonou e disse, com voz alarmada: "Camarada comandante! Estamos tendo dificuldades para conter os tanques do inimigo, estou pedindo ajuda...".

A ajuda estava a caminho. Ao meio-dia, um regimento de pesados tanques J. S. tinha atravessado o rio; e, no final daquele mesmo dia, várias dúzias de tanques inimigos, incluindo 14 Tigres, queimavam na cabeça de ponte.

A cada duas ou três horas, eu fazia relatórios ao Q.G. da Frente sobre o desenrolar dos combates. Além de fotografias tiradas por aeronaves de reconhecimento e evidências obtidas de tripulações de tanques que capturamos, nossos relatórios convenceram o comando da frente de que a 19ª e a 25ª Divisões Panzer e a Divisão Hermann Goering alemãs estavam na margem oeste do Vístula, e não em sua margem leste.

A partir desse momento, o Q.G. da Frente também concentrou sua atenção nos eventos que aconteciam nas cabeças de ponte do Vístula. Os resultados não demoraram a se apresentar.

O 69º Exército, sob o comando do tenente-general V. Y. Kolpakchi, enfrentou o Vístula e conquistou uma cabeça de ponte a oeste de Dęblin-Pulawy. Três divisões de artilharia antiaérea e terrestre chegaram para ser anexadas ao 8º Exército e foram estacionadas para guardar os pontos de travessia do rio. Um corpo mecanizado do 2º Exército de Tanques foi trazido à nossa cabeça de ponte. Por fim, as duas divisões que tinham sido deixadas em posições defensivas na margem leste voltaram para nós.

Assim que as divisões antiaéreas assumiram suas posições de tiro, a força aérea inimiga sentiu os efeitos. Do posto de comando do exército, podiam-se ver bombardeiros alemães em grupos de nove e caças em pares tentando atravessar a barragem antiaérea até as travessias. Mas, ao se deparar com bombardeios intensos, eles desviavam. E, na manhã de 8 de agosto, nosso pessoal de engenharia já havia terminado de lançar mais duas pontes para cruzar o Vístula. Novas forças atravessaram até a cabeça de ponte: artilharia, tanques, infantaria.

Nossas tropas repeliram outros contra-ataques do inimigo com segurança e, por sua vez, aplicaram contragolpes.

Na tarde de 10 de agosto, recebi um telefonema do comandante da frente, K. K. Rokossovski.

"Como estão as coisas?", ele perguntou. Relatei que outra tentativa do inimigo de atacar nossas unidades com novas forças, para ser exato com tanques da 25ª Divisão, tinha sido infrutífera. O inimigo havia interrompido sua ofensiva em todos os setores da batalha pela cabeça de ponte.

Pude ouvir um suspiro de alívio ao telefone. Konstantin Konstantinovich, sem dúvida, havia esperado impacientemente o momento em que o inimigo parasse seus contra-ataques, e a hora chegara. Os sinais eram de que o comandante da frente estava satisfeito com o meu relatório. Depois de uma breve pausa, ele perguntou: "Como eu acho o senhor?".

Eu percebi que ele estava propondo vir à cabeça de ponte. Claro que eu queria encontrá-lo, mas por que arriscar a vida do comandante da frente sem nenhuma razão em particular? Meu posto de comando não estava longe da linha de frente, o inimigo poderia notar os carros chegando e, se o azar assim quisesse, começar a nos bombardear. Minha mente trabalhou rapidamente. Conhecendo a ponderação de K. K. Rokossovski, decidi aproveitá-la e disse: "Camarada comandante, já dei ordens para que se aqueça um banheiro para mim, pois quero tomar um bom banho. Estarei na sua margem dentro de algumas horas".

"Em outras palavras, você não quer deixar que eu vá?", ele disse.

"Não, eu quero me lavar, já dei ordens para isso", repeti.

"Ah, tudo bem, então", concordou Konstantin Konstantinovich.

Naquela noite, eu o encontrei na margem leste do Vístula, na área do Q.G. da retaguarda do nosso exército. Nós recebemos um ao outro com sentimentos calorosos e sinceros, como irmãos. Fizemos uma sauna juntos, jantamos juntos e conversamos com franqueza e confiança recíproca, quase até de manhã. Depois que eu lhe contei a história da travessia forçada do Vístula e da luta pela cabeça da ponte, Rokossovski admitiu: "Eu sabia que você estava sob muita pressão, mas eu tinha fé em você. Foi mais difícil em Stalingrado, mas você aguentou. Meus agradecimentos, os agradecimentos de um camarada!".

Recordamos o nosso encontro no Volga, a Batalha de Stalingrado. Falamos de assuntos atuais e de planos para o futuro, do ataque a Berlim. As nossas ideias sobre os desdobramentos posteriores da ofensiva coincidiam.

Konstantin Konstantinovich é um homem fácil de conversar. Nessas poucas horas que passamos juntos, entendemos um ao outro de forma muito mais profunda e mais completa e continuamos muito amigos desde então. Nosso encontro me ajudou a entender melhor o caráter, as visões e o modo de pensar desse homem de grande coração e desse notável general.

Ao se retirar, Konstantin Konstantinovich não me permitiu acompanhá-lo à saída. Essa é a sua natureza. Ele não gosta de enfatizar sua superioridade a seus subordinados – um traço admirável, um traço excelente, que indica amplitude de alma e profundidade de entendimento, pois quem não sabe falar aos seus subordinados não será capaz de se fazer entender por eles.

Ao me separar do comandante da frente, assegurei-lhe que, na área da cabeça de ponte, o inimigo não conseguiria se aproximar nem um passo a mais do Vístula. E assim foi. Mais alguns dias se passaram e os nazistas, tendo enfrentado resistência firme, finalmente abandonaram a tentativa de nos empurrar de volta ao rio.

Agora só resta resumir brevemente os resultados do avanço desde Kovel até o Vístula. Em consequência das ações ofensivas de 18 de julho a 10 de agosto, as tropas do 8º Exército da Guarda haviam lutado para abrir caminho por cerca de 250 quilômetros, forçado a travessia do Vístula e capturado a cabeça de ponte de Magnuszew, com mais de 50 quilômetros de frente e até 20 quilômetros de profundidade.

Era o nosso primeiro passo em direção à linha principal de avanço sobre Berlim, um passo que nos aproximava da batalha final, que poria fim ao Terceiro Reich.

Avaliando corretamente a importância da cabeça de ponte que tínhamos conquistado, o comandante da frente ordenou ao nosso exército que passasse a uma defesa rígida. Para reforçar nossas posições, o 16º Corpo de Tanques foi separado do 2º Exército de Tanques e vinculado operacionalmente ao 8º Exército da Guarda.

Para executar essa ordem, em 5 de setembro, as tropas do exército tinham concluído os trabalhos de engenharia para as posições avançadas da zona de defesa. Havia duas linhas ininterruptas de trincheiras totalmente construídas, conectadas por trincheiras de comunicação e à distância de 200 a 300 metros uma da outra. Na frente delas, campos de minas antitanque e antipessoais contínuos e obstáculos de arame farpado. Quando as plataformas para metralhadoras e canhões antitanque tinham sido completadas, as tropas passaram à construção dos abrigos e da segunda linha de defesa.

O fogo de artilharia e morteiros foi planejado para cobrir as áreas de provável concentração de tanques e infantaria inimigos. Esperava-se que suas tripulações pudessem abrir fogo concentrado ao primeiro sinal, de dia ou de noite. As direções mais ameaçadas tinham até 30 canhões por quilômetro de frente.

## Forçando a travessia do Vístula

Todos os principais pontos habitados tinham sistemas de defesa que os circundavam.

Em 10 de setembro, os reforços começavam a chegar à área de retaguarda do exército.

Como havia sido concluída a parte principal do trabalho de criação de uma linha de defesa firme e estava claro que o inimigo não tinha força para nos empurrar de volta ao Vístula, era a nossa oportunidade para dedicar um pouco de reflexão à forma como a operação anterior tinha acontecido, como as unidades e formações pertencentes ao nosso exército haviam agido em situações muito complexas e como os oficiais no comando delas haviam desempenhado suas tarefas.

Era bom perceber que, entre os nossos oficiais, haviam surgido muitos talentos militares impressionantes que passaram em rigorosos testes práticos. Na operação recém-realizada, esses homens tinham novamente demonstrado uma profunda compreensão da dialética de batalha e liderado seus soldados com decisão e grande habilidade.

Estes são os homens notáveis que garantiram o êxito no cumprimento da missão dada ao nosso exército.

O comandante do 4º Corpo da Guarda, o tenente-general Vasili Afanasyevich Glazunov, que pertencera aos paraquedistas. Em 1941, ele esteve mais de uma vez em incursões por trás das linhas inimigas com seus homens. Então, quando o corpo de paraquedistas foi transformado em fuzileiros da guarda, ele foi nomeado comandante adjunto de corpo e, logo depois, comandante de corpo. Nas batalhas do Vístula, onde era necessário um grau particularmente elevado de talento organizativo, assim como velocidade de ação e determinação no comando, as qualidades de V. A. Glazunov encontraram toda a sua potencialidade. Ele tinha uma compreensão correta do fato de que o mais importante era velocidade na preparação de uma manobra e rapidez em sua execução. Suas unidades foram mais rápidas e melhores do que quaisquer outras na preparação para o cumprimento de uma missão e demonstraram mobilidade na travessia forçada do rio e em suas ações na margem oposta.

Dentro do corpo, o papel principal ao se forçar a travessia do Vístula foi cumprido pela 57ª Divisão de Fuzileiros, liderada pelo general Afanasi Dmitrievich Shemenkov. A travessia-relâmpago do rio e o golpe súbito infligido ao inimigo por essa divisão garantiu sucesso para todo o corpo.

À direita, forçou-se a travessia do Vístula e o 28º Corpo da Guarda liderou o ataque no centro do avanço do exército, sob o comando do tenente-general Aleksandr Ivanovich Ryzhov. Sua tarefa era aplicar um golpe penetrante e que causasse uma divisão. Aleksandr Ivanovich conseguiu fazer isso e demonstrou imensa força de vontade e coragem em uma situação muito complicada. Uma das divisões avançadas de seu corpo (a 79ª Divisão da Guarda, sob comando do major-general Leonid Ivanovich Vagin) iniciou a travessia do rio simultaneamente às divisões do 4º Corpo da Guarda. Esses regimentos forçaram a travessia de um só golpe e imediatamente investiram contra o dique, fazendo o inimigo recuar com a força de seu ataque e anulando sua capacidade de manter o rio e os acessos a ele sob observação.

No flanco direito do exército, a 27ª Divisão da Guarda, comandada pelo major-general Glebov, forçava a travessia do Vístula. Os regimentos dessa divisão estavam um pouco atrasados para alcançar as posições nas quais começar o ataque, mas, mais tarde, compensaram o tempo perdido e chegaram à cabeça de ponte a tempo para o combate decisivo. Todos esses generais receberam o título de Herói da União Soviética.

Os homens de engenharia e os sapadores cumpriram um papel importante na travessia forçada do Vístula, um rio profundo e largo. Seu trabalho difícil e perigoso foi dirigido por uma seção de engenharia comandada por Vladimir Matveyevich Tkachenko, major-general de engenharia.

A arma de engenharia conseguiu concentrar, secretamente e em pouco tempo, tudo o que era essencial para a operação. Usando equipamentos de flutuação, eles conseguiram fazer com que homens e máquinas atravessassem sob uma chuva de balas, projéteis de canhão e bombas. Tiveram que construir pontes em meio ao fogo direcionado da artilharia inimiga e ao bombardeio aéreo contínuo. É difícil transmitir como era a pressão sobre as forças físicas e morais dessas unidades enquanto elas trabalhavam, até que a principal massa de tropas e equipamentos fosse transportada à margem oeste.

Uma vez tomada a cabeça de ponte, começamos imediatamente a sentir nossa insuficiência em termos de tanques pesados capazes de competir com os canhões autopropelidos dos nazistas, os Tigres e os Ferdinand. Para combatê-los, usávamos a nossa artilharia, principalmente canhões de grosso calibre, que foram removidos a posições abertas e sustentaram o fogo direto.

E aqui não posso deixar de dizer algumas palavras de gratidão sobre a nossa artilharia, comandada por Nikolai Mitrofanovich Pozharski, seu che-

Forçando a travessia do Vístula

fe de gabinete Vladimir Fomich Khizhnyakov e outros oficiais que haviam participado da grande Batalha do Volga.

As Divisões Hermann Goering e SS Panzer, que tinham sido trazidas da região de Varsóvia, e outras unidades nazistas de tanques foram contidas e destruídas principalmente pela artilharia de grosso calibre e por soldados de infantaria "caçadores de tanques". Eles lutaram como verdadeiros defensores de Stalingrado. O fogo direto, as granadas de vara, as Faustpatronen – armamentos semelhantes a bazucas, também conhecidas como Panzerfaust – capturadas do inimigo e, o mais importante de tudo, o patriotismo e o heroísmo dos homens soviéticos foram os elementos que quebraram a resistência dos soldados da SS.

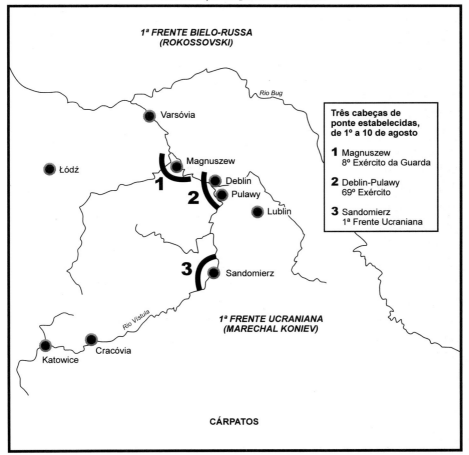

As três cabeças de ponte no Vístula

A cabeça de ponte de Magnuszew, como as outras no Vístula, tornou-se um portal através do qual nossas tropas passaram para libertar a Polônia. Então veio um tempo de vida "defensiva" tranquila, na verdade, um período de vida de trincheira; e, nessas condições, manter a vigilância passou a ser especialmente importante.

Durante um período longo em que a tarefa é operar as defesas, os homens se habituam a uma linha de frente inalterada, eles se "acomodam" ao inimigo, e os dois lados às vezes chegam a um acordo tácito para deixar um ao outro viver decentemente, por assim dizer. Por exemplo, eles não vão disparar contra uma cozinha de campanha que esteja sendo construída, não impedirão que se busque água, e assim por diante.

Parte da explicação para isso está, sem dúvida, no fato de que unidades de defesa recebem menos projéteis, granadas de morteiro e cartuchos do que unidades que estejam envolvidas em uma ofensiva, uma vez que as forças e os recursos estão sendo acumulados para futuros eventos decisivos. E o soldado pensa: "Se eu começar a atirar em algum Fritz esquisito que está indo pegar sua marmita cheia de sopa, eu vou usar munição, o Fritz vai ficar irritado e começar a responder do mesmo jeito, talvez com mais fúria, e esta porcaria de vida nas trincheiras vai ficar ainda pior".

Com relação a como realmente é a vida nas trincheiras, não há necessidade de dizer muita coisa. Qualquer um que não tenha tido experiência com ela só precisa descer a um subsolo úmido ou a um porão com uma abertura estreita como uma janela e imaginar homens naquelas condições por duas ou três semanas, ou mesmo vários meses seguidos, apenas esperando que seu buraco-porão seja atingido por uma bomba e que eles próprios sejam esmagados por troncos, tábuas, terra e mofo. Além disso, o soldado tem que ficar muitas horas como sentinela e se sentar em seu posto de escuta, faça chuva, sol ou nevasca. E, para coroar tudo isso, chega aquele hóspede não convidado, o piolho, que é o flagelo de todos que estão nessas condições e não respeita patentes, títulos nem honrarias. Em Stalingrado, chamavam essas criaturas de "atiradores de submetralhadora"; no norte do Donets, de "homens de Vlasov"; e, no Vístula, de "Faustniks", os atiradores de lança-rojão alemães.

Muitas pessoas estiveram em abrigos antiaéreos e sabem o quanto seu silêncio frio e úmido é deprimente, mas alguém que esteja em um abrigo antiaéreo se sente, para além de qualquer comparação, melhor do que o soldado em uma trincheira ou em um abrigo em posição avançada. O soldado não apenas sofre todo tipo de privação; ele perde sua acuidade de sentimentos e se torna indiferente a muitas coisas. Basta algo vivo aparecer no espaço sem vida entre as linhas opostas de trincheiras para que ele encontre uma fonte de prazer. E uma lebre que atravesse a terra de ninguém será motivo de grande alegria. Ao ouvir música ou alguém cantando, os soldados que estão nas trincheiras ficarão silenciosos e imóveis, como se não se lembrassem de tudo o que os levou até ali.

Claro, a "depressão das trincheiras" não vinga em todos os casos. Às vezes, ela pode ser evitada completamente, como conseguíamos fazer na cabeça de ponte de Magnuszew, quando o trabalho político do Partido era organizado corretamente em nível de companhia e pelotão. O objetivo desse trabalho era garantir que a vigilância fosse mantida durante o período defensivo e que os homens não se esquecessem do inimigo, que podia, a qualquer momento, passar a uma súbita e rápida ofensiva e obter grandes êxitos com pequenas forças, se conseguisse se aproveitar da preguiça e da negligência. Nossos homens eram lembrados, o tempo todo, de que muito provavelmente se poderia esperar uma ofensiva ou um ataque não das tropas inimigas que tinham estado cuidando de suas defesas por algum tempo, mas de outras, novas, trazidas de suas reservas. Tropas que operam linhas de defesa costumam ser mais usadas como escudo para mascarar a concentração de novas forças que estão sendo preparadas para um ataque súbito.

Quando os canhões estão em silêncio, os homens de reconhecimento estão ocupados, os sapadores estão suando e os oficiais do comando nem conseguem se lembrar do que significa descansar.

A tropa de reconhecimento do 8º Exército da Guarda trabalhava permanentemente na cabeça de ponte de Magnuszew.

É interessante e importante saber exatamente quem está nas trincheiras inimigas diante de nós e quais são as suas intenções, mas isso está longe de ser suficiente. Na guerra moderna, o reconhecimento em profundidade é necessário para se ter uma imagem satisfatória do que está acontecendo atrás das linhas inimigas. Os comandantes de companhias e batalhões não tinham homens nem recursos para esse tipo de reconhecimento. Eles faziam o que podiam para vasculhar o chão à sua frente, até onde a natureza do terreno e os dispositivos ópticos disponíveis permitissem. O reconhecimento em profundidade era de responsabilidade de quem comandava divisões, corpos e o exército.

Ao mesmo tempo, o exército se ocupava da construção de fortificações robustas. Nós precisávamos nos estabelecer na cabeça de ponte com uma firmeza tal que o inimigo não conseguisse nos deslocar de nossas posições. Com esse propósito, fortificamos duas linhas de defesa, e cada uma incluía duas ou três fileiras de trincheiras com abrigos e refúgios. Oito pontes foram lançadas através do Vístula, cada uma com capacidade de carga de 60 toneladas, e os acessos a todas elas foram reforçados.

Presumíamos que, quando chegasse a hora, o golpe principal da ofensiva das forças da frente como um todo seria lançado a partir da cabeça de ponte de Magnuszew. Portanto, construímos nossas obras de defesa calculando que elas deveriam servir para uma ofensiva envolvendo grandes forças. Nos vales dos rios Pilica e Vístula, por exemplo, há muitas áreas pantanosas e grandes extensões de areia profunda, e os sapadores do exército tiveram de construir cerca de 200 quilômetros de estrada passando por essas áreas.

Agora seria possível afirmar com segurança que, em sua nova esfera de ação sob o comando da 1ª Frente Bielo-russa, o 8º Exército da Guarda havia passado no teste de avançar ao longo da principal linha de ataque e conquistara o direito de esperar missões ainda mais difíceis. A cabeça de ponte de Magnuszew tinha se tornado uma base poderosa para o futuro avanço sobre Berlim das forças principais da frente.

# Comprima a mola, depois a solte

As cabeças de ponte de Magnuszew, Dęblin e Sandomierz, na margem oeste do Vístula, ofereciam condições favoráveis para mais um avanço do Exército Soviético. Naquele momento, a agenda incluía libertar a Polônia das forças nazistas, restabelecer sua condição de país independente e deslocar as operações militares para o território da própria Alemanha. Para atingir esses objetivos, o Comando Supremo Soviético preparou três frentes, com forças totais em torno de 150 divisões de fuzileiros e tanques. No centro, ao longo do eixo Varsóvia-Łódź-Poznań-Frankfurt an der Oder, a 1ª Frente Bielo-russa daria um golpe; à esquerda, a 1ª Frente Ucraniana atacaria pela Silésia industrial em direção a Breslávia; à direita, e a 2ª Frente Bielo-russa deveria esmagar o inimigo na Prússia Oriental e sair às margens do Báltico.

Essas três frentes ou grupamentos constituíam o núcleo principal das forças soviéticas e miravam no coração da Alemanha nazista: Berlim.

Com as nossas tropas já no Vístula, os líderes nazistas se encontravam em uma posição tal que Hitler não podia mais ocultar da população da Alemanha a verdadeira situação na Frente Oriental. O tempo estava se esgotando para toda a coalizão fascista, e Hitler, em particular, como líder dessa coalizão, precisava encontrar algum caminho para sair da armadilha.

O desembarque das forças norte-americanas e britânicas na Normandia tinha arruinado suas expectativas de uma divisão na aliança antinazista, embora Hitler e seus colaboradores mais próximos tenham cultivado essa esperança de divergências entre a União Soviética, de um lado, e britânicos e norte-americanos, de outro, até os últimos dias de sua existência.

Sobre o desembarque anglo-americano na Normandia, o jornal nazista *National Zeitung* escreveu, em 8 de julho de 1944: "O centro de gravidade da guerra realmente mudou do Oriente para o Ocidente? Podemos tratar levianamente os acontecimentos relacionados à ofensiva soviética na Frente Oriental e considerar que o Leste se tornou um teatro secundário, por assim dizer? Jamais!". O jornal continuou assustando seus leitores, assim: "Os exércitos invasores – britânicos e norte-americanos – são as forças auxiliares do bolchevismo, usurpadores estrangeiros no continente [...]. Seu sucesso só abriria caminho para o bolchevismo. Ao destruí-los, também derrotaremos o bolchevismo".

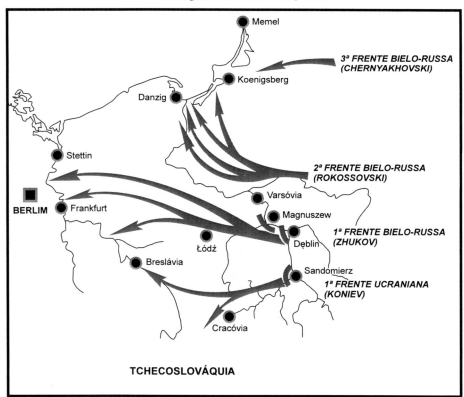

Ofensiva geral em três frentes, 1945

E, para concluir, uma advertência mais enfática: "Contudo, o principal perigo para a Europa ainda está, como antes, no Leste".

Prevendo a força cada vez maior dos exércitos soviéticos e o poder de seu avanço, esses propagandistas de Hitler estavam preparados para aceitar a retirada de suas divisões e a perda de território na Frente Oriental.

Nosso comando superior não tinha pressa de começar o avanço decisivo. Tínhamos que acumular forças da maneira necessária para garantir o sucesso total. Havia muitas obras a serem feitas ou melhoradas em rodovias, estradas não pavimentadas e ferrovias. Havia dezenas de milhares de toneladas de combustível a serem transportadas, bem como milhões de granadas de morteiro e projéteis, centenas de milhões de cartuchos e todos os equipamentos e provisões necessários para nos manter no campo. E todas essas quantidades colossais de provisões tinham que ser trazidas o mais próximo possível da linha de frente para nos proporcionar as condições necessárias para uma ruptura e uma ampla margem de manobra.

Sendo assim, a tarefa que estava diante das tropas da 1ª Frente Bielorussa, e principalmente do 8º Exército da Guarda, era a de se preparar para uma operação ofensiva de grande alcance e duração. Era necessário determinar com máxima precisão as forças que o inimigo tinha em sua reserva, em toda a profundidade de sua zona de defesa. Era essencial que os observadores fossem levados até a retaguarda do inimigo e capturassem soldados alemães para ser interrogados e fornecer informações que complementassem aquelas obtidas por meio de observação.

O chefe das tropas de reconhecimento do exército, o coronel Gladki, elaborou um plano que continha a composição dos meios e a organização por tarefa para o reconhecimento em profundidade. Vários grupos de reconhecimento foram enviados para trás das linhas inimigas e mantiveram vigilância constante, diuturnamente, sobre os movimentos das tropas inimigas e dos serviços de retaguarda, a partir de pontos situados entre 25 e 40 quilômetros atrás da linha de frente. Nossos homens de reconhecimento penetraram as posições nazistas, na maior parte, a pé, atravessando suas linhas de batalha. O contato com os nossos grupos era mantido por rádio e por aviões PO-2 à noite.

O primeiro grupo de dois observadores (o sargento Piotr Bachek e o soldado Vasili Bychkov), com os quais conversei mais de uma vez, foi enviado no início de outubro. Eles deveriam atravessar a linha de frente em uma área ao norte de Cecylówka, alcançar as matas situadas 12 quilômetros a oeste da pequena cidade de Warka e descobrir quais unidades inimigas estavam estacionadas nessas matas e as obras de defesa existentes ao longo de sua rota para aquele destino. O tempo para se cumprir essa missão era de três noites e dois dias.

Os observadores cumpriram sua tarefa com sucesso e voltaram com a notícia de que não havia unidades inimigas na floresta. Então, decidiu-se organizar um grupo de reconhecimento permanente na área. Foi estabelecida uma base operacional no centro da mata, de onde era conveniente e relativamente seguro observar movimentos de tropas ao longo das duas rodovias que seguia à direita e à esquerda da região da mata.

Esse novo grupo de reconhecimento tinha sete membros e era liderado por um experiente homem de observação, o tenente Ivan Vasilievitch Kistayev, que havia sido condecorado com a Ordem de Lênin. O grupo funcionou bem por mais de dois meses, mantendo contato com o Q.G. do Exército e transmitindo dados muito valiosos sobre o inimigo, adquiridos por meio de observação direta ou interrogatórios de prisioneiros.

Os homens de reconhecimento pertencentes a divisões e regimentos também estavam constantemente trabalhando. De nossa zona avançada, vigiavam cuidadosamente os horários e os hábitos diários dos soldados e oficiais alemães. Sabíamos quando os nazistas almoçavam e jantavam, quando os soldados eram substituídos em seus postos de escuta e de guarda, e quando, onde e em que sistema de rotação os homens tinham folgas. Conseguimos mapear as posições de sua artilharia, seus morteiros de seis canos e suas unidades de tanques.

Para confirmar os dados obtidos com o reconhecimento em terra, também fazíamos uso do reconhecimento aéreo. Essa dupla verificação nos garantia informações totalmente confiáveis sobre as fortificações do inimigo e a rotina de suas tropas. Estávamos particularmente interessados nas reservas do inimigo, isto é, nas divisões de infantaria e de tanques que ele tinha como apoio. E fico feliz por poder observar com aprovação o bom trabalho feito pelos nossos homens de reconhecimento do exército. Os dados que eles nos deram foram de grande valor para o Q.G. da Frente e os quartéis-generais de nossos exércitos vizinhos – os que estavam concentrados na cabeça de ponte e que participaram da ofensiva, do Vístula ao Oder.

Em dezembro, as águas do Vístula subiram e o gelo se rompeu. Nossas tropas, principalmente as da engenharia, tiveram que dedicar muito trabalho às

## Comprima a mola, depois a solte

travessias. Pode-se pensar que, tendo construído pontes com capacidade para 60 toneladas, como tínhamos feito no verão, poderíamos ficar descansados, mas descobrimos que elas corriam risco. Estavam ameaçadas não apenas pelo gelo na superfície (isso era apenas metade do problema). Parecia que o Vístula era um rio traiçoeiro, no qual o gelo se movia praticamente ao longo do próprio leito do rio, atingia as estacas que suportavam as pontes e se fortalecia ali, formando bloqueios invisíveis. Em seguida, a força da corrente também aumentava e corroía as margens e o leito do rio em torno das estacas.

As unidades de engenharia e de construção de estradas tiveram que empregar todos os seus recursos. Nada menos do que três companhias de engenharia de demolição e um batalhão rodoviário foram alocados em cada ponte, e foram formadas equipes de emergência. O curso de água foi devidamente domado.

Esse mesmo período testemunhou o início de um acúmulo mais intenso de tropas ao longo de toda a frente, em preparação para a ofensiva. Pelas pontes e rumo à cabeça de ponte passavam colunas ininterruptas de veículos motorizados, principalmente à noite. Três exércitos de linha de frente, formados por unidades de todas as armas apoiadas por dois corpos de artilharia e dois exércitos de tanques e dispondo de uma vasta quantidade de equipamento mecânico, começariam a ofensiva a partir da cabeça de ponte de Magnuszew.

No início de dezembro, o marechal K. K. Rokossovski foi transferido para a 2ª Frente Bielo-russa, e o comando da nossa frente foi assumido pelo marechal G. K. Zhukov. Como no xadrez, essa jogada de "roque" ocorreu depois de tomadas as decisões finais sobre a abrangência da operação que se aproximava. Anteriormente, supúnhamos que o marechal Zhukov, como primeiro adjunto do comandante em chefe supremo, estaria encarregado, como antes, das três frentes (1ª e 2ª Bielo-russas e 1ª Ucraniana), que teriam papel decisivo no avanço sobre Berlim. Mas, àquela altura, o Q.G. do Comando Supremo decidira, por sugestão de Stalin, tomar em suas próprias mãos o controle da operação de Berlim e propôs que Zhukov comandasse uma das três frentes.

Foram as tropas da 1ª Frente Bielo-russa que ocuparam a posição central nesse poderoso grupamento. Elas tinham o benefício de condições mais favoráveis para aplicar o golpe principal, e Zhukov concordou em assumir o comando daquela frente.

O marechal Zhukov iniciou seus preparativos para a ofensiva e seu primeiro levantamento do estado de coisas dentro desse grupo da frente, realizando uma conferência em Siedlce, para a qual foram convocados todos os comandantes de exércitos, membros dos Conselhos Militares e chefes de Estado-Maior, além de comandantes de corpos da frente.

O general M. S. Malinin, chefe do Estado-Maior do Q.G. da Frente, fez uma breve exposição do conceito geral da operação que se aproximava, ou melhor, de sua primeira fase. As forças da frente deveriam esmagar as forças inimigas que as enfrentavam – seus grupos de Varsóvia e Radom – e tomar a capital polonesa. No 10º ou no 12º dia da ofensiva, nossas tropas deveriam chegaram à linha Kutno-Łódź.

O principal papel dessa estratégica operação de divisão foi atribuído à 1ª Frente Bielo-russa e à 1ª Frente Ucraniana, que tinham mais recursos, principalmente em termos de blindados. Segundo o conceito do Q.G. do Comando Supremo, as duas frentes deveriam esmagar as forças inimigas que se opunham a elas e penetrar, como um aríete de duas cabeças, o mais fundo possível no território controlado pela Alemanha. O tempo dado para a conclusão da primeira missão foi de 10 a 12 dias e noites, o que significava um ritmo médio de avanço planejado de 10 a 12 quilômetros a cada 24 horas. Tão pouco! A experiência real de guerra, vista com tanta clareza na história militar, não havia sido levada em conta.

No início de sua campanha russa, Napoleão obteve um ritmo de avanço muito elevado. Suas tropas lutaram para abrir caminho de Berezina até Moscou em oito semanas e, em retirada, com os russos os pressionando, percorreram a mesma distância em cinco semanas.

As divisões de Hitler levaram duas campanhas de verão para lutar e conseguir ir do Dniestre ao Volga, mas foram esmagadas e empurradas para trás, quase até onde começaram, na metade desse tempo. O ritmo médio de avanço de nossas tropas no verão de 1944 foi de 15 a 20 quilômetros a cada 24 horas, chegando a 30 em alguns setores. Os generais que tinham tido oportunidade de liderar suas tropas em ofensivas podiam ver e sentir o enfraquecimento das forças nazistas da Alemanha a partir de 1943 e a queda de seu moral e de sua capacidade de resistir com determinação na batalha. Ao mesmo tempo, nosso ímpeto de ataque vinha aumentando a cada dia, e o espírito de luta e a ousadia dos homens cresciam não de um dia para o outro, mas até mesmo a cada hora.

## Comprima a mola, depois a solte

Por isso, era difícil entender por que o Comando Supremo e o comando da frente planejavam, no início de 1945, uma velocidade de avanço tão baixa. Multiplicávamos mentalmente as cifras deles por dois e tínhamos certeza de que as tropas avançariam de 25 a 30 quilômetros a cada 24 horas.

Para cobrir os flancos da 1ª Frente Bielo-russa e da 1ª Frente Ucraniana enquanto elas avançavam com golpes penetrantes, outras operações não menos interessantes estavam sendo planejadas. À direita, as tropas da 2ª Frente Bielo-russa, sob o comando de Rokossovski, e da 3ª Frente Bielo-russa, liderada por Chernyakhovski, lançariam seu ataque contra o Grupo de Exércitos Central da Alemanha, na Prússia Oriental. Em seu alcance geográfico, suas condições operacionais e seus objetivos, essa operação na Prússia Oriental era, em muitos aspectos, semelhante à de 1914. Naquele ano, o 1º Exército Russo, comandado por Rennenkampf, e o 2º, com Samsonov à frente, foram chamados para cercar e esmagar as tropas alemãs (o 8º Exército) de Hindenburg e de Ludendorff (chefe do Estado-Maior). Por causa da ofensiva dos exércitos russos, os alemães foram obrigados a transferir vários corpos da França para esse teatro de guerra, bem quando estava em andamento a Batalha do Marne, extremamente crucial para a França. Os franceses se aproveitaram disso, contiveram o avanço alemão e salvaram seu país. E, se tivesse havido uma articulação adequada entre o exército de Rennenkampf e o de Samsonov, os alemães também teriam sido esmagados na Prússia Oriental.

Mas isso não aconteceu. Em razão da falta de organização e à inépcia dos generais czaristas, os esmagados não foram os alemães, e sim o 2º Exército Russo, de Samsonov. E, com base em seus méritos nessa situação, Hindenburg e Ludendorff ascenderam ao mais elevado comando das forças alemãs.

Alguma coisa semelhante poderia ter acontecido de novo? Claro que não. Rokossovski e Chernyakhovski estavam cientes dessa lição da história. Eles são líderes militares talentosos, e nós estávamos absolutamente seguros de que o flanco direito da 1ª Frente Bielo-russa teria boa cobertura de operações bem-sucedidas das tropas soviéticas na Prússia Oriental.

Estávamos igualmente seguros com relação ao nosso flanco esquerdo. Lá, à esquerda da 1ª Frente Ucraniana, os Cárpatos estavam sendo limpos do inimigo pelas tropas do hábil general I. Y. Petrov.

Depois que o general Malinin fez sua breve explanação como chefe do Estado-Maior, o marechal Zhukov iniciou uma comparação detalhada da descrição que os presentes haviam feito da situação de então com nossas próprias ideias sobre a operação que se aproximava. Ele começou pelos generais cujas tropas haviam tomado as cabeças de ponte e estavam estacionadas nelas. Eu tive que falar primeiro.

Meu relatório durou cerca de 30 minutos. Descrevi as instalações defensivas do inimigo e sua força, incluindo números e posicionamento de suas reservas. Manifestei a opinião de que, a julgar pela forma como o inimigo tinha suas reservas dispostas, poderíamos esperar fortes contra-ataques e contragolpes de divisões de tanques e infantaria bem atrás da retaguarda inimiga. Para contê-los, precisávamos ter reservas de formações antitanque e mistas e também orientar a nossa força aérea sobre como reduzir ou destruir a capacidade do inimigo de manobrar suas forças ativas.

Continuei dizendo que, apesar de termos estado em contato prolongado com a defesa do inimigo, ainda não tínhamos certeza sobre qual posição ele escolheria para combater quando fosse para valer. Levantei as hipóteses de que ele não lutaria muito por sua posição avançada, porque conhecia a força de nossa artilharia, e de que estava usando sua posição à frente como cobertura avançada para sua principal linha de defesa, com o propósito de nos observar. Depois de uma intensa preparação de fogo, tomaríamos facilmente essa posição avançada. Mas era improvável que conquistássemos a segunda e principal posição inimiga, que estava a quatro ou cinco quilômetros atrás de sua posição avançada, ou, se o fizéssemos, seria com grandes perdas.

Em resumo, eu estava propondo o mesmo tipo de ofensiva que tinha funcionado tão bem na operação de Kovel; porém, dessa vez, a tarefa de cada batalhão de fuzileiros que realizasse reconhecimento em força seria tomar não apenas a primeira linha de trincheiras inimigas como antes, mas todas as linhas da posição avançada do inimigo e também de sua segunda posição, se possível. Na operação de Kovel, os batalhões de fuzileiros começaram seu reconhecimento em força sem apoio; agora, cada um deveria ter uma companhia de tanques e uma bateria de canhões autopropelidos. E o fogo de artilharia para cobrir o reconhecimento em força deveria ser direcionado contra a segunda posição inimiga, bem como contra a posição avançada.

Eu tinha certeza de que a força de reconhecimento ocuparia a posição avançada do inimigo, uma vez que as defesas deste eram frágeis, mas que encontraríamos a principal resistência em sua segunda posição e teríamos de trazer nossa força principal para atacá-la.

## Comprima a mola, depois a solte

Quando começamos a falar do momento em que a ofensiva deveria ser iniciada, aconteceu o seguinte diálogo:
"A artilharia atacará às 7h da manhã", disse Zhukov.
"Não é uma boa escolha de horário", objetei.
"Por quê?"
"Os principais ataques da artilharia e da força aérea devem acontecer cerca de duas horas depois, quando a luz será melhor", respondi.
"Por quê?", repetiu Zhukov.
"Porque essa será a nossa vantagem."
"A que horas a primeira onda dará início ao reconhecimento em força?", perguntou Zhukov.
"Cedo, em torno das 7h, quando ainda estará escuro, depois de uma curta preparação de artilharia de 20 minutos."
"Eu não o entendo!", Zhukov disse com raiva. "Uma preparação curta, enquanto ainda está escuro... Por que a artilharia tem que disparar no escuro na primeira vez, mas esperar até que esteja claro para o ataque seguinte?"
Eu expliquei que, como a posição avançada do inimigo havia sido bem estudada tanto pela infantaria quanto pela artilharia, a força de reconhecimento não perderia de vista os seus pontos de referência e sua direção de ataque enquanto avançasse no escuro. Em seguida, atacariam a segunda posição uma hora e meia ou duas horas depois, quando já estaria claro, de modo que a artilharia e a força aérea não cometeriam erros na escolha dos alvos e as unidades que avançavam não errariam suas direções nem confundiriam uma com a outra, já que seus objetivos alocados seriam claramente visíveis.
"Certo", Zhukov suavizou ligeiramente. "Continue."
"Os horários do inimigo para a sua posição avançada são os seguintes", continuei. "À noite, suas linhas de trincheiras avançadas são reforçadas por homens e unidades de fogo de sua segunda posição, mas, quando fica claro (cerca de 10h em horário de Moscou), só observadores e destacamentos de serviço ficam nas linhas de trincheiras avançadas. Todos os outros são recuados para a retaguarda para um período de descanso nos abrigos. É isso que acontece todos os dias. Antes do anoitecer, seus observadores de artilharia ocupam seus postos de observação na linha de trincheiras avançada ou perto dela. Por isso, minha proposta é que nossa barragem de artilharia comece no máximo às 9h no horário de Moscou, de modo que a primeira onda de fogo surpreenda o inimigo e seus postos de observação de artilharia no momento em que eles estiverem se preparando para retornar à retaguarda,

mas ainda não tiverem saído. Os ataques aéreos preparatórios não devem ser realizados no escuro, e sim quando já houver luz; seus principais golpes devem ser direcionados contra as reservas inimigas (suas duas divisões de tanques) com o objetivo de impedi-las de manobrar e deslocar seu sistema de controle no local, em seus pontos de reunião."

Para desviar a atenção do inimigo dos nossos preparativos para o ataque, eu propus que homens e máquinas fossem reunidos em seus pontos de partida gradualmente, em etapas, e que todo o movimento fosse planejado para acontecer à noite e, além disso, que, a cada manhã, tudo o que houvesse sido trazido fosse enterrado e camuflado. Durante o dia, deveríamos fazer uma grande demonstração para preparar as obras defensivas em torno dessas posições e trincheiras que estavam à vista do inimigo, apenas para demonstrar que a defesa rígida era nossa única preocupação. Para disfarçar o ruído dos veículos em movimento, deveríamos aproveitar que era tempo de celebrar o Natal e o Ano-Novo, o que certamente os soldados e oficiais nazistas estariam fazendo. Ou seja, deveríamos organizar transmissões por alto-falantes, a todo volume, ao longo da frente – canções, músicas, programas de dança etc. – durante vários dias seguidos, animando as tropas e acalmando a vigilância do inimigo ao mesmo tempo!

Essas propostas foram aprovadas e aceitas como base para o planejamento da operação. O Q.G. da Frente não emitiu ordem por escrito, e todas as instruções foram dadas observando-se as mais estritas precauções para manter o sigilo. Em vez de enviar uma ordem pormenorizada, o comandante da frente fez um "ensaio" durante o qual foram explicadas e compreendidas as missões da frente e seus exércitos, e se fez uma breve descrição da articulação das ações de exércitos mistos, exércitos de tanques, força aérea e artilharia.

No decurso do ensaio, ficou claro que a frente estava dando o golpe principal a partir da cabeça de ponte de Magnuszew, empregando as forças dos três exércitos mistos (o 5º Exército de Choque, o 8º Exército da Guarda e o 69º Exército) e dois exércitos de tanques (o 1º e o 2º). Esse poderoso aríete deveria atravessar para cercar Varsóvia a partir do sul. Todo o grupamento nazista de Varsóvia seria isolado de sua retaguarda extrema, e suas linhas de comunicação e formas de retirada seriam interrompidas por fortes colunas de nossos tanques e divisões de fuzileiros.

O conceito dessa operação era o de esmagar completamente as forças inimigas. Ao mesmo tempo, o plano evitava a destruição de Varsóvia e de outras cidades polonesas por fogo de artilharia e ataques aéreos.

Quando se fez o ensaio de como as forças da frente operariam, uma das principais questões levantadas foi sobre como abastecer as tropas com munição, combustível e suprimentos. O tenente-general Antipenko, general encarregado da logística do exército, propôs que os exércitos recebessem antecipadamente das bases da frente todos os suprimentos necessários de acordo com o plano da operação e os concentrassem em suas próprias zonas de avanço, o mais próximo possível da linha de frente. À primeira vista, a proposta parecia razoável, mas, quando se prestou mais atenção aos meios de transporte que estavam à disposição dos exércitos, ficou claro que o plano não estaria de acordo com o conceito operacional desenvolvido pelo comando. Ao receber suas provisões de munição, combustível e suprimentos para toda a operação, os exércitos teriam de mantê-las ao ar livre, no chão, e não embaladas dentro dos meios de transporte. À medida que a ofensiva se desenrolasse, cada trecho de abastecimento ficaria mais longo e, como estávamos com poucos veículos motorizados, o fornecimento pioraria a cada dia, enfraquecendo tanto o ritmo quanto a potência de nossos ataques. Enquanto isso, o comando da retaguarda, tendo transferido aos exércitos todas as dores de cabeça de trazer suprimentos, teria se livrado da responsabilidade de suprir as tropas durante a operação propriamente dita. Assim, uma ofensiva bem concebida e bem planejada poderia malograr ou perder força antes de atingir seu alvo.

Fui obrigado a fazer uma crítica muito severa ao plano de Antipenko (que já havia sido aprovado pelo Q.G. da Frente), chamando-o de "plano para garantir o fracasso da operação", no que fui apoiado pelos outros comandantes de exército. O marechal Zhukov, nos termos mais duros possíveis, ordenou ao general Antipenko que corrigisse seu plano para os suprimentos de acordo com as exigências dos comandantes dos exércitos.

O marechal Zhukov deu suas instruções, mas o Q.G. da Frente não conferiu sua implementação. Os serviços de retaguarda dos exércitos ainda tinham uma carga excessiva de trabalho. Quando a ofensiva começou, muitas das remessas recebidas pelas bases do exército no Vístula ficaram onde estavam, mas continuavam listadas como se estivessem disponíveis aos exércitos, os quais, na verdade, estavam sofrendo com escassez de combustível e munição. Nesse meio-tempo, o que acontecia no Oeste?

Como se sabe, em dezembro de 1944, nossos aliados, as tropas dos Estados Unidos e da Grã-Bretanha, estavam se aproximando do Reno ou já o haviam alcançado. Parecia que a resistência da máquina de guerra hitlerista estava rompida e que não havia motivo para esperar pequenas surpresas por parte dos alemães. Mas, de repente, em 16 de dezembro de 1944, eles romperam a frente nas Ardenas, no setor de Monschau-Echtenach, e poderosas forças das tropas nazistas fluíram na direção oeste.

No Julgamento de Nuremberg, Hermann Goering declarou: "Hitler formulou, ele próprio, todo o plano, do começo ao fim. Tanto a ideia quanto sua elaboração foi somente dele". Segundo esse plano, a intenção era romper a frente inimiga entre Monschau e Echternach, chegar ao rio Mosa, tomar Liège e cortar as comunicações do 21º Grupo de Exército (britânico). Haveria um avanço em direção à Antuérpia (a principal base de suprimento das tropas britânicas) e uma divisão simultânea da frente dos exércitos aliados até o mar, o que deixaria a metade norte da frente em uma posição catastrófica.

Hitler conseguiu construir secretamente uma força de 10 divisões Panzer e motorizadas e 15 divisões de infantaria. A operação estava sob o comando do marechal de campo Von Rundstedt e era liderada diretamente por ele. Essa força-tarefa totalizava cerca de 300 mil homens e incluía mil tanques e outros meios de reforço. A ofensiva foi apoiada por três mil aviões utilizados taticamente, de forma articulada com as forças terrestres.

A ofensiva alemã não era esperada pelo comando aliado, que evidentemente tinha se deixado levar por seus êxitos e não vinha fazendo reconhecimento em profundidade de forma ativa. A confiança dos Aliados no reconhecimento aéreo não se justificava devido ao clima. Além disso, eles não haviam considerado possíveis as operações das principais forças inimigas em terrenos de mata e montanha, como o das Ardenas.

Embora o ritmo de avanço dos alemães logo tenha sido reduzido, seu primeiro impulso, que os levou por 75 a 90 quilômetros, abalou gravemente os Aliados. O alarme que isso inspirou em seus líderes militares e políticos fica muito visível em uma carta de Churchill a Stalin, datada de 6 de janeiro de 1945, que eu cito quase na íntegra:

> A batalha no Ocidente é muito intensa e, a qualquer momento, o Comando Supremo pode ter que tomar grandes decisões. O senhor mesmo sabe, por sua própria experiência, o quanto a ansiedade é grande quando se tem que defender uma frente muito ampla após a perda temporária da iniciativa. O general Eisenhower deseja muito e precisa saber em linhas gerais o que o senhor pretende fazer, pois isso obviamente afeta todas as principais decisões dele e as nossas [...]. Eu agradeço se o senhor me informar se podemos contar com uma

grande ofensiva russa na frente do Vístula, ou em outra região, durante o mês de janeiro, além de qualquer outra questão que o senhor ache por bem mencionar. Não transmitirei essa informação secretíssima a ninguém, exceto ao marechal de campo Brooke e ao general Eisenhower, e somente em condições de sigilo máximo. *Considero a questão urgente.* (Grifos meus. – V. T.)

Nas palavras de Churchill – "considero a questão urgente" –, é possível sentir a preocupação com o destino de toda a Frente Ocidental e, em primeiro lugar, com suas próprias tropas e seu próprio prestígio. Evidentemente, Churchill enxergava a possibilidade de que ocorresse outra Dunquerque, mas com consequências ainda maiores.

Nós, na União Soviética, temos muito boas razões para nos lembrar do outono de 1941, quando as hordas do nazismo avançavam para atacar nossa capital, e também do outono de 1942, quando a gigantesca Batalha do Volga estava em andamento. Em nenhum desses momentos o sr. Churchill pensou em informar nosso Comando Supremo de seus planos para uma ofensiva, da abertura de uma segunda frente para desviar pelo menos algumas divisões nazistas do leste para o oeste. Não nos esquecemos das palavras ditas por Churchill e por outros que pensavam como ele, no sentido de que o que queriam ver no final da Segunda Guerra Mundial era a Alemanha no túmulo e a União Soviética em seu leito de morte. Eles queriam esgotar a Rússia em um único combate com toda a aliança fascista.

Agora, contudo, os soldados soviéticos estavam no Vístula e a frente mantida pelos exércitos da Grã-Bretanha e dos Estados Unidos tinha cedido sob os golpes dos homens jovens e pouco saudáveis que Von Rundstedt e Hitler tinham reunido. Agora, os líderes das potências aliadas estavam "molhando as calças" e nem sequer tentavam esconder o fato de seus aliados do Leste: em janeiro de 1945, pediram ajuda aos russos.

Stalin respondeu a Churchill no dia seguinte, 7 de janeiro. O Exército Soviético estava pronto para ajudar seus aliados com uma ampla ofensiva ao longo da Frente Central, a partir do Vístula, na segunda quinzena de janeiro. E, apesar do tempo desfavorável, as tropas soviéticas receberam ordens de acelerar os preparativos para a ofensiva. Em conformidade com essa ordem, os preparativos para a batalha prosseguiram nas divisões do 8º Exército da Guarda, dia e noite, quase sem descanso. No dia 13 de janeiro, comuniquei ao Quartel-General da Frente que o exército estava pronto para cumprir sua missão e que suas tropas tinham assumido suas posições iniciais.

## A conquista de Berlim

Na noite anterior a 14 de janeiro, todas as formações da 1ª Frente Bielorussa estavam em estado de alerta número 1. Nas duas cabeças de ponte (Magnuszew e Puławy), mais de dez mil canhões foram usados contra as fortificações inimigas. Entre 200 e 250 canhões e morteiros para um quilômetro de frente: essa era a nossa garantia de conseguir o rompimento. Milhares de tanques e canhões autopropelidos estavam concentrados em suas posições de espera, prontos para dar partida em seus motores e entrar na batalha. Milhares de aeronaves estavam em seus aeródromos, carregadas de bombas, prontas para decolar. Os alto-falantes do sistema de rádio ainda transmitiam músicas e canções, como antes.

Estávamos todos à espera – e com esperanças – de bom tempo, para que pudéssemos fazer o melhor uso das forças que havíamos acumulado. Nossos sapadores e homens de reconhecimento estavam juntos removendo as minas bem na frente das trincheiras inimigas, tendo antes aberto passagens pelos campos minados que estavam diante de nossas próprias trincheiras.

Na segunda metade da noite, o céu claro e estrelado começou a nublar e a neblina, a se formar. À medida que a manhã se aproximava, a neblina se tornava mais espessa e mais pesada, reduzindo muito a visibilidade. Às 7h da manhã, hora de Moscou, foram trazidos os fogões de campanha e recipientes térmicos com alimentos quentes, e nós tomamos café da manhã. O moral estava alto, mas a névoa era tão espessa que nada se distinguia em uma distância de dez metros.

Às 8h, depois de conversar com os comandantes dos exércitos vizinhos e obter sua concordância para proceder estritamente de acordo com o plano, apesar da neblina, comuniquei ao comandante da frente que todos estavam prontos para o ataque. Às 8h25, foi dada a ordem de "preparar!", às 8h29, a de "apontar!", às 8h30, "fogo!".

Quando aquela estrondosa salva de tiros fez a terra se erguer e começar a tremer como se tivesse febre, todos os nossos olhos e pensamentos se concentravam na mesma direção: ao avanço. Lá, no *front*, estava tudo o que deveria ser alcançado e tomado, lá estava a vitória a ser conquistada. Os primeiros passos de uma ofensiva são sempre particularmente difíceis, e há muito derramamento de sangue.

Para alcançar a primeira linha de trincheiras do inimigo e depois romper suas posições defensivas, é necessária muita força moral e física. Disso depende o ganho de liberdade de operação. Aumentar a velocidade no avanço e dar mais peso ao golpe desde o primeiro dia é o que qualquer general tem em mente durante uma ofensiva. A história conhece muitos casos de ofensivas preparadas durante semanas, ou mesmo meses, mas que fracassam no primeiro dia e deixam as tropas exatamente onde estavam, por muito tempo.

Na ofensiva de 14 de janeiro de 1945, tínhamos uma grande vantagem em termos de homens e equipamentos. Estávamos atacando para matar, mas todos entendiam que a vitória não se conquista apenas pela superioridade de forças. Habilidade e conhecimento são mais necessários do que qualquer outra coisa. Nossos soldados e oficiais tinham bastante habilidade e experiência, mas o inimigo também havia estudado os nossos métodos, elaborado contramedidas, construído iscas e armadilhas para fazer com que nossas unidades se desviassem para infligir grandes perdas e impedir que cumprissem sua missão.

Nossa nova versão do começo de uma ofensiva tinha riscos consideráveis. Em vez da barragem de artilharia planejada originalmente para durar 2h35, nossa força de reconhecimento ia passar à ofensiva depois de uma breve barragem de 25 minutos.

Nós contávamos com impressionar o inimigo com esse golpe súbito e passar imediatamente ao ataque. Mas podia acontecer que o inimigo já soubesse do início de uma ofensiva, alterasse sua ordem de batalha e nos encontrasse onde não o esperávamos, apesar de todas as precauções e sigilos que rodeavam os nossos preparativos.

A neblina, que pela manhã se espalhara em uma camada grossa sobre o vale, cegava nossos observadores em terra e ar e impedia nossa artilharia de fazer pleno uso de seu poder de fogo superior.

Às 8h55, a primeira onda de homens (de reconhecimento) surgiu unida e entrou no ataque. Infantaria e tanques prosseguiram, juntos, revezando-se para guiar uns aos outros, disparando à medida que avançavam. Em poucos minutos, a primeira linha de trincheiras foi tomada, e depois a segunda. À primeira luz, toda a posição avançada do inimigo estava em nossas mãos. Os postos de observação e de comando do inimigo haviam perdido o controle graças à nossa artilharia. Na escuridão, não conseguiam tomar qualquer medida contra nós, mas, com o amanhecer, a resistência do inimigo começou a ser restabelecida, e nossos soldados logo sentiram o efeito.

Por volta das 11h, depois de aproximar nossos postos de observação de artilharia das unidades avançadas e, em seguida, suspender o fogo pesado, o exército atacou novamente o inimigo, que agora estava defendendo sua segunda posição, intermediária. Ele não se retirou de imediato para a terceira posição, mas trouxe suas reservas e deu início a uma forte ação de contra-ataque. Suas unidades de infantaria e os regimentos de tanques que haviam chegado ao local mantinham contra-ataques constantes contra o flanco esquerdo do nosso exército.

É claro que a melhor e mais fácil maneira de lidar com essas reservas nazistas, à medida que elas surgiam, teria sido atingi-las do ar, mas o tempo ruim manteve nossa força aérea em terra. Em 14 de janeiro, ela não fez um único voo de batalha. A tarefa de esmagar as reservas inimigas, principalmente seus tanques, recaiu sobre a nossa artilharia, que se deslocou para novas posições na segunda metade do dia. Essa ação demorou cerca de duas horas de luz do dia, e a noite estava chegando. Por essa razão, os combates terminaram no setor do 4º Corpo, em nosso flanco esquerdo, na verdade, entre a segunda e terceira posições nazistas.

No flanco direito, nossas tropas tinham rompido as posições de defesa do inimigo e tomado Podlesie-Stromiec. A missão agora era a de, antes de a noite cair, colocar as reservas em estado de prontidão para a batalha, trazer a artilharia e suprimentos de munição e dar comida quente e algum descanso aos homens.

Embora os dias sejam curtos em janeiro (cerca de sete horas), os soldados estavam muito cansados, principalmente devido à tensão nervosa. Antes da batalha, quem está na linha avançada – soldados, oficiais e oficiais assistentes do comando – não costuma dormir. Os soldados escrevem cartas ou solicitações de filiação ao Partido e os jovens ouvem os conselhos dos que têm mais experiência sobre como agir em determinadas circunstâncias durante um avanço. Oficiais e membros do Estado-Maior como grupo, e oficiais assistentes trabalhando sozinhos, verificam a prontidão de unidades e subunidades, a situação das comunicações, o conhecimento dos homens sobre seus pontos de referência específicos e suas missões. Na verdade, todos estão se preparando para uma longa jornada, cheia de perigos e armadilhas desconhecidas.

Com o alvorecer de 15 de janeiro, começou uma poderosa preparação de artilharia, e, às 9h, o exército atacou novamente.

Juntos, o poder do golpe da artilharia e o ataque concertado da infantaria e dos tanques romperam a resistência do inimigo. Ele começou a recuar de sua terceira posição em direção à ferrovia Warka-Radom. Cerca de três horas foram necessárias para persegui-lo e avançar a artilharia.

## Comprima a mola, depois a solte

Ao meio-dia, nossas tropas haviam renovado seus ataques ao longo da linha férrea. A força aérea, cujo apoio era realmente essencial nessa fase, ainda estava imobilizada pela neblina em suas pistas de decolagem.

Depois de falar por telefone com os comandantes do 5º Exército de Choque e do 69º Exército, que também estavam levando a cabo a ofensiva com sucesso, e de relatar ao comandante da frente a situação e minha decisão a partir dela, eu e um grupo de oficiais fomos em três carros à área avançada, às divisões do 4º Corpo da Guarda e, depois, ao 29º Corpo. Trafegando no nevoeiro ao longo das estradas cheias de veículos, só chegamos ao vilarejo de Ignacówka, onde estava o posto de comando do corpo, às 12h.

O tenente-general Glazunov nos fez um breve relatório sobre a situação. A 47ª Divisão tivera mais sucesso. O oficial que a comandava era Vasili Mineyevich Shugayev, um general resoluto, de pensamento profundamente reflexivo e com um bravo coração de soldado. Em várias ocasiões durante os dias de luta pela cabeça de ponte de Magnuszew, ele foi visto participando de ataques com seus homens. Naquele momento, estava em seu posto de comando em algum lugar ao longo da ferrovia, bem no centro dos acontecimentos.

Decidi fazer uma visita a Shugayev em seu posto. No caminho, o general Glazunov me mostrou 12 morteiros inimigos, de 6 canos, em pleno funcionamento, que haviam sido capturados em um vilarejo. Estavam em posição de batalha, de frente para o leste, e perto deles havia pilhas de munição. O inimigo nunca tinha aberto fogo com eles. Não teve tempo para fazê-lo ou a neblina o impediu? Nosso ataque súbito tinha gerado tamanha confusão que ele nem sequer começara a disparar os morteiros.

Por volta das 14h, do posto de comando de Shugayev, estávamos observando um ataque montado pela divisão, cujas posições se estendiam até uma elevação ao norte do vilarejo de Olszowa.

Tendo nos certificado de que o avanço se desenrolava com sucesso, dirigimos para o norte pelo vilarejo de Łukawa, até Czarny Ług. Ali eu encontrei o general Weinrub, que comandava um grupo de tanques. Com seus tanques e junto aos oficiais das unidades de infantaria do 29º Corpo, ele estava ajudando a organizar a batalha pelo território da linha férrea.

O inimigo, fazendo uso dos prédios das estações e de uma floresta compacta, resistia obstinadamente. O fogo de seus canhões e suas metralhadoras antitanque nos impedia de avançar. Por trás dos regimentos de infantaria e dos tanques do general Weinrub, em formação de batalha, colunas do 1º Exército de Tanques – a guarda avançada das unidades de tanques do general Katukov – esperavam a oportunidade para o rompimento. O inimigo tinha de ser afastado da via permanente, para que o exército de tanques pudesse dividir a frente inimiga.

Era necessária uma forte dose de fogo, pois bastaria um ataque rápido e tudo seria decidido em nosso favor. O sol já estava baixando, e faltava cerca de uma hora para que caísse a escuridão. Tínhamos que romper esse ponto fortemente defendido.

Para nossa sorte, uma coluna de tanques estava vindo do leste, contornando uma mata a sudeste de Czarny Ług. Um olhar mais atento mostrou que eram lançadores de foguetes pesados Katyushi.

Uma brigada inteira de novos lançadores múltiplos de foguetes móveis: 36 unidades de lançamento, carregadas e prontas para disparar! Logo encontramos o oficial no comando da coluna. Na hora, ele recebeu ordens, e 20 minutos depois uma salva de tiros avisava que nossas unidades tinham avançado imediatamente. Outros 20 minutos e elas tinham rompido a última resistência dos nazistas e atravessado a linha férrea. Pouco depois, as colunas avançadas do 1º Exército de Tanques estavam a caminho. O rompimento de todos os níveis de defesas táticas estava agora completado. O exército tinha cumprido sua missão de batalha no tempo determinado e, junto com o 1º Exército de Tanques, rompera a frente inimiga.

Nesses momentos (e a vida não tem muitos deles), sente-se a felicidade mais intensa. A alegria da vitória contém uma excitação estranha, é uma fonte de energia nova e de prontidão para sofrer privações e colocar a própria vida em jogo novamente. Nesses momentos, nós nos esquecemos do cansaço, queremos pôr os braços em torno de todos os soldados do exército e abraçá-los com força, perdoar as transgressões de todos os que as praticaram, fazer piadas e rir com todos os outros.

Eu estava com pressa de voltar para casa, de voltar ao meu posto de comando, aos camaradas de batalha com quem, durante dias e noites, a operação havia sido preparada. No caminho de volta, encontrei colunas de unidades de reserva chegando. Eu podia ver caras alegres e risonhas ao luar. O "boca a boca" já havia passado adiante a notícia de que tínhamos rompido a frente inimiga, que mais um grande passo fora dado rumo à vitória.

No meu posto de comando, falei com o Quartel-General da Frente e comuniquei os detalhes e os resultados da batalha. Pelos fones de ouvido vinham vozes alegres, e eu podia ver os olhos dos homens de comunicações enquanto eles absorviam cada palavra. Finalizei meu relatório. Sem perguntas, tudo estava claro, recebido e entendido.

Poucos minutos depois, fui chamado ao telefone para falar com o comandante do 2º Exército de Tanques, o general Semyon Ilyich Bogdanov, meu camarada de armas e amigo, de quem eu tinha me separado em Lublin, onde ele fora ferido com gravidade. Agora ele estava de volta ao trabalho. Seu braço direito tinha ficado mais curto; com mãos trêmulas, ele parecia tentar levantar todo seu torso, como se puxasse a mão para cima para tirá-la de algo pegajoso.

Bogdanov me parabenizou pelo nosso êxito, e eu respondi da mesma forma. Ele disse que esperava me ver em algum momento futuro. Naquele instante, ele estava deixando seu posto de comando e levando seus tanques além da linha que havia sido rompida, e eu lhe desejei sucesso.

Ao se aproximar a manhã, dirigi até o Q.G. do 4º Corpo da Guarda. Àquela hora, a 45ª Divisão do inimigo, que operava entre os nossos 69º Exército e 8º Exército da Guarda, havia sido cercada. Sob os golpes infligidos pelas nossas tropas a partir dos dois flancos e da retaguarda, unidades dessa divisão começavam a se render. Dei ordens para que me trouxessem os dois oficiais de patente mais alta que tivessem sido capturados até aquele momento. Em pouco tempo, dois tenentes-coronéis alemães estavam diante de mim. Um deles era um oficial do Estado-Maior. Eles não esconderam sua condição de membros do Partido Nazista.

"Qual é a sua avaliação da situação?", perguntei. "Sua ofensiva atual levará a Alemanha à catástrofe final", respondeu o tenente-coronel do Estado-Maior. "É Hitler quem vai sofrer a catástrofe, e o fascismo, não a Alemanha", eu o corrigi.

"É a mesma coisa", eles responderam a uma só voz.

Na conversa com chá e sanduíches, quando já não havia mais medo de que a Gestapo ouvisse o que diziam, eles expressaram suas ideias com bastante liberdade. O oficial do Estado-Maior declarou que, depois da Batalha de Stalingrado e, posteriormente, depois de Kursk, muitos generais e oficiais alemães já não acreditavam que a guerra pudesse acabar em seu favor. Hitler e Goebbels eram culpados, pois não haviam tentado fazer contato com o governo soviético para concluir a paz a qualquer preço.

"Por que você acha que o povo soviético, que tanto sofreu com as atrocidades nazistas, concordaria tão facilmente com negociações de paz?"

"Os alemães não são os únicos que precisam da paz; os russos também precisam. Seus aliados não são de confiança aos olhos do povo russo nem de seu governo. Nós, alemães, podemos chegar a um acordo com vocês e seremos vizinhos confiáveis, talvez até aliados contra seus aliados atuais."

"Por que os alemães, em [19]41, desconsideraram o Pacto de Não Agressão e atacaram o nosso país pacífico, que não ameaçava ninguém?"

"O rápido progresso da Terra dos Sovietes nos assustou; estávamos com medo de que vocês entrassem antes e nos atacassem. Hitler decidiu se antecipar a vocês, e assim cometeu seu maior erro. Não esperávamos que os soviéticos fossem tão fortes. Nosso Estado-Maior e Hitler erraram muito no cálculo."

Dessa conversa se pode concluir que os oficiais nazistas tinham uma visão realista da situação. Eles já conseguiam vislumbrar a catástrofe que não poderia deixar de se abater sobre eles e viam a sua única salvação na conclusão da paz conosco.

Durante a segunda metade do dia, eu estive no Q.G. do 28º Corpo de Fuzileiros da Guarda. O comandante do corpo, A. I. Ryzhov, havia saído para visitar a 88ª Divisão. Decidimos ir atrás dele. Quando chegamos ao vilarejo de Borkii, vimos um grupo grande de agricultores poloneses perto do moinho. Ouvimos gritos, gemidos, mulheres lamentando; então, nos aproximamos e saímos do carro. As pessoas se afastaram. Diante de nós estavam os cadáveres de dois homens, um dos quais tinha cerca de 45 anos e o outro, só uns 16. Tiramos os quepes, e o grupo todo seguiu o exemplo e tirou os chapéus. O choro cessou. O peito do homem de meia-idade estava cheio de balas. O jovem tinha feridas de tiro no rosto.

"Quem fez isso?", perguntamos.

As pessoas começaram a murmurar, todos começaram a falar ao mesmo tempo, e era difícil entender o que diziam. Pedi a um polonês que nos dissesse o que tinha acontecido. Ele respondeu, em russo:

"Há duas ou três horas, os alemães, em retirada, invadiram o moinho. Eles pegaram sacas de farinha e queriam levar para fora e carregar em um carrinho. Esses dois camponeses [ele apontou os cadáveres], um pai e seu filho, estavam triturando o milho. Foram as sacas deles que os alemães arrastaram para a rua. Pai e filho correram para defender sua propriedade. Então, um alemão ergueu a submetralhadora e atirou neles à queima-roupa, sem mais. Uma rajada atingiu o peito do pai, e a outra, o rosto do menino... Bem quando os seus soldados soviéticos apareceram ali, na beira da floresta, os alemães saltaram no trenó dos camponeses e foram embora. Eles seguiram naquela direção, para Przybyszew..."

Naquele momento, uma coluna de homens apareceu na estrada que vinha de Wyśmierzyce. Maldições e xingamentos foram proferidos entre o grupo de poloneses, e logo percebemos que era uma coluna de prisioneiros sendo conduzidos em marcha. À frente, dois oficiais caminhavam com uma arrogante atitude nazista. Os demais pareciam bastante dignos de pena e mal podiam arrastar as pernas.

Achamos que os poloneses se lançariam sobre os prisioneiros e estávamos prontos a intervir para impedir que a lei do linchamento tomasse conta; porém, nossos medos se mostraram infundados, pois homens, mulheres e crianças apenas cerraram os punhos contra os prisioneiros, mas não se moveram de onde estavam. Os xingamentos fluíam livremente: "Cachorros! Bando de cachorros!".

Percebi que os poloneses tinham sido tão aterrorizados pelas atrocidades nazistas que até naquela situação tinham medo deles.

Nós seguimos adiante. A imagem dos corpos dos dois poloneses que haviam sido mortos a tiros, com o sangue no rosto do rapaz, permaneceu na mente por muito tempo. Pensei nas centenas de milhares, nos milhões de russos, poloneses e franceses que haviam sido vítimas dos nazistas. Agora, quando nos lembramos de todos os horrores da guerra que passou, é impossível não pensar no futuro: quantos inocentes perecerão, o que permanecerá da cultura de muitos séculos, de tudo o que foi alcançado pelo trabalho do homem, se os imperialistas não pararem com sua ganância devoradora, se não concordarem com o desarmamento universal e iniciarem uma guerra termonuclear? Não há dúvida de que o próprio imperialismo perecerá nas chamas dessa guerra, mas quantas serão as vítimas desnecessárias?

Regressamos ao novo posto de comando do exército. Acima de nós, grupos de aeronaves passavam de leste a oeste e retornavam. O clima tinha ficado bom para voar, e nossos falcões tinham lutado a céu aberto.

Depois de jantar, espalhamos nossos mapas, pegamos réguas e compassos e começamos a calcular. Ficou claro que nossa ofensiva não estava se esgotando, mas se desenvolveria com uma velocidade ainda maior. No dia 16 de janeiro, o ritmo de avanço tinha sido de 25 a 30 quilômetros nas 24 horas, e no dia seguinte (17) planejamos um salto de 30 a 40 quilômetros. Sabíamos que o inimigo, tentando evitar ser cercado, estava se retirando da região de Varsóvia para Rawa-Mazowiecka. Tomar Rawa-Mazowiecka, uma importante intersecção das principais estradas, estragaria a retirada planejada pelos nazistas e nos daria a oportunidade de esmagá-los.

De madrugada, mais uma vez fui de carro até as tropas avançadas, acompanhado pelo comandante da artilharia, o general N. M. Pozharski, e por oficiais do meu Estado-Maior. Decidimos atravessar o rio Pilica e alcançamos unidades da 39ª Divisão de Fuzileiros da Guarda, que fazia parte da reserva do 28º Corpo de Fuzileiros. O primeiro regimento dessa divisão, junto com uma divisão de artilharia ligada a ele, já estava na travessia.

Inesperadamente, uma coluna de tanques surgiu do vilarejo de Grzmiąca, eram cerca de 20 máquinas que também se moviam em direção à travessia. Sob a primeira luz da manhã, as suásticas sobre os tanques eram bastante visíveis. Nossos homens de artilharia rapidamente se posicionaram em formação de batalha e, deixando a coluna se aproximar primeiro, abriram fogo a cerca de 400 metros dela. Os primeiros tiros atingiram metade dos tanques e os incendiaram, enquanto os outros começaram a recuar, disparando.

A essa altura, o segundo regimento da 39ª Divisão já tinha entrado em Grzmiąca a partir do sudeste. A artilharia desse regimento também mobilizou rapidamente suas armas, deixou os tanques se aproximarem antes de disparar o primeiro tiro e depois abriu fogo. Como resultado, sobraram apenas dois tanques de toda a coluna. Os alemães capturados deram a informação de que esses tanques pertenciam à sua 25ª Divisão Panzer, que, depois de três dias de combate, perdera o contato com seu Estado-Maior e decidira lutar para abrir caminho até a margem norte do Pilica. Ao descobrir que a travessia de Nowe Miasto estava nas mãos das tropas soviéticas, eles tentaram romper por outra rota e foram capturados. E esse, ao que parece, foi o fim da história da 25ª Divisão de Tanques de Hitler.

Depois de atravessar o rio Pilica, dirigimos ao longo do dique. Cerca de três quilômetros mais adiante, no vilarejo de Swidno, encontramos o comandante do 220º Regimento, o tenente-coronel M. S. Sheikin, que estava trazendo seu regimento (parte da reserva de divisões) até Sadkowice. O tenente-coronel Sheikin nos disse que o Q.G. da 79ª Divisão já tinha avançado e estava na estrada principal. Ultrapassamos sua longa coluna em marcha e rapidamente entramos no vilarejo de Stryków.

Os moradores estavam se comportando de forma estranha. Em refúgios atrás de casas e celeiros solidamente construídos, eles espiavam ao redor, nervosos.

Comprima a mola, depois a solte

Demos uma boa olhada em volta e vimos uma coluna de alemães se formando em ordem de batalha a menos de um quilômetro a nordeste do vilarejo. Era difícil entender como aqueles alemães puderam chegar até ali, na nossa retaguarda, mas não havia tempo para pensar nisso, já que o ruído das armas havia começado. O regimento de Sheikin, chegando atrás de nós, abriu fogo em resposta. Estávamos em meio ao fogo cruzado.

Os alemães estavam mais próximos de nós do que nossos próprios homens. O que faríamos? Ficar onde estávamos e esperar que os alemães ocupassem o vilarejo e nos fizessem prisioneiros? Não, isso nunca! Mas nossos próprios homens podiam nos tomar por nazistas e atirar em nós...

"Para os carros!", ordenei.

Dirigimos a toda velocidade em direção aos nossos próprios pontos de tiro. Os atiradores de metralhadoras de Sheikin nos reconheceram, e tudo transcorreu sem desastres. O regimento avançou rapidamente e cortou a via de retirada dos alemães para o oeste.

Em seguida, soubemos que, em um bosque a oeste de Stryków, havia máquinas de nosso 1º Exército de Tanques. Eles viraram seus canhões para o leste e forçaram os alemães a depor as armas e levantar as mãos. Cerca de 1.500 prisioneiros foram levados de várias unidades e divisões que haviam se retirado em pânico para o oeste. Apenas uma pequena quantidade de nazistas teimosos tentou atravessar o vilarejo de Stryków, e eram os que havíamos encontrado.

Ao longo das estradas, era possível ver nossos soldados trazendo prisioneiros de vilarejos e aldeias. Ao se retirar das margens do Vístula, soldados e oficiais alemães avaliaram que poderiam ter espaço para respirar nas retaguardas de suas divisões, mas elas já haviam se tornado retaguardas das unidades soviéticas e estavam cheias de nossos trens de suprimentos, cozinhas, escritórios logísticos etc. Vendo-se na retaguarda das tropas soviéticas, os alemães se dividiram em pequenos grupos, alguns com armas e outros sem elas, e se esconderam em quintais, plantações de milho e palheiros, ou em matas e arbustos. Quando perceberam que não tinham saída, começaram a se render.

Nos arredores de Nowe Miasto, a leste, eu encontrei o comandante do 1º Exército de Tanques, o coronel-general Katukov. Ele não tinha oficiais do Estado-Maior consigo e estava tendo muita dificuldade para fazer contato com suas unidades em campo e estabelecer qual era a posição precisa. Decidimos ir juntos pela estrada principal para Rawa-Mazowiecka, com uma unidade do 29º Corpo de Fuzileiros da Guarda.

Entre as propriedades rurais à esquerda da estrada, notamos alguns carros de oficiais. Ao seu redor, havia um conjunto de carros, carroças e furgões poloneses e russos.

Entramos em uma casa. Na sala de jantar, sentada à mesa, encontramos uma grande companhia de poloneses e, entre eles, oito de nossos soldados. Sobre a mesa estavam latas de ração do exército, pão, toucinho gordo, *bigos* poloneses (um tipo de ensopado), pepinos em salmoura e outros produtos caseiros dos camponeses e, no meio, dois cantis dos soldados e duas garrafas de Wyborowa (vodca polonesa).

"Bom dia para vocês!", eu disse.

Nossos homens se puseram de pé, em posição de sentido, segundo o regulamento. Não entendendo muito bem o que acontecia, os poloneses apenas nos olhavam: três generais soviéticos, três oficiais. Assumindo um ar severo, eu perguntei: "O que é isso? Vocês estão tentando embebedar nossos homens enquanto eles estão de serviço?".

Silêncio. Os poloneses ficaram totalmente consternados, mas uma jovem, evidentemente percebendo os sorrisos que tentávamos esconder, respondeu: "Não, *panie Generale* [sr. General], pedimos aos seus soldados que viessem e comessem algo, mas eles trouxeram tanta comida que são eles que estão nos alimentando, e não o contrário".

"Tem certeza de que vocês não são todos da mesma família, aqui?"

"Não," respondeu a mulher, "há muitas pessoas das propriedades vizinhas que vieram para ver os seus soldados".

Nós não ficamos, pois isso estragaria a festa deles; naquelas circunstâncias, um soldado é capaz de achar do que falar sem um general para ajudá-lo. Os poloneses nos convidaram para sentar e provar o seu ensopado e sua vodca destilada em casa, mas estávamos com muita pressa. Nós alcançamos o Q.G. do 29º Corpo no vilarejo de Pukinin. Ao sul, em Rawa-Mazowiecka, a batalha ainda estava em andamento, com nossas tropas combatendo grupos isolados do inimigo, mas a luta estava morrendo e o inimigo batia em retirada ao longo do *front*.

No final do dia 17 de janeiro, a força de ataque central da frente (o 5º Exército de Choque, o 8º Exército da Guarda e o 1º e o 2º Exércitos de Tanques) tinha conseguido levar a cabo a ofensiva e se aproximava das principais linhas de comunicação e rodovias de Varsóvia a Berlim.

## Comprima a mola, depois a solte

As ofensivas da 1ª Frente Ucraniana, sob comando do marechal I. S. Koniev, e da 2ª Frente Bielo-russa, do marechal K. K. Rokossovski, também estavam evoluindo com sucesso. As tropas de Koniev cercaram a Silésia industrial a partir do norte. As de Rokossovski avançavam na direção de Danzig (Gdansk), pela margem do Vístula, isolando as forças nazistas na região do Báltico e na Prússia Oriental.

Assim, a 1ª Frente Bielo-russa não tinha motivo para se preocupar com seus flancos. Oficiais e homens estavam todos animados e ninguém se queixava do cansaço das longas marchas; pelo contrário, muitos manifestavam o desejo de entrar na Alemanha o mais rapidamente possível.

Ao se aproximar a noite de 18 de janeiro, apareceu uma grande cidade. Através de binóculos, podia-se ver a fumaça subindo das chaminés de uma fábrica. Era Łódź, um dos principais centros industriais da Polônia.

Naquele momento não tínhamos contato com o Q.G. da Frente, e era preciso tomar uma decisão. Deveríamos parar e esperar instruções ou seguir para oeste, deixando a cidade ocupada pelo inimigo em nosso flanco ou em nossa retaguarda? Não, nenhuma dessas opções seria razoável, e eu tomei a decisão de conquistar Łódź. Oficiais do Q.G. do Exército saíram imediatamente para os quartéis-generais dos vários corpos e divisões.

À noite, vieram ordens do comandante da frente, dando a próxima missão ao exército: chegar ao ponto onde já estávamos. Os limites da ofensiva haviam se tornado pouco claros. Se seguíssemos exatamente essas instruções, as unidades do 29º Corpo da Guarda teriam que ficar quietas e não fazer nada pelas próximas 24 horas.

À meia-noite, nossas tropas começaram a pôr em operação o nosso plano para a tomada de Łódź.

Na manhã de 19 de janeiro, o Q.G. tático do exército se deslocou e assumiu sua posição não muito longe da força principal, na cidadezinha de Brzeziny. Com um grupo de oficiais e generais, fui para os arredores de Łódź e parei no bairro de Budy-Sikawa. Era uma manhã clara e ensolarada. Nós paramos em um cruzamento ferroviário para determinar o que estava acontecendo. Ao norte, havia uma troca de fogo de fuzis e metralhadoras. Nossos homens de reconhecimento não haviam recebido informações completas sobre a força da guarnição de Łódź, mas, pelo modo como o tiroteio estava acontecendo, tinha-se a impressão de que o inimigo não pretendia sustentar um combate acirrado pela cidade. Embora já tivesse tomado posições a leste de Łódź, nossa artilharia tinha ordens de não abrir fogo sem instruções específicas.

## A conquista de Berlim

Nessa etapa, apareciam aviões vindos do leste: eram nossos aviões IL, em grupos de nove e escoltados por caças. Ao se aproximar da cidade, começaram a adotar formação de batalha ao sobrevoar nossas unidades de reserva. Não tínhamos nenhum contato por rádio com a força aérea. Quando enviaram seus aviões em missões, por algum motivo, os comandantes das unidades da Aeronáutica não tinham o hábito de verificar qual era a situação na frente. Não se sabia por que aviões de assalto haviam sido enviados para sobrevoar Łódź nem quem havia dado ordens para atacar a cidade sem saber onde estavam as forças inimigas.

Demos todos os passos possíveis para impedir que os aviões atacassem nossas próprias forças e a cidade. Espalhamos barracas e lençóis, até mesmo sobretudos, em espaços abertos, enquanto foguetes verdes subiam em alta velocidade, advertindo: "Nossos homens! Nossos homens!". Assim, evitaram-se sacrifícios desnecessários. Os aviões se afastaram e não apareceram novamente sobre Łódź.

Com a cobertura de subdestacamentos de reconhecimento, o posto de observação do exército foi avançado e tomou sua posição em um parque, em uma pequena colina ao lado de uma torre de igreja. Dali se podia ver a cidade toda e dava para identificar cidadãos poloneses caçando e desarmando alemães que estivessem sozinhos.

Ao meio-dia, o fogo havia se deslocado do centro para o sul da cidade. Unidades do 28º Corpo da Guarda e do grupo de tanques de Weinrub começaram a avançar e pressionar o inimigo em direção ao sudoeste. De repente, a artilharia alemã abriu fogo sobre o nosso posto de observação; um após o outro, três projéteis aterrissaram perto de nossos homens de artilharia que faziam o reconhecimento. Dois oficiais foram mortos e três, feridos. Para evitar mais perdas, dei a ordem para que nos retirássemos da área.

Próximo ao cruzamento ferroviário, os homens de comunicação haviam restabelecido contato com o Q.G. tático do exército. Eu chamei ao telefone o general Belyavski, nosso chefe do Estado-Maior do Exército, que relatou: "O grupo de tanques do general Weinrub entrou nos arredores de Łódź, a leste; unidades do 28º Corpo da Guarda ocuparam Ozorków, Aleksandrów e Radogoszcz; nossas subunidades de reconhecimento chegaram à estrada Łódź-Konstantynów. O inimigo está recuando apressadamente para sudoeste. Capturamos prisioneiros e muito equipamento e", Belyavski acrescentou com tristeza, "o major-general Matvei Grigoryevich Weinrub foi ferido e teve o peito perfurado. Ele deve ser trazido em breve."

## Comprima a mola, depois a solte

A notícia de que o general Weinrub havia sido ferido entristeceu muito aqueles de nós que lutaram em Stalingrado. Todos nós valorizávamos muito a coragem, a honra e a humanidade de Matvei Grigoryevich. Lamentamos profundamente que isso tivesse acontecido depois de ele lutar desde a Bielo-Rússia Ocidental até o Volga. Em seguida, mais uma vez, a partir do Volga, por toda a Ucrânia; e, depois, na Polônia. Era a terceira vez que o corajoso general era ferido. Felizmente, logo ficamos sabendo que a vida de Weinrub não estava em risco, pois o ferimento não era fatal.

Naquele dia, Łódź foi completamente liberada dos invasores alemães. Ao passar pelas ruas, vi com indignação como tudo tinha sido alterado para o estilo alemão: havia novos nomes alemães nas placas esmaltadas das esquinas, letreiros alemães pendurados nas lojas e cínicos avisos nas portas de cafés e restaurantes dizendo "Somente alemães. Nenhum polonês será admitido". Nas últimas semanas, os poloneses nem sequer tinham recebido rações de pão!

A praça principal, que antigamente era chamada de Praça da Liberdade, tinha sido rebatizada como Praça Deutschland. Os alemães, evidentemente, faziam isso como um lembrete de que a Polônia nunca mais seria livre, de que agora a Alemanha governava e os poloneses eram meros escravos sem direitos.

Por cinco anos, Łódź gemera sob a bota dos assassinos nazistas. Mas a cidade não tinha cedido, lembrou-se das greves de 1905 e manteve o orgulhoso espírito de liberdade. E, muitas vezes, as patrulhas alemãs encontravam nas ruas corpos de "conquistadores" mortos, executados impiedosamente, mas com justiça, por patriotas poloneses.

Quando os nossos primeiros grupos móveis entraram na cidade, parecia que a primavera seguia seus passos: bandeiras soviéticas e polonesas floresciam nos telhados e pendiam de varandas e janelas. As mulheres tinham arriscado suas vidas para costurar aquelas bandeiras em segredo, à noite. Agora, em regozijo por sua libertação, decoravam com elas o caminho dos vencedores.

A velocidade e a pressão do avanço das nossas tropas haviam impedido que as forças de ocupação alemãs destruíssem a cidade. Nem um único prédio havia sido explodido, e os suprimentos de água e eletricidade estavam funcionando normalmente. Multidões de habitantes saudaram quando as colunas de tanques, canhões e caminhões cheios de soldados de infantaria entraram. Era uma festa. O que mais poderia ser?! Os cinco anos de escuridão das camisas marrons terminara. O sol se erguia sobre Łódź.

# Eventos para reflexão

O Quartel-General do Comando Supremo e o Quartel-General da Frente haviam planejado a tomada de Łódź para o 10º ou o 12º dia da ofensiva, e as tropas do nosso exército tinham realizado a operação no 6º dia. A diferença entre o planejamento das operações e como as tropas realmente as realizavam aumentava o tempo todo. Por isso, o Quartel-General da Frente emitiu uma diretiva acelerando o ritmo de avanço. As missões dos vários exércitos eram dadas não apenas para as 24 horas seguintes, mas para cinco dias de cada vez, e isso nos permitia operar com segurança, sem ter que esperar mais instruções se o contato com o Q.G. da Frente fosse interrompido. O ritmo de avanço agora deveria ser de 25 a 30 quilômetros a cada 24 horas.

Porém, nós mal havíamos tido tempo de planejar a próxima etapa da operação, quando recebemos uma nova ordem do Q.G. da Frente, que alterou tudo radicalmente e nos obrigou a refazer todos os nossos cálculos. A ordem era a seguinte:

> Considerado a extensão de formações de batalha e serviços de retaguarda por grandes distâncias, devem ser feitas alterações nos planos para avançar mais. Após a travessia do rio Varta, as marchas subsequentes serão *encurtadas* em 5 a 8 km por dia; as forças principais devem alcançar a linha indicada na diretiva 00114, de 19/1/[19]45, não em 26/1/[19]45, mas em 28/1/[19]45.

A ordem nos surpreendeu muito. Não ficou claro por que se deveria conter o impulso de tropas que avançavam em perfeita ordem e prontidão para a batalha, e se poderia pensar que, pelo contrário, era necessário operar o mais energicamente possível, tirar proveito da confusão do inimigo e avançar cada vez mais rápido, sem parar, até chegar a Berlim.

A fim de não desnortear e confundir os soldados, não fizemos qualquer alteração nos nossos cálculos anteriores e mantivemos o ritmo de avanço decidido.

No dia 23 de janeiro, as tropas do exército percorreram de 30 a 35 quilômetros e ficaram 48 horas adiante do que dizia a diretiva da frente.

Em 24 de janeiro, uma ordem do Q.G. da Frente me dava a seguinte missão:

> Em conexão com o atraso das tropas do 69º Exército e o possível atraso nos combates por Poznań, o comandante da frente ordenou que o comandante do 8º Exército da Guarda, o coronel-general da guarda Tchuikov, articule as operações do 1º Exército da Guarda, do 29º Corpo da Guarda e das unidades do 69º Exército que já chegaram e, empregando os esforços articulados dessas tropas, tome a cidade de Poznań sem demora.

A ordem era uma clara evidência de que o comandante e o Estado-Maior do Q.G. da Frente não tinham absolutamente nenhum conhecimento da situação real. Aparentemente, o pessoal de reconhecimento da frente e o Comando Supremo não tinham informações sobre Poznań (uma poderosa fortaleza) e sua guarnição. Soava fácil tomar a cidade em um dia! Nem falo das contradições implícitas nessas duas ordens sucessivas. A primeira exigia que reduzíssemos nosso ritmo de avanço; a segunda, que o acelerássemos. Onde estava a lógica ou a coerência?

Eu sabia que Poznań era uma fortaleza construída de acordo com o método de Vauban, famoso especialista em fortificações. Seus fortes e sua cidadela poderiam suportar projéteis pesados e cerco de granadas de morteiro de até uma tonelada. Nossos destacamentos de reconhecimento informavam que a cidade e as suas obras fortificadas tinham um amplo poder de fogo e uma grande força de guarnições.

Ao avaliar a situação, percebi que, se jogássemos as principais forças do 8º Exército da Guarda e do 1º Exército de Tanques em uma batalha por Poznań, estaríamos ajudando o inimigo a ganhar tempo. Poderíamos nos envolver em longas lutas de rua pela posse das obras fortificadas. O inimigo tiraria proveito disso para que suas unidades destruídas voltassem para áreas

Eventos para reflexão

fortificadas preparadas nas fronteiras da Alemanha e complicaria o nosso avanço em direção a Frankfurt an der Oder e Berlim.

Nosso vizinho da direita, o tenente-general Berzarin, comandante do 5º Exército de Choque, disse-nos que, segundo a informação obtida pelo seu reconhecimento, o inimigo estava preparando fortes defesas em torno de toda a cidade de Schneidemühl. Depois de conversar com Berzarin, finalmente confirmei minha opinião de que o inimigo estava reforçando as intersecções ferroviárias e rodoviárias e as deixando fortemente guarnecidas, condenando-as ao cerco e, possivelmente até, à aniquilação, desde que pudesse retardar nossas forças principais e ganhar tempo.

Com base nessa avaliação, decidi não deixar que nossas forças principais ou o 1º Exército de Tanques se envolvessem na luta por Poznań. Imediatamente, tomou forma o plano de forçar a travessia do Varta com todos os três corpos, flanqueando Poznań a partir do sul e do norte. Se as tropas que guarneciam as fortificações de Poznań não tentassem romper e se retirassem, deveríamos deixá-las cercadas pelas unidades de reserva do exército e, depois disso, agir de acordo com a situação.

Em 25 de janeiro, o Q.G. tático do exército se estabeleceu a 12 quilômetros de Poznań, na pequena cidade de Swarzędz. Ao meio-dia, soube-se que nossas unidades haviam forçado a travessia do Varta em vários pontos e tomado cabeças de ponte, e as estavam estendendo, avançando para oeste. Novos esforços para tomar as zonas em torno dos fortes a leste de Poznań não tinham sido bem-sucedidos; o reconhecimento informou que guarnições muito fortes estavam mantendo as defesas naqueles lugares.

A fortaleza de Poznań não podia ficar sem forças poderosas para bloqueá-la; o inimigo poderia ter conseguido passar e atacado, a partir da retaguarda, nossas forças que avançavam. Portanto, no mesmo dia se decidiu que as forças da 39ª Divisão da Guarda, que haviam tomado uma cabeça de ponte ao norte de Poznań, deveriam atacar a partir do norte e capturar os fortes ao norte. O comandante do 29º Corpo, que tinha uma cabeça de ponte ao sul da cidade, recebeu ordens de atacar os fortes no sul e no sudeste, enquanto o comandante do grupo de tanques do exército era encarregado de atravessar o Varta, ao sul de Poznań, alcançando a área de Junikowo e ficando de prontidão para esmagar o inimigo se ele começasse a recuar para oeste da cidade. As principais forças do 4º e do 28º Corpos deveriam continuar avançando para oeste ao longo das margens do Varta, com o objetivo imediato de investir contra a área fortificada de Meseritz e sair no Oder. O 1º Exército de Tanques deveria completar a operação de conduzir suas forças principais através do Varta, ao sul de Poznań, e depois avançar rapidamente a oeste para tomar a área fortificada e impedir que o inimigo reorganizasse suas forças e assumisse a linha de defesa que tinha preparado.

A artilharia da reserva do Comando Supremo, que seguia em coluna atrás de nossas tropas, foi mobilizada para reforçar as divisões. Foram formados dois grupos fortes: um deveria ir para o norte de Poznań e o outro, para o sul. A ofensiva geral contra Poznań começaria na manhã de 26 de janeiro.

Nessa época, quando enfrentávamos um problema complexo que incluía vários fatores desconhecidos e nos preparávamos para esmagar o inimigo, nosso vizinho da esquerda (o comandante do 69º Exército e seu Q.G.) estava preocupado com outras questões. Esse exército estava muito atrasado, pois suas unidades estavam dois dias de marcha atrás das nossas. No entanto, seu quartel-general informou ao Quartel-General da Frente: "Os destacamentos do 69º Exército estão lutando no centro de Poznań". Relatos semelhantes foram repetidos por dois dias consecutivos, e nós rimos muito dessas tentativas de nos enganar; estava claro que o nosso vizinho desejava reservar todos os louros para si.

Enquanto isso, as formações de tanques e as divisões de fuzileiros que operavam na área de Poznań continuavam sua manobra. Parte estava se preparando para atacar as fortificações, enquanto outros fariam uma rápida investida no Oder. Tínhamos que nos antecipar ao inimigo a qualquer preço, e cada hora contava.

Em 26 de janeiro, as unidades do 4º e do 28º Corpos da Guarda, tendo se deslocado para cercar Poznań a partir do norte, fizeram uma rápida investida e avançaram mais de 60 quilômetros em dois dias. O 1º Exército de Tanques, tendo atravessado o Varta ao sul de Poznań, travava combates violentos com as muitas unidades inimigas que estavam cercadas na cidade.

No mesmo dia, soube-se que o inimigo estava transferindo, às pressas, unidades da Frente Ocidental e de áreas centrais da Alemanha e tentava ocupar a área fortificada de Meseritz, cuja linha dianteira percorria o rio Obra. Se ele conseguisse fazer isso antes de nossas tropas romperem as fortes defesas da área, teríamos que empenhar grandes forças ali. O tempo era tudo!

Finalmente, apareceram unidades do 69º Exército. Um corpo desse exército, o 91º, que consistia em duas divisões com menos homens do que o necessário, sob o comando do tenente-general Volkov, chegou a Poznań em 27 de janeiro e foi colocado sob meu comando para atacar as defesas da fortaleza.

## Eventos para reflexão

Àquela altura, eu tinha em minhas mãos uma descrição detalhada da fortaleza de Poznań. Sua guarnição tinha cerca de 40 mil homens ao todo, incluindo os batalhões da Volkssturm. Todo esse grupamento estava sob o comando do coronel Konnel, que havia assumido a guarnição do major-general da polícia Mattern, substituído por causa de sua falta de experiência em batalha. No entanto, Mattern permaneceu em Poznań até o último minuto, ajudando o novo comandante. Pouco antes de nossa aproximação à fortaleza, Konnel foi promovido a general.

O comando da guarnição estava decidido a fazer a vontade de Hitler e manter o controle da cidade até o último soldado. Casas, apartamentos e outros prédios foram preparados para a defesa nos combates de rua. Havia muitos depósitos na cidade com estoques de armas, munições e provisões, o que permitia lutar por muito tempo, mesmo em completo isolamento.

O Estado-Maior de Hitler dava muita importância a manter o controle de Poznań por ser um ponto estratégico que proporcionava cobertura à linha operacional de avanço rumo à Alemanha, e os fortes eram o principal baluarte dos defensores da cidade. Eles eram estruturas subterrâneas, cada um com vários andares, e o conjunto se projetava levemente acima do terreno ao redor. Apenas uma pequena elevação era visível acima do solo, e a camada de terra cobria o restante. Cada fortaleza era cercada por uma vala de dez metros de largura e oito de profundidade, com paredes revestidas de alvenaria. Do outro lado da vala, havia uma ponte que levava a um dos andares superiores. Entre os fortes, na parte de trás, havia *bunkers* de tijolos, de um andar, revestidos com concreto de quase um metro de espessura e usados como depósitos.

A construção dos fortes na parte superior era suficientemente robusta para proporcionar proteção confiável contra fogo pesado de artilharia. Dentro dos fortes havia acomodações para os homens (de um pelotão a um batalhão, segundo o tamanho) na forma de abrigos abobadados e equipados com vãos para armazenar munição, comida etc. Todos os fortes tinham poços artesianos e contavam com aquecimento e iluminação.

A julgar pelos fortes que haviam sido ocupados por nossas tropas ao sul e a oeste dos arredores de Poznań, o inimigo seria capaz de abrir fogo de todos os tipos contra nós, tanto nos acessos aos fortes quanto dentro deles, nas casamatas. As canhoneiras permitiam o fogo de flanco de fuzis e metralhadoras.

O maior dos fortes de Poznań, a Cidadela, estava localizado na parte nordeste da cidade e era grande o suficiente para acomodar uma guarnição de até um regimento de infantaria, com artilharia. Tinha a forma de um pentágono irregular. Junto a ele, foram dispostas muitas posições de tiro, sob proteções blindadas. Durante a guerra, os alemães tinham construído um sistema composto de dois abrigos de metralhadoras unidos por um muro de tijolos de 160 metros de comprimento. Nesse muro havia 24 fendas para metralhadoras, submetralhadoras e fuzis. Um abrigo tinha cinco aberturas e o outro, de dois andares, tinha nove no primeiro andar e seis no segundo.

Para a defesa antiaérea, os alemães construíram 18 estruturas de concreto armado para canhões antiaéreos nos subúrbios do sudeste e do nordeste de Poznań. Cada estrutura tinha abrigos especiais de concreto armado para operadores de canhões e para depósitos de munição. Eu descrevo todos esses detalhes para que o leitor possa ter uma ideia mais ou menos clara dos obstáculos que tivemos de superar. Os alemães tinham instalado canhões em quase todos os parques e praças da cidade. Em suma, Poznań, com seus fortes e outras defesas, era um obstáculo difícil de superar.

O grupamento criado para atacar a cidade consistia em 48 batalhões de fuzileiros, reforçados por 5 brigadas de artilharia e 1 regimento da guarda, com vários lançadores de foguetes, os Katyushi.

O ataque geral contra Poznań começou na manhã de 26 de janeiro. O golpe principal foi dado a partir do sul, pela 27ª e 74ª Divisões. De acordo com a informação fornecida pelos prisioneiros, esse golpe não era esperado pelo inimigo, e o resultado foi que dois fortes do sul, na margem oeste do Varta, caíram em nossas mãos, permitindo que trouxéssemos infantaria e tanques para o anel de fortes e atacássemos o inimigo por trás, ou melhor, de dentro. Esse êxito no setor sul também garantia uma travessia segura do rio para o exército de tanques e dava cobertura às comunicações do 29º Corpo de Fuzileiros. O ataque a partir do norte, realizado por unidades da 39ª Divisão da Guarda, não teve nenhum êxito grande.

Nós não fizemos nenhum ataque do oeste e nos abstivemos deliberadamente de cercar a cidade para evitar prolongados combates de rua. Calculávamos que o inimigo aproveitaria a passagem livre deixada no lado oeste da cidade e se retiraria da fortaleza para o campo, onde seria mais fácil lidarmos com ele, pois o grupo de tanques do exército e a 88ª Divisão da Guarda estavam lá esperando. Mas nossos cálculos se mostraram errados: o inimigo não tinha intenção de sair da fortaleza. Percebemos, então, que teríamos que travar uma longa e acirrada luta pela fortaleza e pela cidade e deveríamos reorganizar nossas posições e recriar os grupos e destacamentos de assalto de Stalingrado ou sofreríamos grandes perdas para obter pouco resultado.

Eventos para reflexão

No dia 28 de janeiro, as unidades do exército que estavam se mantendo estritamente na linha de avanço para o oeste cruzaram a fronteira da Alemanha. Ao sair, vi os letreiros nos postos fronteiriços, que já continham palavras russas como "Aqui está ela: a maldita Alemanha". As tropas avançavam rapidamente, pressionando com determinação para abrir o caminho a Berlim.

Agora começamos a sentir cada vez mais os efeitos da escassez de munição, combustível e outros suprimentos de batalha. O exército havia avançado por mais de 350 quilômetros, lutando sem parar. Quanto mais a oeste chegávamos, maiores eram nossas dificuldades de suprir as tropas. As bases do exército e da frente estavam muito atrás; não havia transporte motorizado suficiente e as ferrovias ainda não estavam funcionando, pois tínhamos que "reformar" os trilhos ocidentais de bitola estreita para que aceitassem tráfego de bitola larga e restaurar as pontes que haviam sido explodidas. Os transportes pertencentes às próprias unidades (reboques, vagões e veículos motorizados) eram insuficientes para a tarefa de trazer suprimentos das bases até a linha de frente, pois as distâncias envolvidas eram agora estimadas em centenas de quilômetros. Os destacamentos de serviço da retaguarda estavam trabalhando no limite de sua capacidade, mas a "penúria" de munição e combustível ficava cada vez mais intensa.

Outra preocupação de proporções nada pequenas caiu sobre os nossos ombros: a preservação da propriedade capturada em batalha. Os invasores nazistas tinham levado grandes quantidades de bens da União Soviética, e agora estavam tendo que abandoná-los ao longo da estrada enquanto se retiravam. Os olhos dos nossos encarregados de suprimentos brilhavam diante da visão de depósitos capturados cheios de forragem para animais de tração, uniformes e equipamentos, além de outras coisas de que nossas tropas precisavam. Antes que se soubesse o que estava acontecendo, carros de oficiais, reboques do exército e furgões pertencentes a equipes de reparo dos "esquadrões voadores" estavam carregados com todo tipo de coisas que, de modo nenhum, eram os elementos mais essenciais para a linha de combate.

Para liberar nossos veículos desse excesso desnecessário de bagagem e, assim, ajudar no transporte de suprimentos de batalha, foram criados pontos de triagem nas travessias sobre o Varta. Neles se inspecionavam todos os veículos, estivessem eles indo ao *front* ou voltando, e se deixavam passar apenas cargas que fossem essenciais para manter as tropas alimentadas e lutando. Todo o restante era descarregado e empilhado ali mesmo, junto ao rio.

Para economizar combustível, metade dos veículos motorizados que retornassem vazios do *front* era trazida de volta por reboques. Todos os estoques de combustível capturados eram listados imediatamente e seu uso, mantido sob rígido controle. As bebidas destiladas capturadas nas instalações das destilarias eram misturadas com outros componentes e usadas como combustível. Recolhíamos cuidadosamente todas as armas e munições apreendidas em batalha e colocávamos tudo o que estivesse funcionando diretamente em uso contra o inimigo.

Novas decisões estavam se concretizando nesses dias. Nossas tropas se deslocavam em direção ao Oder, e a barreira de água do Varta já estava atrás de nós. As fortalezas de Schneidemühl, Poznań e Breslávia estavam cercadas. Nas breves ordens vindas do *front*, apareciam agora pontos de orientação e cidades indicando os limites para os nossos exércitos a oeste do Oder, até chegar a Berlim. Disso resulta que a tomada da capital alemã já estava sendo discutida por nossos oficiais superiores, mas ninguém ainda dera indicações diretas sobre como se daria o avanço sobre a cidade.

Refletindo à frente dos eventos que estavam por vir, meus pensamentos giravam cada vez mais em torno de assuntos relativos ao meu próprio exército. Ele fora dividido em duas partes, com uns bons 150 quilômetros no meio. Quatro divisões e quase todos os nossos meios de reforço, principalmente artilharia, mais duas divisões do 69º Exército, permaneceram diante das muralhas de Poznań. Cinco divisões avançavam para oeste através da área fortificada de Meseritz. Era preciso encontrar a forma mais flexível e ágil de controlar as tropas. Como eu considerava que a principal tarefa do exército era forçar a travessia do Oder, o Quartel-General do Exército foi transferido para Pniewy, consideravelmente a oeste de Poznań. Não importava que tivéssemos, às costas, a enorme guarnição inimiga de Poznań e que uma boa metade do nosso exército também estivesse atrás de nós. Afinal de contas, o quartel-general dispunha de capacidade de manobra, enquanto as nossas tropas em ação no *front* agora sentiriam que não estavam isoladas de seu comando e que deviam continuar avançando ou o Q.G. estaria pisando em seus calcanhares.

A liderança do exército estava agora no centro de suas tropas, mas nem por isso ficou mais fácil dirigi-las. Era necessário estar constantemente visitando esse ou aquele ponto. A característica mais preocupante da situação era que a ofensiva estava começando a perder força, mas os eventos que logo recairiam sobre nós exigiam novos esforços e cada vez mais energia. É verdade que não precisávamos de novas divisões, artilharia ou tanques, mas a escassez de combustível e munição ficava cada vez mais grave.

Eventos para reflexão

O Quartel-General do Comando Supremo e os das Frentes deveriam agora assegurar que o plano da operação iniciada às margens do Vístula estivesse concluído e que o alcance desses eventos tornasse o fim da guerra visivelmente mais próximo. Portanto, era essencial estudar a situação tal como se encontrava, tomar uma decisão nova e firme e depois garantir que todos os meios para a sua realização fossem disponibilizados, a começar pela munição. A decisão em si estava lá, pedindo para ser tomada, principalmente porque as nossas tropas tinham conquistado a área fortificada de Meseritz, que fora criada há muito tempo como um escudo para defender Berlim a partir do leste. Se o inimigo não tivesse forças para manter esse escudo em suas mãos, o que lhe sobraria para defender os 80 quilômetros entre o Oder e a cidade? Chegara o momento em que o Supremo Comando e os Quartéis-Generais das Frentes deveriam decidir essa questão conforme as circunstâncias.

Para entender melhor essas circunstâncias na forma em que se encontravam no início de 1945, é útil conhecer o que disseram sobre o assunto os nossos adversários, ou seja, os generais de Hitler, que conheciam o estado das coisas nas frentes externas da Alemanha e dentro do país.

O general Guderian, chefe do Estado-Maior alemão, escreve em suas memórias:*

> No dia 25 de janeiro, eu me reuni com o ministro do Exterior da Alemanha. Não medi palavras com o senhor Ribbentrop. Aparentemente, ele não tinha percebido a gravidade da situação e me perguntou, ansioso, se o que eu lhe havia dito era a verdade exata [...]. Depois da minha exposição detalhada, perguntei ao "arquiteto da política externa da Alemanha" se ele estava pronto para me acompanhar em um encontro com Hitler e lhe propor que tentássemos obter um armistício pelo menos em uma frente. Eu pensava principalmente em um armistício no Ocidente [...]. Então eu lhe perguntei: "Como o senhor se sentiria se, dentro de três ou quatro semanas, os russos estivessem às portas de Berlim?". Com todos os sinais de horror, Ribbentrop gritou: "O senhor acredita que isso é possível?". Quando eu lhe garanti que não só era possível, mas, como resultado de nossa liderança atual, era certo, por um momento ele perdeu a compostura. No entanto, quando eu repeti minha solicitação de que ele me acompanhasse para ver Hitler, ele não ousou concordar. Tudo o que consegui dele foi uma observação feita bem quando eu estava de saída: "Escute, vamos manter esta conversa entre nós, certo?". E eu lhe garanti que faria isso.

---

\* N.T.: Publicadas em português sob o título *Panzer líder*, Biblioteca do Exército, Rio de Janeiro, 1966.

Não temos motivos para suspeitar que Guderian tenha pintado um quadro mais grave do que as circunstâncias justificavam. A situação era como ele afirmou, o que foi confirmado por todo o transcorrer dos eventos subsequentes. A Alemanha de Hitler estava realmente em estado de choque estratégico e estava vivendo seus últimos dias.

Guderian tenta convencer o leitor de que Hitler e seus colaboradores mais próximos, Himmler e Jodl, não conseguiram entender a situação e tomar a decisão correta. Ele cai na moda atual de atribuir toda a culpa ao Hitler morto e tenta se colocar acima dos outros: só ele teria sido capaz de salvar a Alemanha da situação catastrófica em que se encontrava. Ilusão, miragem! O general nazista engana a si próprio e aos seus leitores.

Sobre esse assunto, ele também deve responder por erros de cálculo óbvios e respostas ingênuas a seus problemas. De que forma ele, chefe do Estado-Maior alemão, que acompanhara com muita atenção a posição tanto no Ocidente quanto, mais particularmente, no Leste, que afirmou que sabia que a ofensiva russa começaria em 12 de janeiro de 1945 (é bem difícil acreditar nessa!), poderia ter permitido que a Frente Oriental se ampliasse tanto, já no outono de 1944, desde Riga praticamente até o Mediterrâneo? Como ele deixou a frente ser rompida na linha principal, no caminho mais curto de Varsóvia para Berlim? Naquele tempo, havia somente 43 divisões posicionadas na defesa entre a foz do Bug e os Cárpatos, ao passo que, ao norte, incluindo Courland e a Prússia Oriental, havia aproximadamente 75 divisões.

Guderian vem de uma família da antiga nobreza prussiana. Ao mesmo tempo que lutava por seu latifúndio prussiano, ele aparentemente foi capaz de não acreditar que os russos pudessem concentrar forças tão poderosas no Vístula, ao sul de Varsóvia, ou aplicar um golpe tão potente. Ele provavelmente pensava que, combatendo os exércitos alemães na Hungria, na Áustria e na Iugoslávia, os russos não conseguiriam reunir as forças para uma ofensiva na linha principal. O Estado-Maior de Hitler, com Guderian à frente, tranquilizou-se com a cega esperança de que o comando soviético estivesse fazendo seu último avanço estratégico com a ofensiva no sul.

Evidentemente, os comunicados do Estado-Maior nazista sobre as perdas das forças soviéticas, que se contavam às dezenas de milhões de mortos e 14 milhões de prisioneiros (como a máquina de propaganda de Goebbels repetidamente garantia ao mundo), haviam funcionado. Goebbels tinha hipnotizado a si mesmo e ao Estado-Maior alemão. Em 1941 e 1942, ele já bradava sobre a completa aniquilação das forças soviéticas, e Guderian permaneceu tempo demais sob a influência desses relatos que davam conta de fantásticas perdas russas.

Nessa situação, o Comando Supremo Soviético conseguiu (na verdade, precisou) encontrar uma solução nova. Era ainda mais necessário buscar essa solução agora que as tropas da 1ª Frente Bielo-russa e da 1ª Frente Ucraniana, tendo avançado cerca de 400 quilômetros a oeste do Vístula, estavam muito próximas de Berlim, capital do Terceiro Reich e fonte de quase todas as guerras na Europa durante muitos e muitos anos. Com a queda de Berlim, a máquina estatal de Hitler viria abaixo. A cidade tinha que ser tomada sem demora. Chegara o momento, e era necessário ter determinação.

Esses eram os pensamentos que me passavam pela cabeça quando eu considerava o estado das coisas no meu próprio exército, que continuava cumprindo suas missões com sucesso, apesar de estar dividido em dois.

# Chegamos ao Oder

O "mês terrível" – é assim que Guderian, um dos teóricos da Blitzkrieg (guerra-relâmpago), refere-se a janeiro de 1945. Em suas memórias, ele escreve que os russos conseguiram romper uma área fortificada na qual (em suas palavras) "as posições defensivas na curva Oder-Varta mal tinham sido ocupadas".

O que se fala aqui é da captura de uma linha de defesa alemã muito importante: a área fortificada de Meseritz. Não posso dizer que o inimigo tivesse grandes forças à sua disposição naquele setor, mas, deixados para trás na área sobre a qual as unidades de nosso 8º Exército da Guarda tinham avançado, do povoado fronteiriço de Betsche até o Oder, nós contamos nada menos de 15 mil nazistas mortos, mais cerca de 20 mil prisioneiros, incluindo o tenente-general Lübe, que eu interroguei pessoalmente no Q.G. (onde ele estava sendo tratado de um ferimento de batalha).

Nosso ataque foi repentino, e isso nos deu a vitória.

Em 28 e 29 de janeiro, a linha avançada dessa área fortificada, construída, em sua maior parte, ao longo do rio Obra, estava sendo abordada por somente quatro divisões do 8º Exército e dois corpos do 1º Exército de Tanques. A partir de nossos relatórios de reconhecimento, eu pude conhecer o poder dessa área fortificada e reconheço que era um tanto assustador jogar contra ela forças tão insignificantes, com um estoque muito baixo de projéteis.

## A conquista de Berlim

Como já pontuei, das nove divisões do nosso exército, três estavam atacando Poznań e duas estavam na estrada. Não adiantaria esperar que elas chegassem e assim perder vários dias. Ganhar tempo significava ganhar a batalha.

Tínhamos experiência em ataques de surpresa. Foi assim que tomamos Baranovichi no outono de 1939, forçando a travessia do pantanoso rio Szczara e as obras defensivas de concreto reforçado por trás dele. Naquele momento, o fator decisivo tinha sido o golpe súbito e inesperado; agora, depois de avaliar todas as vantagens e desvantagens, eu decidi lançar um ataque surpresa também contra a área fortificada de Meseritz.

No início da manhã de 30 de janeiro, unidades do 4º Corpo da Guarda foram ao ataque. A 35ª Divisão da Guarda, comandada pelo coronel Grigoryev, avançou na primeira onda. Subdestacamentos dessa divisão conseguiram romper pelo centro da área fortificada e tomar uma ponte na margem oeste do Obra. Isso nos permitiu aprofundar a ofensiva.

Antes, contudo, tivemos que desalojar o inimigo de uma elevação importante. O assalto a ela começou com uma curta preparação de artilharia. Nossos canhões dispararam apenas por alguns minutos, mas seu fogo foi bem direcionado e devastador. Em seguida, um batalhão de fuzileiros, sob o comando do capitão da guarda Logvinenko, ergueu-se e atacou as defesas. Operando com grande audácia e coragem, os soldados da guarda tomaram a elevação e construíram trincheiras.

Nosso reconhecimento relatou que o inimigo estava trazendo rapidamente, através de Frankfurt an der Oder, uma divisão nova e completa. E novas forças alemãs realmente chegaram até o Obra na manhã de 31 de janeiro, e houve uma batalha violenta. Mais tarde, fomos informados pelo comandante daquela divisão, o general Lübe, a quem tínhamos capturado: "A missão que eu recebi era levar a minha divisão rapidamente até o lado leste das defesas do quadrilátero do Oder, preencher as defesas de campo entre as obras permanentes de defesa em concreto, assumir todas as unidades que se retiravam do leste e colocá-las sob o meu comando e organizar a ação coordenada e uma luta defensiva determinada que iria impedir que as tropas soviéticas chegassem ao Oder". Pode-se ver que a divisão de Lübe estava sendo chamada a desempenhar um papel nada pequeno.

Lamentavelmente, não tínhamos obtido informações detalhadas sobre a disposição das obras permanentes de defesa naquele setor, e isso complicava muito a luta contra as unidades inimigas que agora se aproximavam, em-

## Chegamos ao Oder

bora as novas unidades nazistas, ao que parecia, tampouco estivessem tão bem informadas quanto deveriam com relação às fortificações e, portanto, não podiam usar seu poder de fogo em toda a sua plenitude. Elas lutaram sem grande habilidade, embora obstinadamente. É difícil dizer o que teria acontecido conosco se o comando da divisão alemã conhecesse melhor a linha de defesa e tivesse um ou dois dias para acertar as coisas, organizar seu sistema de fogo e sua comunicação.

Tivemos sorte. Em um golpe rápido, no dia 31 de janeiro, nossas tropas assumiram o controle quase completo dessa área fortificada e estraçalharam a divisão do general Lübe, com 15 mil oficiais e homens. Naquele momento, faltavam 40 quilômetros para alcançar o Oder.

Nosso vizinho da direita, o 5º Exército de Choque, também avançara uma distância considerável e estava mantendo a ofensiva na direção da cidade de Küstrin; à esquerda, o 69º Exército tinha tomado Meseritz. O 1º Exército de Tanques estava acompanhando o ritmo dos outros exércitos. Assim, a frente coberta por esses quatro exércitos tinha se nivelado. Com nossos flancos cobertos, as coisas estavam melhores e então, no começo de uma manhã de fevereiro, nosso 8º Exército da Guarda voltou a avançar.

O terreno aqui era coberto de mata densa, sendo fácil para os defensores inimigos encontrar cobertura, usar camuflagem e aplicar ataques repentinos. Não tínhamos forças nem tempo para vascular minuciosamente a mata com linhas de soldados, e os homens de Hitler não tinham pressa de sair da cobertura das árvores por vontade própria. Aqueles que, por algum milagre, haviam permanecido vivos no Dnieper, no Bug e no Vístula não estavam ansiosos para continuar com contra-ataques repetidos até que uma bala ou uma bomba finalmente os acertasse. Eles tampouco estavam ansiosos para se render; a propaganda de Goebbels tinha fixado solidamente em suas mentes todo tipo de histórias sobre russos "animalescos". Agora, as matas diante do Oder davam cobertura para dezenas de milhares de alemães, que esperavam para ver como as coisas evoluiriam.

De nossa parte, não podíamos perder um minuto. Precisávamos chegar ao Oder.

A experiência adquirida nos combates no Volga, mais uma vez, nos dava uma posição privilegiada. Pequenos grupos de assalto entraram na mata. Como no combate de rua, eles realizaram suas missões de forma independente. O moral do inimigo não era mais o que tinha sido três anos antes. Os soldados alemães já não gritavam "*Heil* Hitler!", e era mais frequente dizerem "Hitler *kaput*!". Nós reunimos os prisioneiros que capturamos em grupos de 150 a 200 homens de cada vez. Uma escolta de quatro ou cinco de nossos homens, não mais, foi designada para cada um desses grupos, o que era mais um símbolo do que uma guarda verdadeira. A coluna de prisioneiros marcharia para atravessar os matagais, e sobre ela estariam dezenas ou centenas de pares de olhos de soldados alemães ainda escondidos ali. Eles veriam que os prisioneiros pareciam suficientemente vivos, até alegres, e eles próprios sairiam para a estrada com as mãos levantadas. O momento favorito para essa adesão de voluntários era quando uma coluna parava para descansar. Assim, nossas escoltas, longe de perder os prisioneiros que guardavam, chegavam aos seus destinos duas ou três vezes maiores do que quando haviam partido.

É verdade que houve momentos em que nossos grupos de assalto tiveram que lutar com alemães que tentavam se unir e organizar a fuga para uma estrada principal. Nossos soldados, como rastreadores, tentavam encontrar seu centro de operações, interromper suas rotas de retirada, bem como dispersar os grupos que se formavam e forçá-los a se render quando estavam isolados. Então, quando a mata estava mais ou menos limpa de nazistas, nossos soldados avançavam com o dobro da velocidade.

Faltavam 25 quilômetros até o Oder.

O Oder, ou Odra, para lhe dar seu antigo nome eslavo, é um dos principais rios da Alemanha. Ele nasce na Tchecoslováquia, atravessa a Morávia Ostrava e percorre todo o território alemão, de sul a norte, por cerca de 725 quilômetros. O Oder é um obstáculo considerável a tropas que avancem sobre a Alemanha a partir do leste, já que cobre todas as estradas que levam a Berlim. Naturalmente, o comando alemão fez tudo o que podia para fortalecer os acessos ao rio.

Na confluência do Oder e de seu afluente, o Varta, havia a área mais fortificada da Alemanha, com a cidade-fortaleza de Küstrin. Küstrin era de grande importância estratégica, tanto por sua posição geográfica quanto pela robustez de seus fortes; ela estava do outro lado das rotas diretas a Berlim e também facilitava a defesa ativa do Baixo Oder com suas bases navais, Stettin e Świnoujście. Küstrin era chamada, justificadamente, de "porta de entrada para Berlim".

A segunda área fortificada no Oder era Breslávia, ou Breslavl, ou, em eslavo antigo, Vratislav. Essa era uma antiga fortaleza que cumpriu um papel muito importante nas guerras austro-prussianas e napoleônicas. Na prepa-

Chegamos ao Oder

ração para suas agressivas guerras no Leste, tanto o Kaiser quanto Hitler, depois dele, modernizaram as antigas fortificações e acrescentaram várias outras. A área fortificada de Breslávia impediu o acesso à cidade de Praga, na Tchecoslováquia, e aos principais centros da Saxônia – Dresden e Leipzig.

Entre as áreas fortificadas de Breslávia e Küstrin estava a fortaleza de Glogau, ocupando uma posição de comando acima da planície ao seu redor. Era de se esperar que o inimigo também se agarrasse desesperadamente a essa fortaleza.

Os nazistas tinham transformado a cidade de Frankfurt an der Oder também em uma área muito fortificada. O Estado-Maior de Hitler atribuía especial importância a essa área, considerando-a uma segunda "porta de entrada para Berlim".

Em 1º de fevereiro de 1945, as tropas do 8º Exército da Guarda chegaram muito próximo ao Oder.

Sem esperar pela chegada dos reforços, eu tomei a decisão: o 4º Corpo da Guarda forçaria imediatamente a travessia do Oder e, no final do dia 2 de fevereiro, assumiria o controle de uma cabeça de ponte na sua margem oeste e ocuparia Kietz, um subúrbio ao sul de Küstrin; o 28º Corpo da Guarda também forçaria a travessia e assumiria o controle de uma cabeça de ponte no setor de Reitwein-Hatenow-Wuhden.

Os pontos onde a travessia do rio seria forçada deveriam ter cobertura contra ataques aéreos. A meu pedido, o comandante da frente nos alocou a divisão antiaérea comandada pelo general Seredin. A seguinte ordem lhe foi entregue por um oficial destacado para esse fim: "Sair durante a noite de 1º para 2 de fevereiro e, ao alvorecer, alcançar a linha de nossas unidades avançadas para chegar ao Oder com elas e dar cobertura à travessia".

Às 9h da manhã de 2 de fevereiro, eu estava no posto de observação do comandante do 4º Corpo da Guarda, o tenente-general Glazunov. As tropas já estavam mobilizadas ao longo do dique entre Küstrin e Göritz, preparando-se para atravessar. Com um telescópio estereoscópico, olhei para o Oder: era um rio grande, cercado por diques. Nossos homens da guarda se concentravam na margem leste. A hora da responsabilidade, da carga! O gelo era tão pouco confiável que nem mesmo a infantaria podia avançar sem risco, muito menos as máquinas.

No entanto, os membros da guarda começaram a trilhar o caminho para atravessar à margem oeste. Levavam consigo postes, tábuas e os braços cheios de arbustos. À medida que avançavam, eles os usavam para fazer pranchas e partes de pontes portáteis. Em alguns lugares, conseguiam passar canhões antitanque, conduzidos à mão sobre o gelo, com as rodas sobre esquis.

Mas a travessia não durou muito. Sobre as cabeças dos membros da guarda, os aviões alemães começaram a circular. Os caça-bombardeiros Focke-Wulf subiram até o ponto de travessia em grupos de nove e sete e começaram a bombardear e metralhar os que estavam no gelo. Como precisávamos dos soldados antiaéreos do general Seredin naquele momento! Mas eles não estavam lá. Já adiantando, posso dizer que, por algum motivo que me é desconhecido, essa divisão não cumpriu a ordem do comandante da frente e não se deslocou na noite de 1º para 2 de fevereiro, nem no dia seguinte, e os aviadores alemães literalmente fizeram de nós sua caça, voando excepcionalmente baixo. Companhias de canhões antitanque e metralhadoras se instalaram para combater os aviões. Não há como saber quantos buracos eles fizeram, mas eu vi dois Focke-Wulfs pegarem fogo e caírem no terreno que ocupávamos.

Não havia nenhum dos nossos caças lá, pois eles estavam em processo de realocação em novos campos de pouso mais próximos do Oder e não tinham combustível suficiente.

Apesar de tudo, conseguimos tomar pequenas cabeças de ponte na margem oeste do rio e obter material de reconhecimento valioso. Parecia que o inimigo tinha apenas pequenas forças terrestres na margem esquerda. O comando alemão estava fazendo tudo o que podia para fortalecer a defesa de Küstrin, Frankfurt an der Oder e a lacuna entre elas.

Durante a travessia do Oder, o comandante da 79ª Divisão da Guarda, Leonid Ivanovich Vagin, foi gravemente ferido. O oficial que comandava a companhia de reconhecimento da divisão, o segundo-tenente Viktor Lisitsyn, contou-me como aconteceu:

> Na floresta, nos acessos ao Oder, grupos isolados da infantaria alemã ainda vagavam. O general Vagin avançava para um novo posto de comando e, com ele, um grupo de oficiais dos Estados-Maiores da divisão e de suas armas. Os homens de reconhecimento estavam na frente, em um caminhão. De repente, um grupo grande de nazistas armados saiu do bosque, cerca de um batalhão deles. Nossos homens de reconhecimento foram os primeiros a abrir fogo. Vagin ouviu os disparos, parou o carro e correu para se juntar aos homens. Seguiu-se um conflito. O general disparou todos os tiros de sua Mauser, começou a recarregar e, naquele momento, um tiro de metralhadora lhe acertou o peito.

## Chegamos ao Oder

Leonid Ivanovich foi enviado ao posto de primeiros-socorros em estado grave, e dali ao hospital. Felizmente, as balas não tinham acertado o coração, e ele sobreviveu.

Foi somente na manhã de 3 de fevereiro que os regimentos antiaéreos da Seredin chegaram. Finalmente! A passagem de tropas foi iniciada novamente com energia renovada. Ao perder três aviões de um grupo, o inimigo parou de fazer mergulhos para bombardear nossas tropas com grandes grupos de aviões. Unidades da 35ª, da 47ª e da 79ª Divisões da Guarda conseguiram atravessar destacamentos de fuzileiros quase sem perdas e transferir seus postos de observação de artilharia para a margem oeste. Começamos a ampliar as cabeças de ponte que havíamos tomado, unindo-as em um único território controlado pelo nosso exército, mas não conseguíamos desenvolver o avanço para o oeste em velocidade, e as principais forças de artilharia permaneceram na margem leste. Passar armamentos pesados e tanques ao outro lado exigiria a construção de pontes ou o uso de balsas de alta capacidade, que ainda não tínhamos recebido.

Durante esses dias, soldados e oficiais soviéticos demonstraram bravura e maturidade tática excepcionais. O oficial que comandava o 2º Batalhão do 172º Regimento, da 57ª Divisão da Guarda, o capitão da guarda Dmitri Vasilievich Osin, viu-se cercado com seu batalhão. Ele não tinha nenhum contato com o Q. G. de seu regimento, que ainda estava na margem leste do Oder. O comandante do batalhão tomou uma decisão ousada. O batalhão rompeu o cerco, não voltando para o Oder, mas avançando para oeste. Seu avanço foi tão bem concertado e vigoroso que o inimigo, não compreendendo a intenção do comandante soviético, também começou a recuar para oeste. Em um dia de combate, o batalhão de Osin fez 40 prisioneiros e capturou 8 veículos motorizados carregados com suprimentos inimigos.

Imediatamente, concedemos ao capitão da guarda D. V. Osin o título de Herói da União Soviética, e eu enviei um telegrama a seu pai em Kuibyshev: "Obrigado, caro Vasili Ivanovich, por criar um filho com tanta coragem e determinação, um verdadeiro oficial do Exército Soviético".

A 6ª Companhia do 220º Regimento da 79ª Divisão da Guarda, comandada pelo segundo-tenente da guarda Afanasi Savelev, entrou em ação para conquistar a elevação 81,5, na margem oeste do Oder. Ela fez um ataque súbito à noite, apreendendo três abrigos de metralhadoras e fazendo com que quase todo um batalhão do inimigo fugisse em pânico. Pela manhã, os nazistas haviam voltado e deram início a um contra-ataque. Savelev deu ordens para deixar o inimigo se aproximar ao longo de um pequeno vale e, então, abriu fogo a partir dos abrigos de metralhadoras ocupados anteriormente. Os nazistas contra-atacaram três vezes, todas elas sem sucesso. Deixando muitos mortos e feridos no campo, o inimigo se retirou. O pequeno vale estava literalmente coberto com os cadáveres de soldados alemães; Savelev foi ferido na perna e no ombro, mas, ainda assim, continuou a dirigir as operações. Ele só foi para o posto de primeiros-socorros quando o quartel-general de seu batalhão e o posto de comando do regimento tinham sido transferidos para as posições conquistadas.

Sergei Andreyevitch Mostovoi era um soldado raso da guarda da mesma companhia, que operava uma metralhadora média, e ex-agricultor das fazendas coletivas do distrito de Kalachiev, na região de Voronezh, e se destacou por sua coragem impressionante. Quando foi apresentado a mim, eu não conseguia tirar os olhos dele. Era um gigante de ombros muito largos e devia ser descendente dos *bogatyrs* de Voronezh, que são heróis do folclore popular que costumavam carregar nas costas enormes pinheiros para a construção naval e curvavam esquis para os trenós nos ombros, enquanto Pedro, o Grande, assistia.

Durante a batalha pela elevação 81,5, Sergei Mostovoi lutou ao lado do comandante de sua companhia, Savelev. Ele usou oito cintos de munição e, quando eles acabaram, começou a usar granadas. Mas as granadas também se esgotaram, e os nazistas ainda estavam pressionando muito. Então nosso soldado desmontou sua metralhadora, pegou o suporte com uma mão e o cabo com a outra, levantou-se totalmente e avançou. Girando a metralhadora em volta da cabeça, ele abriu caminho em meio a soldados alemães com suas próprias metralhadoras, usando o cabo nos crânios daqueles que por acaso caíssem aos seus pés. A visão dessa figura folclórica russa deixou pasmos os nazistas, que desceram e retornaram a um barranco. Mostovoi parou na beira do barranco e enxugou o suor do rosto. Naquele momento, viu um cabo alemão com as mãos erguidas. O soldado da guarda agarrou-o e o enfiou debaixo do braço. "Vão embora daqui, bando de nojentos, ou nós vamos derrubar todos os seus bloqueios!", ele gritou, retornando sem pressa ao comandante da companhia, carregando o cabo que havia capturado. Nesse mesmo dia, Afanasi Savelev e Sergei Mostovoi foram premiados com o título de Herói da União Soviética.

Recentemente, chegou ao meu conhecimento que Sergei Andreyevitch Mostovoi, Cavaleiro da Estrela de Ouro, agora trabalha na fazenda coletiva onde nasceu e obtém boas colheitas em sua terra de Voronezh e que, depois da guerra, Afanasi Spiridonovich Savelev voltou para as colinas de Altai, onde nasceu, e é muito provável que continue de onde seu pai parou, pois ainda há muito trabalho a ser feito para desenvolver aquele vasto território, com seus ricos recursos de milho e madeira, peles e jazidas minerais.

Uma das posições fundamentais no sistema de defesa do inimigo diante de nossa cabeça de ponte era o vilarejo de Hatenow. O lugar todo, com seus telhados de azulejos pontiagudos, suas casas de pedra e suas paredes de tijolos, parecia uma pequena fortaleza. Nas paredes das casas e nos muros dos jardins, os alemães tinham aberto fendas para armas. Não queríamos lançar um ataque frontal contra o vilarejo, o que significaria o início de uma luta prolongada e sangrenta, e não poderíamos nos dar ao luxo de perder tempo ou, menos ainda, homens – homens que haviam percorrido o caminho da vitória e da glória do Volga ao Oder e que agora, parecia provável, tinham diante de si a tarefa de atacar o último covil da besta nazista: Berlim.

O regimento de Semikov recebeu a tarefa de tomar Hatenow.

Eu conhecia bem o tenente-coronel Alexander Ivanovich Semikov dos tempos de Stalingrado. Na época, ele tinha sido oficial na seção de operações do Q.G. do Exército. Nós nos conhecêramos durante a luta no cotovelo do rio Don; ele me apanhou ao lado de um avião PO-2 destroçado, com o qual o piloto e eu tínhamos enfrentado um Junkers. Agora, Semikov era comandante de regimento e estava bem familiarizado com as táticas de combate urbano. No entanto, uma sombra de dúvida cruzou minha mente: o tenente-coronel não estaria superestimando suas capacidades, tentando invadir um lugar fortificado com uma guarnição poderosa quando tinha apenas um regimento à sua disposição? Mas não. Semikov cumpriu sua missão de forma brilhante. O amanhecer estava apenas começando quando, no limite leste de Hatenow, várias colunas grossas de fumaça começaram a subir. Os sapadores de Semikov, usando sua experiência de grupo de assalto, haviam levado a cabo um ataque debilitante, explodindo os pontos mais importantes da defesa inimiga. No mesmo instante, soldados da artilharia e atiradores de metralhadora abriram fogo, impedindo a retirada dos alemães. Para começar, eu até lamentava que os nazistas não tivessem para onde ir, já que, assim, eles seriam obrigados a lutar casa a casa, mas logo nosso posto de observação viu grupos de soldados inimigos com as mãos na cabeça bem no centro de Hatenow. O golpe tinha sido tão inesperado e esmagador que eles cessaram a resistência muito rapidamente. A maior habilidade de nossos soldados experientes e testados em batalha tinha falado mais alto no evento.

# Alguns erros de cálculo

Durante muito tempo, a fortaleza de Küstrin nos impediu de nos juntarmos aos nossos vizinhos da direita e organizarmos uma ação articulada com eles, ou seja, as tropas do 5º Exército de Choque do general Berzarin. Essa fortaleza banhada pelas águas do Varta e do Oder era como uma ilha de pedra e concreto. Sem artilharia pesada e bombardeios aéreos, era praticamente impossível tomar Küstrin.

As tropas alemãs rapidamente se transferiram da Frente Ocidental, entre elas a divisão Panzer Gross Deutschland. Além de se estabelecerem ao longo de linhas de defesa privilegiadas nas colinas de Seelow, elas também deram início a contra-ataques frequentes. O general Berzarin e eu tínhamos diante de nós problemas complexos que precisavam ser resolvidos imediatamente, sem demora. Para que a cabeça de ponte na margem oeste do Oder fosse ampliada, teríamos de fazer o seguinte: primeiro, forçar a travessia do Alte Oder (Velho Oder); segundo, tomar a fortaleza de Küstrin ou, pelo menos, paralisar sua guarnição; terceiro, conquistar elevações estratégicas na área montanhosa ao norte de Frankfurt e a sudoeste de Göritz. Especificamente, as tropas do 8º Exército da Guarda tinham que conquistar os pontos habitados de Podelzig e de Klessin e as elevações estratégicas adjacentes a eles. Para isso, precisávamos de uma quantidade suficiente de projéteis para a artilharia de grosso calibre, além de balsas, mas não dispúnhamos de nenhuma dessas coisas naquele momento.

## A conquista de Berlim

Em 18 dias, tínhamos coberto mais de 50 quilômetros, sem parar e lutando o tempo todo, e déramos um salto estratégico à frente, de grande extensão e velocidade. E, se o Comando Supremo e os quartéis-generais das várias frentes tivessem organizado o suprimento adequadamente e tivessem levado as quantidades necessárias de munição, combustível e provisões até o Oder, se a força aérea tivesse se transferido às pistas de decolagem próximas ao Oder a tempo e as unidades de construção de pontes e de pontões tivessem estado ali para garantir a passagem de tropas pelo rio, nossos quatro exércitos (o 5º Exército de Choque, o 8º Exército da Guarda, o 1º e o 2º Exércitos de Tanques) poderiam ter aprofundado a ofensiva até Berlim no início de fevereiro, percorrido os 80 a 100 quilômetros restantes e coroado essa gigantesca operação com a tomada da capital alemã.

É claro que as circunstâncias eram favoráveis a nós. As divisões de Hitler que tinham sido imobilizadas por nossas ofensivas em Courland, na Prússia Oriental e em torno de Budapeste não tinham conseguido trazer ajuda rápida à guarnição de Berlim, e as divisões que Hitler transferiu apressadamente da Frente Ocidental, das florestas das Ardenas, ainda não estavam prontas para operações ativas. Estou convencido de que a 1ª Frente Bielo-russa e a 1ª Frente Ucraniana poderiam ter disponibilizado mais três ou quatro exércitos cada uma para que se unissem a nós em um avanço decisivo sobre o centro militar e político do nazismo: Berlim. E foi a queda de Berlim que decidiu o desfecho da guerra.

Evidentemente, havia grandes riscos envolvidos, mas que operação militar não envolve riscos? Na situação dada, o sucesso dependia principalmente de fornecer munição e combustível às tropas em quantidade suficiente e a tempo.

Não foi por acaso que, no início de fevereiro de 1945, Guderian tentou com tanta persistência obter sua destituição do cargo de chefe do Estado-Maior da Alemanha. Ele temia estar diretamente envolvido no trágico fim do Reich nazista e, para evitar isso, estava disposto a brigar com Hitler. Foi por isso que ele recebeu sua demissão com tanto entusiasmo: "Naquela noite, cheguei de volta a Zossen. Minha esposa me recebeu com as seguintes palavras: 'O dia de hoje durou um tempo terrivelmente longo'. Eu respondi: 'Sim, e esse é o último, eu fui demitido'. Nós caímos nos braços um do outro, e foi um alívio para os dois".

Certamente, quando a operação do Vístula estava sendo organizada, não só era difícil como, na minha opinião, era simplesmente impossível prever como os acontecimentos se desdobrariam no *front*. Mas os líderes militares e os Estados-Maiores têm o dever de saber avaliar rapidamente os aconteci-

## Alguns erros de cálculo

mentos em curso e, de levar em conta a situação política e estratégica geral, para poder tomar as decisões corretas quando uma operação vai prosseguir. O pré-requisito básico para isso é o contato próximo entre um Estado-Maior e os oficiais de suas frentes subordinadas, talvez até com os oficiais dos próprios exércitos. Os oficiais do Estado-Maior devem manter seus dedos constantemente sobre o "pulso" de uma batalha, devem perguntar aos comandantes subordinados, em tempo hábil, qual é a apreciação que eles têm da situação. Claramente, naquela época, não tínhamos um sistema de contato mútuo, e todos esperaram que Stalin lhes dissesse o que fazer a seguir.

Embora uma operação tão ampla e de grande alcance como o avanço sobre o Vístula-Oder estivesse realmente em andamento, era evidentemente muito complexo preparar-se para o que, na verdade, era uma operação totalmente nova: o avanço sobre Berlim, ou seja, alocar e trazer forças enormes ao Oder e lhes fornecer tudo de que precisavam. Mas eu ainda considero que era possível organizar tal operação nova para tomar Berlim. Afinal, foi possível para a 1ª Frente Bielo-russa contribuir com dois exércitos de tanques e três exércitos mistos, com consideráveis reforços, para realizar a operação pomerana em fevereiro de 1945.

Será que o nosso Comando Supremo não foi demasiado cauteloso em sua preocupação com que o grupo de exércitos "Vístula" de Hitler pudesse atacar ao sul a partir da Pomerânia? Acho que teria sido mais correto deslocar os cinco exércitos da 1ª Frente Bielo-russa, não para o norte, mas contra Berlim, e acrescentar a estes ainda mais três ou quatro exércitos, os quais a 1ª Frente Ucraniana certamente poderia ter fornecido. E, então, o destino de Berlim poderia ter sido selado naquele momento, em fevereiro, e com ele, o da Alemanha nazista como um todo.

Todas essas considerações me levam a afirmar:

- que tínhamos forças suficientes para dar continuidade à operação no Vístula-Oder até o assalto a Berlim;
- que os receios com relação ao flanco direito da 1ª Frente Bielo-russa eram infundados, uma vez que o inimigo não tinha reservas suficientes à sua disposição para um contragolpe sério (aliás, Guderian admite isso em suas memórias);
- que o golpe que o inimigo planejava lançar a partir da região de Stettin não poderia ter sido realizado antes do dia 15 de fevereiro e com forças insignificantes;

- que um avanço sobre Berlim, no início de fevereiro, por parte de sete ou oito exércitos, incluindo três ou quatro exércitos de tanques, teria nos permitido destruir o golpe do inimigo a partir da região de Stettin e continuar nosso avanço ao Ocidente;
- que, no início de fevereiro, Hitler não dispunha de forças e materiais suficientes para defender a capital nem de linhas de defesa adequadamente construídas; em consequência disso, o caminho para Berlim estava aberto.

Sim, era uma tarefa difícil fornecer os materiais necessários para a operação de Berlim, mas o avanço sobre a Pomerânia, voltando-se ao leste, a Gdynia, demandava um gasto igualmente grande de forças e materiais. Repito, a captura de Berlim em fevereiro de 1945 teria significado o fim da guerra, e teria havido menos vítimas do que as que tivemos em abril.

O leitor tem direito de perguntar por que nós, os generais, a quem o comando dos exércitos foi confiado, não avançamos sob nossa própria responsabilidade e, assim, arrastamos o Comando Supremo conosco?

Em 2 de fevereiro de 1945, o Quartel-General da 1ª Frente Bielo-russa emitiu uma ordem na qual, citando as instruções recebidas do Quartel-General do Comando Supremo, foram dadas instruções para a construção de duas linhas de defesa, adequadas à situação operacional de vários exércitos, com o propósito de garantir um controle mais firme sobre o território já ocupado pelas tropas da frente.

Assim, o Quartel-General do Comando Supremo estava direcionando a atenção de suas forças à defesa do território já ocupado. Avançar sozinho em direção a Berlim, quando a decisão de se defender já havia sido tomada pelo Comando Supremo e por instruções correspondentes, emitidas pelo comandante da frente, teria sido entendido como desobediência às ordens.

Dois dias depois, em 4 de fevereiro, o marechal Zhukov, como comandante da 1ª Frente Bielo-russa, em uma instrução operacional geral, traçou os seguintes objetivos para o futuro imediato: "A missão das tropas da frente é, nos próximos seis dias, atuar para consolidar os êxitos alcançados, avançar todas as forças que estejam ficando para trás, acumular os suprimentos no nível de dois tanques de combustível para cada veículo e duas remessas de primeira linha de munição para todos os armamentos e fazer um rápido movimento de avanço em 15 e 16 de fevereiro para tomar Berlim".

Esses dois documentos, que se contradiziam no ponto mais essencial, desorientavam as tropas. A instrução do marechal Zhukov, de 4 de fevereiro, era

## Alguns erros de cálculo

prioritário, mas não tínhamos como acumular suprimentos no nível de dois tanques de combustível e duas remessas de primeira linha de munição em seis dias. Era impossível trazer o número necessário de cargas das bases da frente que ainda estavam no Vístula. Durante a semana anterior, não tínhamos recebido um único projétil ou um único litro de combustível dessas bases. Em termos claros, o comando da frente acabara de chegar à conclusão, tarde demais, de que era essencial avançar o mais rápido possível sobre Berlim. Essa decisão deveria ter sido tomada muito antes, no curso da operação, quando nossas tropas esmagaram o inimigo no Vístula, ou, o mais tardar, quando os exércitos das duas frentes alcançaram a linha Schneidemühl-Poznań-Breslávia.

Sobre esse período, Guderian escreve:

> No mesmo dia [era 27 de janeiro de 1945], começou a transferência do 6º Exército Panzer para o leste [...]. Eu propus a Hitler que todas as forças disponíveis fossem reunidas em dois grupos a leste de Berlim, um na área de Glogau-Cottbus, o outro na Pomerânia, a leste do Oder [...]. Mas Hitler manteve seu plano original, que era não usar essas forças para defender a Alemanha e, em particular, a capital alemã, e sim empregá-las em uma ofensiva na Hungria.

Esse testemunho de Guderian mostra o quanto era fraca a cobertura para a direção principal – Berlim – no início de fevereiro de 1945. É claro que a desunião e as oscilações dentro do Estado-Maior de Hitler não eram do conhecimento do nosso comando, mas, mesmo assim, o curso dos acontecimentos e a situação que prevalecia nas várias frentes sugeriam que adiar o avanço das nossas tropas sobre Berlim significaria muita coisa desagradável para nós mesmos no futuro.

Quando ainda estávamos em Łódź ou, no máximo, quando chegamos a Poznań, o Quartel-General do Comando Supremo deveria ter refletido muito sobre a questão e chegado a uma apreciação correta da situação. Poderia ter entregado cinco ou seis exércitos totalmente equipados, com o combustível e as munições necessários, prontos para ser deslocados da cabeça de ponte do Oder contra Berlim entre 3 e 5 de fevereiro. A questão nunca deveria ter gerado dúvidas: Berlim teria sido tomada em cerca de dez dias.

Os embriões dos erros de cálculo no planejamento da operação Vístula-Oder estavam lá desde o início. De acordo com o plano do Comando Supremo, as tropas chegaram à linha Kutno-Łódź no 10º ou no 12º dia da operação (na verdade, estavam nessa linha no 7º dia). Esse fato foi muito importante e indicou a necessidade de rever e corrigir os cálculos originais.

Uma análise da situação teria possibilitado maior precisão na definição dos ritmos de avanço e objetivos dos exércitos.

A operação no Vístula-Oder é descrita como uma ação de divisão. Isso é verdade apenas em parte. Poderíamos ter levado a divisão até Berlim. A posição comparativamente retardada da 2ª Frente Bielo-russa, que estava engajada em esmagar o grupo do inimigo na Prússia Oriental e não poderia avançar sobre a Pomerânia ao mesmo tempo, dava uma impressão visual de que o flanco direito da 1ª Frente Bielo-russa estava desguarnecido. Foi isso que fez Stalin dar a ordem, no início de fevereiro, para que a 1ª Frente Bielo-russa passasse à defensiva. Em vez de avançarem sobre Berlim, o 1º e o 2º Exércitos de Tanques tiveram que se deslocar em fevereiro, de perto de Küstrin para o norte, a Kolberg, Cammin, e depois a leste, para Gdynia e a foz do Vístula. Foi o que se poderia chamar de avançar com uma volta para trás.

Em nome da objetividade, deve-se dizer que o comandante da 1ª Frente Bielo-russa, o marechal Zhukov, demonstrou ter uma apreciação correta da situação quando emitiu a instrução geral para que suas tropas consolidassem os êxitos alcançados e depois fizessem "um rápido movimento de avanço para tomar Berlim em 15 e 16 de fevereiro". No dia 5 do mesmo mês, ele chegou ao Quartel-General do 69º Exército e convocou todos os comandantes para uma reunião. Apareceram Berzarin, Kolpakchi, Katukov, Bogdanov e o autor destas linhas. Nós nos sentamos, espalhamos os mapas e fomos discutir o avanço sobre Berlim. Eu estava sentado ao lado de Zhukov, perto dos telefones. No meio da discussão, um deles tocou: Stalin estava chamando Zhukov. Eu participei involuntariamente da conversa e a reproduzo de memória.

*Stalin*: Onde você está? O que você está fazendo?

*Zhukov*: Estou no quartel-general de Kolpakchi, e todos os comandantes de exércitos da frente também estão aqui. Estamos planejando a operação em Berlim.

*Stalin*: Você está desperdiçando seu tempo. Devemos nos consolidar no Oder e depois redirecionar todas as forças possíveis para o norte, à Pomerânia, para que se juntem a Rokossovski e esmaguem o grupo "Vístula" do inimigo.

Então Zhukov recebeu instruções para apresentar imediatamente suas ideias sobre o assunto.

Georgi Konstantinovich desligou o telefone, levantou-se da mesa, despediu-se de nós e foi para o quartel-general. Entendemos que o avanço sobre Berlim estava adiado indefinidamente. A partir desse momento, transportes com munição e combustível foram desviados da direção central – Berlim –

## Alguns erros de cálculo

para o norte, para a Pomerânia. As forças de apoio dos exércitos que estavam a 70 quilômetros de Berlim também foram enviadas ao norte e, depois, ao leste, para o Vístula.

Até hoje não consigo entender por que o marechal Zhukov, o adjunto do supremo comandante em chefe, que sabia muito bem qual era a verdadeira situação, não tentou convencer Stalin da necessidade de avançar sobre Berlim, e não sobre a Pomerânia. Inclusive, ele não estava sozinho em suas opiniões e tinha bastante conhecimento do clima que predominava entre oficiais e soldados. Por que ele concordou com Stalin de forma submissa?

Como antes, a tarefa do 5º Exército de Choque e do 8º Exército da Guarda continuava sendo ampliar as cabeças de ponte conquistadas e prosseguir com a eliminação das guarnições inimigas em Schneidemühl e Poznań. E, como antes, precisávamos muito de projéteis e combustível.

O comandante do 28º Corpo da Guarda, o general Ryzhov, e o comandante de artilharia vinculado ao mesmo corpo, o coronel Timoshchenko, receberam ordens para recolher as armas e munições inimigas capturadas na área sobre a qual o exército avançara de Poznań ao Oder. Os resultados superaram nossas expectativas: nos combates para estender a cabeça de ponte, disparamos cerca de 65 mil projéteis retirados dos alemães, de calibres entre 105 e 150 mm. Os nazistas viram "presentes" que eles próprios produziram caindo sobre suas cabeças.

Passo a passo, nossas tropas avançaram em direção a Podelzig, tomaram a elevação 81,5, se estabeleceram firmemente sobre ela e ocuparam Kietz, nos arredores de Küstrin, e os pontos habitados de Manschnow, Rathstock e Hatenow.

A cabeça de ponte na margem leste do Oder tinha agora assumido proporções imponentes: 12 quilômetros de comprimento de frente e oito quilômetros de profundidade. Chegara a hora de nos juntarmos aos vizinhos da direita. Entre os nossos respectivos flancos havia um obstáculo consideravelmente forte e ameaçador, que poderia desatar uma tempestade sobre nós ou... Mas o leitor compreenderá melhor essa história um tanto estranha se eu fizer uma analogia.

Antigamente, no interior, era costume tocar os sinos da igreja em tempo de seca. Rezava-se a missa e as procissões saíam levando cruzes, orando a Deus pela chuva revigorante. Mas, antes que as cerimônias ocorressem, o padre esperto vigiava o barômetro por dias. E qual não era a surpresa! Depois das orações e dos hinos, uma nuvem aparecia no céu como se tivesse recebido uma ordem, e havia raios e o vento fresco começava a soprar. Todos tinham certeza de que o milagre acontecera: haveria chuva. O padre ficava radiante. Mas, de repente, a nuvem começava a se dissipar diante dos olhos das pessoas reunidas, desaparecendo como uma miragem, e a tão desejada chuva continuava a não cair.

Algo do tipo acontece também em tempos de guerra, quando oficiais de Estado-Maior, seguindo as leituras, por vezes enganosas, de seu "barômetro" – o moral de combate das tropas –, transmitem a seus oficiais superiores, sem verificação suficiente da veracidade, relatos nos quais o que eles querem que aconteça é apresentado como se tivesse realmente acontecido.

Durante o avanço em Küstrin, nos primeiros dias de fevereiro, o comandante do 5º Exército de Choque, o general Berzarin, decidiu não fazer um ataque frontal à cidade-fortaleza, mas flanqueá-la do norte e cercá-la. Essa manobra foi realizada apenas em parte, pois eles tiveram sucesso na parte de flanquear, mas o cercamento não aconteceu completamente. Então Berzarin decidiu invadi-la a partir do leste. A cidade foi tomada, mas a fortaleza continuou em mãos inimigas.

Sem ter clara a posição correta, sem verificar a situação real, o Q.G. do 5º Exército de Choque informou animadamente ao Quartel-General da Frente: "A cidade-fortaleza de Küstrin foi tomada". E o Quartel-General da Frente informou isso a Moscou. Nesse mesmo dia, a capital homenageou essa vitória com uma salva de tiros. Mais tarde, naturalmente, chegou a informação de que, infelizmente, a fortaleza não tinha sido tomada, mas no Quartel-General da Frente ficaram nervosos para reportar esse erro lamentável para Moscou. A fortaleza de Küstrin continuou, por muito tempo, a impedir a fusão das cabeças de ponte do 5º Exército de Choque e do 8º Exército da Guarda.

O general Berzarin não repetiu a tentativa de atacar a fortaleza porque não tinha artilharia pesada nem munição, e o nosso exército não tinha forças suficientes nem apoio, nem mesmo para ampliar a cabeça de ponte em sua própria área, ao sul de Küstrin. Além disso – e esse era o principal obstáculo –, os acessos à fortaleza a partir do leste e do sul estavam debaixo de água devido à inundação de primavera do Oder e do Varta, e ainda não tínhamos barcos, nem lanchas, nem veículos anfíbios.

A primeira necessidade era ampliar a cabeça de ponte, e assim chegar a Küstrin a partir da retaguarda, do sul, ou seja, interromper as rotas de abastecimento de sua guarnição e, depois disso, atacar a fortaleza.

# A queda da Cidadela

Poderosas forças do 8º Exército da Guarda ainda permaneciam em Poznań. Os combates continuavam o tempo todo, e eu tinha que ir até lá duas ou três vezes por semana. Essas idas e vindas do Oder a Poznań tomavam uma grande quantidade de tempo e energia de muitos daqueles ligados ao Q.G. do Exército, como eu, mas não havia outra coisa a fazer.

A situação exigia a pronta eliminação da guarnição de Poznań: a cidade era uma intersecção ferroviária e rodoviária e, se ela permanecesse por muito tempo nas mãos inimigas, poderia complicar demais a transferência de material de combate e combustível para o Oder.

Em janeiro, quando havíamos renovado nossos esforços para atacar Poznań, foi dado o seguinte ultimato ao inimigo:

> Aos oficiais e homens da guarnição da cidade de Poznań
> A cidade está cercada, e os senhores não têm saída. Eu, o general Tchuikov, proponho que deponham suas armas imediatamente e se rendam. Garanto suas vidas e o retorno seguro ao seu país depois da guerra. Caso contrário, serão aniquilados e, por sua culpa, os habitantes da cidade de Poznań perecerão com vocês.
> Ergam bandeiras brancas e saiam sem medo em direção a nossas tropas!

Não vimos nenhuma bandeira branca. Restava convencer o inimigo pela força das armas. Não poupamos bombas de nossos estoques capturados. Todas as estruturas acima do nível do solo do forte central, que os nazistas chamavam de "Cidadela", foram varridas da face da terra. As tropas da guarnição entraram em seus alojamentos subterrâneos e desapareceram.

Em 5 de fevereiro, nossos grupos de assalto haviam eliminado completamente os resquícios do inimigo dos bairros residenciais da cidade. O bairro da Cidadela e sua parte leste ainda estavam sob cerco.

A guarnição sitiada lutou com a fúria dos condenados. A Cidadela abrigava cerca de 12 mil oficiais e soldados, liderados por dois comandantes: o ex-comandante, general Mattern, e o general nazista Koinel, um linha-dura recém-nomeado por Hitler.

A Cidadela estava situada em uma pequena colina, e seus fortes e revelins* estavam cobertos com uma camada de terra de três metros de espessura. Os acessos às estruturas interiores eram protegidos por um fosso largo e profundo que estava sob fogo vindo dos fortes e casamatas através de fendas para armas, as quais não podiam ser vistas pelas forças que atacavam. As paredes do fosso eram revestidas com tijolos até uma altura de cinco a oito metros.

Quando cruzaram em direção ao fosso, nossos tanques foram parados: a tentativa poderia significar cair ali e ficar sem motor, torre ou canhão. Canhões de grosso calibre foram trazidos para ajudar os tanques. Eles dispararam diretamente contra a Cidadela, a uma distância de 300 metros, mas nem mesmo projéteis de 203 mm causaram grandes danos às paredes. Tivemos de procurar novos métodos e técnicas para conquistar aquele forte.

Durante os dias do ataque à Cidadela, testemunhamos a notável crueldade demonstrada pelos oficiais nazistas para com seus próprios soldados. Vou contar um episódio que me abalou particularmente.

Meu posto de observação estava estabelecido bem próximo à cena da ação, em um andar superior do teatro da cidade. Comigo estava um comandante de corpo, o general Shemenkov, e o meu adjunto no comando, o general Dukhanov. Estávamos observando o inimigo pela janela de um quarto de esquina. De repente, vimos que nossos soldados olhavam de um lado a outro,

---

* N.T.: Posições de tiro que se projetam além das paredes da fortaleza para a realização de fogos de flanco; obra de fortificação externa, geralmente triangular, que cobre ou defende uma cortina entre dois baluartes de uma fortificação, uma ponte etc.

por algum motivo; em alguns lugares, eles haviam cessado todo o movimento. O que tinha acontecido? Será que o inimigo não estava tentando lançar um golpe a partir da retaguarda ou dos flancos? Não, não era isso.

No baluarte interior da fortaleza, haviam surgido soldados alemães com bandeiras brancas. Eles estavam depondo as armas, fazendo tudo o que podiam para mostrar que queriam se render. Nossos homens cessaram fogo e se dirigiram ao fosso para receber os prisioneiros. Porém, o grupo de alemães que estava no baluarte começou a diminuir visivelmente: os homens estavam se sentando com movimentos antinaturais, caindo contra o peitoril de terra e rolando para o fosso. Em pouco tempo, já não havia homens em todo o baluarte. Ficou claro que todo esse grupo fora abatido por seus próprios oficiais, que disparavam das casamatas.

O incidente mostrou que a guarnição da fortaleza continha um grupo grande de nazistas radicais, que continuariam a lutar por muito tempo e arduamente.

Reuni todos os comandantes das unidades e dei ordens para preparar o assalto final à Cidadela.

Durante muitos dias, nossas unidades haviam travado combates de rua em Poznań. Os alemães tinham de ser expulsos de cada casa. Usando a experiência acumulada nos combates do Volga, logo aprendemos a tirar os nazistas de seus pontos guarnecidos de forma rápida e firme.

Muito instrutivas foram as batalhas pelas pontes da cidade. O centro de Poznań e os arredores no leste da cidade estão separados do resto por várias ferrovias e rodovias, que são atravessadas por pesadas pontes de concreto. A guarnição inimiga as defendeu enquanto foi humanamente possível.

Em primeiro lugar, os alemães tentaram manter o controle sobre as ruas que levavam às pontes. Eles construíram barricadas, explodiram os maiores prédios, montaram um grande número de metralhadoras nas janelas e nos telhados. O bairro que ficava em frente às pontes estava constantemente em chamas por causa da artilharia e dos morteiros. Contra as engenhosas artimanhas do inimigo, os nossos homens da guarda opuseram seu talento nato e sua habilidade adquirida de soldados, agora bem experimentada. Um grupo de observadores da 74ª Divisão, comandado pelo tenente da guarda Alexei Taran, atravessou a ferrovia durante a noite e saiu na extremidade leste de uma ponte. Esses soldados operavam de modo tão furtivo e decidido que os alemães não tinham tempo para opor qualquer resistência séria. Foram capturados dois canhões e quatro metralhadoras, com munição. Usando essas metralhadoras, os nossos observadores abriram fogo contra os soldados alemães que haviam se escondido debaixo da ponte. Do lado oposto, os soldados de uma unidade de fuzileiros vizinha começaram a disparar em apoio. Entre os dois fogos, os alemães se renderam. A ponte passou para nossas mãos, inteira e ilesa.

A luta por outra ponte foi bem diferente. Os alemães, que mais uma vez haviam buscado cobertura debaixo da ponte, mantiveram um fogo constante contra nossos soldados de infantaria e contra-atacaram repetidamente.

O comandante adjunto da 74ª Divisão, general Duka, decidiu atrair o inimigo para uma armadilha e ordenou que suas unidades recuassem para uma nova linha de defesa. Os nazistas imediatamente se aproveitaram disso e saíram à rua, sendo esmagados pelo fogo devastador dos nossos fuzileiros, que haviam sido posicionados para uma emboscada. Os soldados da guarda correram para a ponte, disparando à medida que se deslocavam, e em meia hora tinham ocupado posições muito importantes.

Em 12 de fevereiro, a cidade de Poznań e todos os fortes que cercam a fortaleza principal estavam em nossas mãos; apenas o forte central – a Cidadela – permanecia com o inimigo. Ataques frequentes a ela só geraram perdas desnecessárias, de forma que decidimos dar às tropas um curto espaço de tempo para respirar, além de trazer munição e avançar a artilharia e tanques pesados para que disparassem diretamente nas fendas para armas. A 261ª Brigada Especial de Sapadores, sob a liderança do comandante da engenharia do exército, o general V. M. Tkachenko, recebeu a tarefa de encontrar meios de fazer com que tanques e canhões autopropelidos ultrapassassem o obstáculo representado pelo fosso com o objetivo de penetrar na Cidadela. Os soldados começaram a fazer escadas de assalto e pontes e a amarrar faxinas.*

A artilharia conseguiu abrir uma fenda na alvenaria da fortaleza. A ordem foi dada imediatamente: fogo direto nas bordas da abertura para ampliar a fenda. Em pouco tempo, foi feito um rombo de cerca de cinco metros de largura.

No mesmo ponto, foram colocadas cargas poderosas no lado exterior do fosso, de modo a explodir a parede de tijolos para dentro dele e estabelecer uma superfície plana pela qual tanques e as canhões pudessem entrar na Cidadela.

---

* N.T.: Feixes de ramos ou paus usados para preencher fossos e para outros fins.

## A queda da Cidadela

O assalto final à Cidadela foi definido para 20 de fevereiro. Nessa data, toda a fortaleza e a artilharia de campanha do inimigo havia sido esmagada ou posta fora de ação. Os habitantes de Poznań, agora libertados pelas tropas soviéticas, e, em particular, os jovens, que tinham aprendido o que significava o fascismo por experiência própria e amarga, passaram a ajudar, com dedicação, os soldados soviéticos em suas preparações para a operação de assalto. As pessoas carregavam projéteis, granadas de morteiro e cartuchos até as posições de tiro, montavam faxinas nos bosques vizinhos e nos parques da cidade e os levavam até nossos pontos de partida. Médicos e enfermeiros dos hospitais locais davam assistência aos nossos feridos.

O assalto à Cidadela, que começou às 9h de 20 de fevereiro, prosseguiu sem interrupção até a noite do dia 22. O golpe mais potente foi lançado contra a entrada principal da Cidadela, através de uma torre à qual foi dirigido o fogo de uma bateria de canhões de 203 mm e uma de 280 mm. O inimigo foi forçado a ir ao subsolo e entrar nos abrigos fortificados das casamatas. Nossas tropas tomaram os portões, e a bandeira vermelha foi hasteada na torre.

Das fendas de armas das casamatas inferiores, contudo, metralhadoras e pistolas-metralhadoras continuavam com seu ruído repetitivo, enquanto Faustpatronen voavam. Não pudemos penetrar na Cidadela imediatamente. Não conseguimos explodir a parede externa, pois não havia explosivos suficientes, nem tivemos sucesso em preencher o fosso com faxinas, pois ele se revelou consideravelmente mais profundo do que nossos observadores tinham suposto. O inimigo teve de usar muitos Faustpatronen, uma arma perigosa no combate próximo. Esses dispositivos para disparar ogivas de carga oca com propulsão a foguete usando as mãos podiam queimar e romper a blindagem de qualquer tanque ou perfurar uma parede de um tijolo e meio de profundidade. O alcance de fogo dessa arma, usada pela primeira vez pelo exército nazista em 1945, era de 50 a 100 metros. Na luta pela Cidadela, os alemães usaram Faustpatronen até mesmo para disparar contra indivíduos. Capturamos pilhas inteiras dessa arma barata e simples. Nossos homens rapidamente aprenderam a usá-la e a usaram bem, destruindo canhoneiras, fendas de armas e paredes de casamatas.

O assalto à Cidadela atingiu seu clímax na manhã de 22 de fevereiro. Por fim, tínhamos conseguido explodir o revestimento exterior de tijolos. O fosso tinha sido preenchido com faxinas em vários lugares.

## A conquista de Berlim

O revelim oeste estava cercado por subdestacamentos da 27ª Divisão da Guarda. O comandante adjunto da divisão, o general Duka, conclamou a guarnição do revelim bloqueado a se render, mas os oficiais nazistas rejeitaram sua proposta, e a guarnição continuou lutando. Então, o general Duka (um ex-*partisan* bielo-russo) deu ordens para rolar vários barris de petróleo bruto em chamas pela encosta até a entrada principal do revelim para gerar fumaça e expulsar os nazistas.

A batalha era acirrada em todos os setores da Cidadela, e com especial violência no lado leste, onde nossas tropas penetraram gradualmente nos muros internos e passaram a eliminar o inimigo do amplo pátio interno da fortaleza, de 1,5 quilômetro quadrado de área. Tanques e canhões autopropelidos também começaram a entrar pela abertura no muro.

Estava claro que a Cidadela tinha as horas contadas. Não desejávamos derramar sangue desnecessariamente; então, eu voltei a apelar por rádio para que a guarnição sitiada se rendesse, mas o inimigo tampouco aceitou a oferta nessa ocasião. Ele estava estirando cada nervo em um esforço final e sem sentido. Ataques e contra-ataques repentinos a partir do subsolo não lhe trouxeram resultados e causaram apenas perda de vidas entre as forças nazistas.

Aproximava-se o Dia do Exército Soviético: 23 de fevereiro. Na véspera, reuni comandantes de corpos e divisões em uma das salas do teatro de Poznań para traçar o plano de ação futura. Nossa avaliação da situação era unânime: as últimas forças do inimigo estavam se esgotando. Os alemães que haviam cruzado para o nosso lado das linhas disseram que as estruturas subterrâneas transbordavam de feridos e que os suprimentos médicos estavam acabando. O encanamento interno e o abastecimento de água tinham sido inutilizados e as forças sitiadas estavam com pouca água.

Por volta das 22h, chegou, do portão central da Cidadela, uma convocação para que o general Bakanov, comandante da 74ª Divisão, cujas unidades estavam operando naquele setor, fosse ao telefone. Quando havia terminado de falar, o general pediu minha permissão para sair a fim de receber emissários que vinham negociar conosco. Meia hora depois, ele informou que a guarnição havia se rendido.

Pouco tempo depois, entrou na sala, esbaforido e ofegante, o ex-comandante da fortaleza, o major-general Mattern, um homem muito corpulento que devia pesar cerca de oito *poods*, cerca de 130 kg. Quando recuperou o fôlego, ele me entregou uma nota do general Konnel, pedindo ao comando soviético que ajudasse os alemães feridos. Quando lhe foi perguntado onde estava o comandante, Mattern respondeu que ele tinha cometido suicídio. Quando perguntei como ele se sentia, o general encolheu os ombros e respondeu, ainda ofegante: "Para mim, tanto faz, não sou membro do Partido Nazista; eu não derramaria sangue em vão sabendo que a resistência era inútil. Hitler *kaput!*".

Mattern nos contou que, de 40 mil soldados e oficiais alemães em Poznań, havia cerca de 12 mil ainda aptos para o serviço, sem contar os feridos, agora à mercê do vencedor.

Observando as colunas de prisioneiros na manhã de 23 de fevereiro, esperávamos ver homens enfraquecidos pelo longo bloqueio, mas os alemães estavam de muito bom espírito e bem robustos, como um cavaleiro poderia dizer de seu cavalo; suas roupas e seus equipamentos estavam em muito boas condições. Lembrei-me de Stalingrado, no final de janeiro e início de fevereiro de 1943. Naquele momento, as colunas de prisioneiros entraram sombrias pelo Volga: famintos, barba por fazer, calçando botas feitas de palha, eles mal podiam colocar um pé à frente do outro. Tinha sido ali, no bastião do Volga, que a maré de toda a guerra tinha virado. Até então, os homens de Hitler não estavam acostumados a ver tantos deles como prisioneiros. Agora, dois anos depois, os soldados capturados da Alemanha de Hitler, tendo finalmente perdido toda a fé na vitória, marchavam alegremente e unânimes para o leste. Cada um tinha prontas as palavras salvadoras: "Hitler *kaput!*".

No dia do glorioso jubileu do Exército Soviético, em 23 de fevereiro de 1945, a capital do nosso país marcou a vitória de nossas tropas em Poznań com uma saudação de 20 salvas de 224 canhões.

Agora que tínhamos tomado Poznań, importante intersecção de rodovias e ferrovias, era possível acelerar consideravelmente o trânsito de munições e outras cargas rumo à cabeça de ponte do Oder.

# O estandarte vermelho sobre Küstrin

Havia chegado março, o primeiro mês da primavera, trazendo à humanidade a promessa de uma grande alegria: o fim da guerra na Europa.
Todos os três corpos de nosso 8º Exército da Guarda estavam concentrados na cabeça de ponte do Oder, entre Frankfurt e Küstrin: nove divisões, mais unidades especiais e forças de apoio. As subunidades que tinham participado da tomada de Poznań e que haviam sido trazidas ao *front* estavam descansando e se familiarizando com a nova situação.

As operações para ampliar a cabeça de ponte prosseguiram sem pressa, com cuidadosa preparação de artilharia, usando principalmente canhões capturados. Nossa própria artilharia também se encontrava pronta e aguardando, mas estávamos tentando acumular um bom estoque de munição produzida pela União Soviética. Com golpes curtos e bem preparados, as tropas conseguiram alcançar objetivos limitados na margem oeste do Oder.

Logo ficou óbvio que o salto à frente para Berlim, agora a apenas 70 quilômetros de distância, estava sendo adiado por seis ou oito semanas. Nesse tempo, é claro, o inimigo conseguiria fortalecer minuciosamente as suas posições.

O Conselho Militar do Exército decidiu iniciar o treinamento de nossas unidades e subunidades para futuros combates em ambiente urbano. Com base na experiência adquirida nos combates no Volga e nas cidades da Ucrânia, da Bielo-rússia e da Polônia, foi produzido um manual para ser usado por soldados e oficiais, fazendo uma exposição de táticas de combate ofensivo em pequenos grupos de assalto em ruas de cidades. O manual foi composto em tipos, impresso e mandado inicialmente às tropas do 8º Exército da Guarda e, mais tarde, aos dos outros exércitos da 1ª Frente Bielo-russa.

Na segunda quinzena de março, foram realizadas operações de menor porte para reunir nosso flanco e o de nosso vizinho da direita, o 5º Exército de Choque. Até então, a distância entre os nossos exércitos, ou, melhor, entre as duas cabeças de ponte na margem oeste do Oder, tinha sido de cerca de três quilômetros. Ao longo dessa faixa estreita, o inimigo mantinha contato com a fortaleza de Küstrin, que formava a base da cunha entre as cabeças de ponte. Estávamos agora prestes a romper a cunha a oeste de Küstrin. Quando os flancos de nossos dois exércitos se juntassem, a guarnição da fortaleza seria isolada.

Alguns dos fortes de Küstrin já haviam sido tomados por nossas tropas. Por acordo com o comandante do 5º Exército de Choque, o general Berzarin, atacaríamos as defesas inimigas a partir do sul, sairíamos ao setor da ferrovia que vai de Kietz (um subúrbio de Küstrin) a Dolgelin e, assim, ficaríamos mais próximos da última etapa. Berzarin, por sua vez, estava planejando um ataque na mesma direção, mas a partir do norte. Nossos flancos deveriam se encontrar na região da estação ferroviária de Golzow.

A operação foi realizada em 22 de março. Antes disso, durante quatro dias e noites, os homens da nossa força de bombardeiros e bombardeiros de mergulho haviam destruído de modo coordenado o sistema de defesa e controle do inimigo, eliminando um alvo após o outro. A artilharia tinha submetido alvos em vários setores ao fogo de precisão. Antes do início do ataque, que foi marcado para 8h15, houve uma incursão em massa para abrir caminho para a infantaria. Essas ações coordenadas foram vitoriosas, já que as tropas dos dois exércitos se uniram na área que havia sido estabelecida.

Nessa operação, o fator decisivo não foram as grandes massas de tropas, mas a habilidade dos soldados e a ação inteligente dos oficiais que comandavam pequenos grupamentos, como pelotões e seções. Uma seção de submetralhadoras da 3ª Companhia do 140º Regimento, 47ª Divisão, pode servir de exemplo do que eu quero dizer. A seção era comandada pelo terceiro-sargento Piotr Andreyevich Mosienko, ucraniano do vilarejo de Kimlichka, distrito de Lipovo-Dolina.

Durante a preparação da artilharia, Mosienko notou que os projéteis estavam caindo de um lado ou de outro do abrigo de metralhadoras que deveriam estar atingindo. Assim, as metralhadoras não seriam danificadas e, quando chegasse o momento de atacar, poderiam acabar com a sua seção e com as subunidades vizinhas.

Mosienko tomou uma decisão corajosa. Sem esperar que a barragem terminasse, ele e seus fuzileiros se arrastaram para a terra de ninguém e avançaram, metro por metro, quase até o abrigo propriamente dito. Quando nossos canhões transferiram seu fogo para alvos mais distantes nas defesas do inimigo, ele avançou com seus homens ao ataque. Granadas voaram para dentro das canhoneiras do abrigo, e as duas metralhadoras médias dentro dele nem chegaram a ter tempo de atirar. Vinte e cinco oficiais e soldados alemães que estavam se escondendo lá se viram bloqueados, e todas as suas tentativas de fugir foram cortadas pela raiz pelos nossos homens da guarda.

Porém, Mosienko não podia se demorar ali por muito tempo. Seu principal objetivo continuava o mesmo: apoderar-se da área habitada chamada Gorgast e unir forças com as tropas do 5º Exército de Choque. Deixando dois homens com submetralhadoras junto ao abrigo, com ordens para bloquear a saída, ele levou sua seção adiante. A ousadia, como diz o provérbio russo, demanda cidades inteiras. A iniciativa estava nas mãos de sua seção. Trazendo toda a companhia consigo, ela penetrou nas trincheiras inimigas. Em pouco tempo, esses espíritos ousados encontraram a principal trincheira de comunicação, que os levou a uma das áreas de Gorgast. Nos andares superiores da primeira casa em que chegou, a seção de Mosienko conseguiu destruir quatro metralhadoras inimigas, enquanto, no porão, fez prisioneiro todo um pelotão. Ali eles também reabasteceram seu suprimento de munição, pois tomaram um estoque de Faustpatronen, que foi prontamente colocado em uso.

Na luta pelo controle do centro de Gorgast, o inimigo tentou parar nossas unidades lançando tanques e veículos blindados. Em menos de uma hora, 11 blindados com suásticas, 3 tanques e 5 canhões autopropelidos haviam explodido em chamas depois de golpes diretos aplicados com os Fausts alemães. Essas armas capturadas se revelaram mais eficazes nas mãos de nossos homens, ousados e de raciocínio rápido. Nesse combate, Pyotr Mosienko incendiou dois veículos blindados e um canhão autopropelido e foi declarado Herói da União Soviética por ordem do *Presidium* do Soviete Supremo.

Tendo assim juntado armas, o 8º Exército da Guarda e o 5º Exército de Choque haviam transformado as duas cabeças de ponte efetivamente em uma, mas dentro dela ainda estava a fortaleza de Küstrin, com uma guarnição numerosa.

Pouco tempo depois, o comandante da 1ª Frente Bielo-russa, o marechal Zhukov, foi convocado a Moscou para trabalhar nos planos do assalto final a Berlim. Antes de partir, o pessoal do Quartel-General da Frente se lembrou de que, em fevereiro, tinha informado ao Comando Supremo que a cidade e a fortaleza de Küstrin haviam sido tomadas, enquanto, na verdade, a fortaleza ainda estava nas mãos do inimigo. No dia 24 de março, recebi um telefonema do chefe do Estado-Maior da Frente, o coronel-general Mikhail Sergeyevich Malinin.

"Quando o 8º da Guarda vai tomar Küstrin?", ele perguntou.

"De acordo com um relatório assinado pelo chefe do Estado-Maior da nossa frente", respondi sem ironia, "a fortaleza e a cidade de Küstrin foram tomadas em um dia do início do mês de fevereiro por tropas do 5º Exército de Choque. Muitos canhões foram disparados em Moscou para marcar o evento. Por que tomá-la pela segunda vez? Principalmente vendo que ela está na área do 5º Exército de Choque?"

Diante daquilo, o general Malinin admitiu francamente que "todo tipo de coisas estranhas acontecem em tempo de guerra. Infelizmente, Küstrin é uma delas". A seguir, o marechal Zhukov entrou na conversa para dizer simplesmente que erros acontecem e têm que ser corrigidos. Eu respondi que, quando ele chegasse a Moscou, a fortaleza de Küstrin estaria tomada, mas que eu estava pedindo ajuda da força aérea, incluindo bombardeiros de mergulho. Ele prometeu me fornecer tudo de que eu precisasse, e logo começamos a nos organizar para atacar a fortaleza.

Como já foi dito, a fortaleza de Küstrin ficava em uma ilha formada pelo Oder e seu afluente, o Varta, entre a cidade propriamente dita e seu subúrbio de Kietz. Os acessos a ela estavam sob as águas das inundações de primavera. No final de março, a única forma de romper o centro de resistência era ao longo de estradas estreitas e no topo de diques. O inimigo tinha feito a escolha certa em termos de plano de defesa, construindo suas principais posições defensivas nessas estradas e trincheiras sobre diques, abrigos de metralhadoras, refúgios, capoeiras (pontos de tiro colocados para proteger os diques) e barreiras de todos os tipos. Pequenos subdestacamentos de nossas tropas haviam chegado tão perto dessas fortificações que os enfrentamentos com os Faustpatronen aconteciam em quase todas as horas do dia e da noite, mas não era possível mobilizar grandes forças de infantaria e tanques para avançar pelos acessos estreitos da fortaleza, já que um tanque ocupava toda a largura de um dique. Designamos o papel principal na ofensiva à artilharia, que deveria esmagar trincheiras, refúgios e abrigos de metralhadoras nas estradas e nos diques. A força aérea destruiria a fortaleza propriamente dita e as fortificações ao seu redor, ou o que restasse delas.

Três baterias de canhões potentes foram avançadas para fazer fogo direto. Uma delas foi enterrada no dique da margem esquerda do Oder, em Kietz, e a segunda, no da margem direita, ao sul da ilha. Isso proporcionou fogo cruzado oriundo de canhões que disparavam diretamente em alvos visíveis. A terceira bateria foi colocada perto da parada de trem de Zabschin. Seus canhões foram apontados às muralhas da fortaleza, que eram claramente visíveis daquele setor. A artilharia estava sob responsabilidade do general N. M. Pozharski. A 82ª Divisão da Guarda deveria atacar a partir do lado leste do Oder, e a 35ª, do lado oeste.

O plano era o seguinte: na véspera do ataque, 28 de março, nossos bombardeiros e bombardeiros de mergulho iriam fazer o ataque direcionado à fortaleza e expulsar os nazistas de suas estruturas permanentes, para que se refugiassem em seus trabalhos de campanha. Naquele dia, a artilharia não abriria fogo, com exceção da bateria que dispararia contra as muralhas da fortaleza.

Em 29 de março, até as 10h da manhã, a força aérea repetiria esse ataque contra os mesmos alvos, deixando o inimigo ficar em suas obras de campanha e pensar que não tínhamos notado sua espertezza em se mudar para lá. Mas, quando a última bomba explodisse na fortaleza, precisamente às 10h, a artilharia de todos os calibres, incluindo armamentos pesados disparando diretamente, abriria fogo contra as construções. A barragem duraria 40 minutos. Sob sua cobertura, grupos de assalto de infantaria e atiradores de submetralhadoras cruzariam em barcos e desembarcariam na ilha.

Às 10h40, teria início o assalto geral da fortaleza. Na véspera do assalto, eu e o comandante das forças blindadas do exército, o general Weinrub, dirigimos até as nossas posições de partida para verificar a prontidão das tropas para a batalha. Ao meio-dia, chegamos à casa de bombas, a noroeste da parada de Zabschin, e paramos para ver nosso bombardeio pesado atingindo os muros da fortaleza. Diante de nós havia uma ampla piscina, evidentemente o reservatório para a casa de bombas. Nossos auxiliares (o meu, Fyodor, e o de Weinrub, Alyosha) estavam de pé ao nosso lado. De repente, estávamos sob fogo alemão, e granadas de morteiro explodiam à nossa direita e à nossa esquerda, à frente e atrás de nós. Os alemães devem ter notado a nossa presença e abriram fogo com morteiros pesados, e ali estávamos.

Sob fogo desse tipo, a coisa mais perigosa de todas é tentar se afastar em qualquer direção. Fique parado e não se mova se não houver cobertura. Nós nos encostamos bem próximo a uma parede que nos protegia de um lado, mas a bomba seguinte nos jogou todos em uma mesma pilha. Minha cabeça bateu como um sino por um longo tempo. Quando voltei a mim, descobri que havia pessoas em cima de mim. Minha cabeça estava debaixo do peito de Weinrub, Fyodor estava deitado em cima dele e, sobre Fyodor, como se cobrisse a todos nós com seu próprio corpo, estava Alyosha, coberto de sangue. Ele estava morto. Weinrub fora ferido; um fragmento da bomba tinha acertado sua perna acima do joelho. Fyodor e eu, por algum milagre, saímos ilesos. Naquele dia, infelizmente, assistimos ao sepultamento de quem nos salvara.

No dia seguinte, nossa força aérea começou a bombardear a fortaleza de Küstrin. No dia 29 de março, às 10h30, barcos carregados de tropas de assalto desembarcaram na ilha, as metralhadoras e as armas automáticas começaram seu ruído repetitivo, enquanto granadas e Faustpatronen explodiam.

A arte de atacar fortalezas é a soma de muitos elementos: habilidade para lidar com as armas de combate próximo, velocidade para fazer um breve avanço à frente, agilidade quase acrobática na superação de obstáculos e, finalmente, a bravura pessoal do próprio soldado. E essas mesmas qualidades foram demonstradas pelos membros de um pelotão da 5ª Companhia do 271º Regimento da 82ª Divisão da Guarda, liderado pelo primeiro-tenente da guarda Mikhail Chepanov. Seus homens percorreram como relâmpagos um trecho de 400 metros de terreno cheio de valas, drenos, trincheiras e buracos de bombas, depois subiram e atravessaram um dique onde havia abrigos e postos de metralhadoras e, dentro de sete ou oito minutos após o sinal de ataque ser dado, estavam no muro da fortaleza. A abertura pela qual Chepanov pretendia levar seu grupo estava coberta por forte fogo de flanco de uma metralhadora alemã. O que fazer? A decisão tinha de ser imediata, e o atraso significaria a morte. O inimigo já os tinha descoberto e os teria sob suas miras a qualquer momento.

O comandante do pelotão mudou a linha de ataque e, gritando "Venham atrás de mim!", correu junto ao muro até a próxima abertura. Agora estavam em terreno "morto", onde nem o fogo de metralhadoras nem o das armas automáticas podia pegá-los. É verdade que granadas eram atiradas neles, de cima. O tenente lançou uma escada de corda para se enganchar ao muro e subiu com agilidade. Uma bandeira vermelha tremulava em sua mão e era vista de todos os lados, como uma chama. Soldados de outros grupos se apressaram para segui-lo. O próprio pelotão de Chepanov já estava lutando no outro lado do muro, no pátio da fortaleza.

Mikhail Chepanov foi ferido duas vezes, mas os soldados da guarda não saíram do campo de batalha. Ele forçou sua entrada no revelim principal e examinou a cena rapidamente, procurando o caminho para subir até a plataforma superior onde os observadores e oficiais alemães estavam estacionados, e correu para lá, abrindo caminho com granadas e sua submetralhadora.

Logo a bandeira vermelha tremulava sobre o revelim, hasteada pelos homens do pelotão de Chepanov. Seu comandante, ferido pela terceira vez no peito, morreu ao lado do estandarte.

A Alexandra Dmitrievna Chepanova, que mora no vilarejo de Aronovka, na região de Ulyanovsk, deixe-me dizer o seguinte: seu filho, Mikhail Petrovich, declarado Herói da União Soviética postumamente, ergueu um glorioso monumento para si enquanto ainda vivia: a bandeira vermelha sobre a fortaleza nazista conquistada de Küstrin, a 70 quilômetros de Berlim.

Lá também está sepultado outro Herói da União Soviética, um filho nobre do povo georgiano, do vilarejo de Chakvidji: o sargento da guarda Shota Platonovich Tibua.

Ao meio-dia, os combates na fortaleza tinham se extinguido. Às 14h, os oficiais da seção de operações do Estado-Maior do Exército estavam dentro e eu telefonei para Moscou, ao marechal Zhukov, e relatei: "A fortaleza de Küstrin está tomada". "Vocês deram um duro neles?", perguntou Georgi Konstantinovich. "O mais duro que conseguimos", eu respondi. "Nós não contamos os nazistas mortos, e os prisioneiros ainda estão chegando. O regimento do major Plekin fez 1.760 prisioneiros." "Que bom, obrigado", foi a lacônica observação final do marechal.

# Falta pouco!

Os preparativos para a operação em Berlim estavam agora em pleno andamento. Um grande número de reforços chegou para dar apoio às fileiras. Toneladas de combustível foram levadas até o Oder, enterradas no chão e camufladas na floresta. Inúmeros projéteis e bombas foram empilhados perto de postos de tiro e em pistas de decolagem.

No final de março de 1945, quando as tropas nazistas da Pomerânia haviam sido esmagadas e as divisões soviéticas tinham chegado às margens do Báltico, o Comando Supremo conseguiu atrair três frentes para as tropas da operação de Berlim: a 2ª Bielo-russa, comandada pelo marechal K. K. Rokossovski, a 1ª Bielo-russa, sob ordens do marechal G. K. Zhukov, e a 1ª Ucraniana, liderada pelo marechal I. S. Koniev.

As tropas da 2ª Frente Bielo-russa estavam se preparando para romper a defesa do inimigo no setor ao sul de Stettin, chegando até Schwedt; seus grupamentos avançados incluíam três exércitos mistos, três exércitos de tanques, um corpo mecanizado e um corpo de cavalaria. Sua missão era forçar a travessia do Oder, esmagar o grupamento do inimigo em Stettin e alcançar a linha Anklam-Demmin-Wittenberge, no máximo, de 12 a 15 dias após o início da ofensiva.

A 1ª Frente Bielo-russa operaria no setor Letschin-Küstrin-Lebus. O seu grupamento avançado consistia em cinco exércitos mistos e dois exércitos de tanques. Essas forças deveriam aplicar um poderoso golpe concertado que romperia as linhas de defesa do inimigo por uma distância de cerca de 70 quilômetros, destruiria seu grupamento de Berlim, tomaria a cidade e alcançaria o Elba entre o 12º e o 15º dia.

O setor atribuído à 1ª Frente Ucraniana ia de Forst e Muskau. Suas tropas avançadas (cinco exércitos mistos e dois de tanques) forçariam a travessia do rio Neisse, esmagariam o grupo do inimigo em Cottbus e alcançariam a linha Beelitz-Wittenberg entre o 10º e o 12º dia, no máximo, e então avançariam a Dresden pelo Elba. No caso de Berlim não ter sido tomada dentro do prazo mencionado, os exércitos de tanques deveriam ser usados para ajudar a 1ª Frente Bielo-russa. A tarefa era clara, mas cumpri-la estava longe de ser simples. Era óbvio que, naquela fase da guerra, os nazistas lutariam até a morte. Afinal de contas, eles sabiam que, uma vez derrotados, teriam de acertar as contas não só com o povo soviético, mas também com o povo da Alemanha.

Percebendo a catástrofe que se aproximava, as principais figuras políticas nazistas percorreram seus exércitos fazendo apelos a soldados e oficiais, principalmente os da SS, para que "permanecessem firmes e não permitissem que as tropas soviéticas avançassem um passo a mais a oeste". As diretrizes do Partido Nazista diziam que "a grande ofensiva que está por vir dos bolcheviques deve ser rechaçada a todo custo. Os pré-requisitos para isso estão presentes: temos os homens e o equipamento técnico. Nossos olhos devem estar voltados apenas para o leste, independentemente do que possa acontecer no oeste. Manter o controle da Frente Oriental é necessário para virar a maré da guerra".

O comando nazista deu todos os passos para preparar firmes defesas em profundidade para Berlim. A geografia estava do lado deles.

## Falta pouco!

### Prelúdio à última ofensiva geral

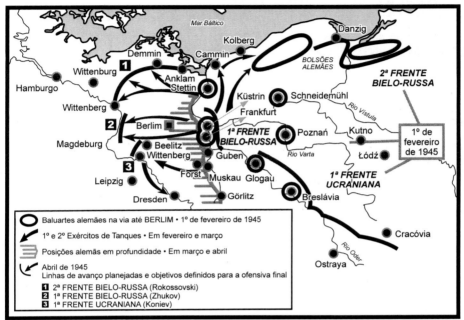

Um grande número de lagos, ligados por rios caudalosos ou grandes canais, ofereciam linhas de defesa que tanques e outras máquinas militares teriam dificuldade para vencer, tornando muito difícil organizar um avanço de forças massivas. O encurtamento da frente permitiu ao inimigo realizar a fortificação minuciosa dessas barreiras naturais, que não precisavam de um número tão grande de soldados para defendê-las.

Os nazistas tinham se estabelecido com firmeza nas margens do Oder e do Neisse, de Schwedt a Görlitz, e a profundidade total de suas linhas de defesa naturais e construídas de 30 a 40 quilômetros. As linhas mais fortificadas de todas eram os acessos a Berlim pelo leste, diante da linha de avanço da 1ª Frente Bielo-russa. Aqui, a profundidade das defesas preparadas cobria todo o percurso do Oder à área fortificada de Berlim.

Durante os meses de fevereiro e março e a primeira metade de abril, o inimigo tinha acumulado grandes forças na direção de Berlim. Na retaguarda da área de defesa havia poderosas reservas de divisões motorizadas e Panzer, que tinham sido transferidas da Frente Ocidental. Os números das divisões de infantaria haviam sido elevados até sete ou oito mil, e os das divisões Panzer, a oito ou nove mil.

A conquista de Berlim

Até metade de todas as forças inimigas e meios de apoio no grupamento de Berlim estava concentrada contra a 1ª Frente Bielo-russa, principalmente contra as cabeças de ponte do Oder defendidas pelo 5º Exército de Choque e o 8º Exército da Guarda.

No começo de nossa ofensiva, em 16 de abril de 1945, o comando nazista havia trazido para a defesa de Berlim 48 divisões de infantaria, 10 divisões motorizadas e 4 Panzer, 37 regimentos de infantaria independentes, 98 batalhões independentes e numerosas unidades de artilharia independentes.

Após o grupamento inimigo na Prússia e na Pomerânia ser liquidado, a contraofensiva inimiga no sul ser repelida, na região do lago Balaton, e Viena ser tomada, o Comando Supremo Soviético conseguiu concentrar para o momento decisivo e na direção decisiva – Berlim – forças de homens e materiais que superavam consideravelmente as do inimigo.

Em 16 de abril de 1945, a correlação de forças era a seguinte:

|  | Tropas soviéticas | Tropas inimigas |
|---|---|---|
| Divisões | 193 | 85 |
| Homens | 2.500.000 | 1.000.000 |
| Canhões e morteiros | 41.000 | 10.000 |
| Tanques e armas autopropulsadas | 6.250 | 1.500 |
| Aeronaves | 7.500 | 3.300 |

Nossas tropas estavam preparadas para aplicar um golpe que garantiria o êxito sob quaisquer circunstâncias. A missão do 8º Exército da Guarda era: "romper a defesa inimiga no setor da estação ferroviária de Golzow e, prosseguindo com o golpe na direção de Seelow-Dahlwitz-Estação de Schlesische-Charlottenburg, obter o controle do território até as seguintes linhas: (a) no primeiro dia da operação, Alt Rosenthal-Neuentempel-Lietzen; no segundo dia, Garzin-Maxsee; no terceiro dia, Altlandsberg-Kalkberge. A seguir, tomar os bairros de Marzahn, Karlshorst e Dahlwitz, a área central de Berlim e, no sexto dia, alcançar a margem leste do Havel".

O ritmo de avanço para a força de ataque da frente foi estabelecido em 20 quilômetros a cada 24 horas. Esses ritmos haviam sido normais no passado não no início de uma operação, e sim enquanto ela já estava em andamento, e não durante a ruptura propriamente dita das linhas de defesa fortificadas e previamente preparadas, mas depois de a linha ter sido rompida e ultrapassada.

Falta pouco!

As circunstâncias e as condições sob as quais se deveria romper a defesa e fazer o avanço haviam se desenvolvido de maneira bastante diferente naquele momento, antes de Berlim.

Abril é um mês de grandes inundações em torno de rios e riachos, os quais, nessa época, estão cheios e com nível de água elevado. O vale do rio Oder era cortado por canais a uma distância de 10 a 15 quilômetros, do canal principal às colinas de Seelow. Ao longo do eixo de movimento de Küstrin a Berlim, ao longo da direção principal da força de ataque de nossa frente, os nazistas construíram cinco linhas de defesa. Para além de Müncheberg, elas se conectavam aos três anéis de defesa em torno de Berlim.

Infelizmente, ao definir ritmos de avanço para a ofensiva, nosso Quartel-General da Frente não levou em conta fatores como as condições geográficas específicas e a presença de novas fortificações criadas nos meses anteriores. Além disso, nosso serviço de reconhecimento não tinha conseguido identificar as posições de defesa a oeste das colinas de Seelow. Havia poderosas fortificações lá, nas áreas de mata e ao longo dos canais e cursos de água entre os lagos.

Na preparação do plano para a ofensiva, era possível sentir que havia pressa e que as forças inimigas estavam sendo subestimadas.

**Os objetivos estabelecidos para o 8º Exército da Guarda na ofensiva sobre Berlim**

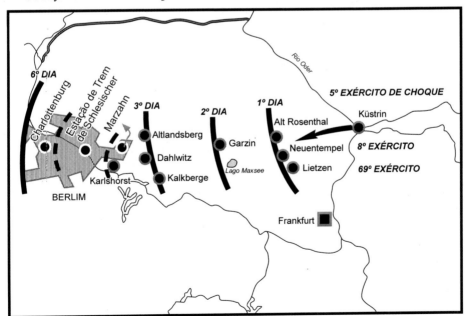

Isso surgiu tanto na fase de início da operação quanto no processo posterior de sua execução. É verdade que nossos exércitos tinham meios de apoio totalmente suficientes. Por exemplo, na ofensiva de artilharia do 8º Exército da Guarda, 77 regimentos de artilharia e 12 regimentos de tanques e canhões autopropelidos foram levados a um trecho de 7 quilômetros de frente, o que equivalia a 266 canhões e morteiros e cerca de 40 tanques e unidades de artilharia autopropelida por quilômetro de frente. Mas essas forças de apoio não podiam atacar duas linhas de defesa inimiga ao mesmo tempo. Depois de uma dessas linhas ter sido vencida, milhares de canhões e centenas de postos de observação tinham que ser avançados, e era necessário estabelecer contato e articular a ação com as unidades que avançavam. Tudo isso levava tempo.

Tínhamos uma força aérea poderosa, mas ela era usada para atacar nas mesmas posições em que a artilharia estava disparando. Sem informações de reconhecimento, os aviadores não podiam saber das linhas de defesa nas florestas.

Dois dias antes do início da ofensiva geral, foi realizado o reconhecimento em força ao longo de toda a frente de avanço. Para isso, cada divisão destacou cerca de um batalhão, apoiado por tanques e artilharia. Em operações anteriores, o reconhecimento em força tinha sido realizado duas horas antes do início da ofensiva. Agora, o comando da frente abandonava esse método, considerando que o inimigo teria estudado nossa técnica de reconhecimento que evoluía para o ataque e então poderia ter alguma nova reação que colocasse nossas tropas em uma posição difícil.

O comandante da frente propôs a instalação de um grande número de holofotes ao longo de nossa linha de frente, no setor onde o principal ataque seria feito. Antes que a infantaria e os tanques fossem ao ataque, os holofotes deveriam iluminar o campo de batalha de tal maneira que os feixes de luz brilhassem nos olhos do inimigo e o cegassem.

Fizemos ensaios práticos sobre o efeito dos feixes dos refletores brilhando por detrás das forças de ataque e sua consequência sobre forças de defesa que recebessem a luz no rosto. Funcionou muito bem.

O reconhecimento em força começou às 7h40 do dia 14 de abril, após um ataque de artilharia de dez minutos. Nossos soldados da guarda atacaram a primeira posição do inimigo com vontade, tomaram-na e avançaram por até dois quilômetros.

## Falta pouco!

Estou convencido de que, se, como em ocasiões anteriores, o reconhecimento tivesse sido levado adiante e evoluído para uma ofensiva com um acúmulo gradual de forças, teríamos conseguido conquistar as colinas de Seelow naquele dia, 14 de abril. O fator surpresa teria contado a nosso favor. Da forma como aconteceu, com o reconhecimento realizado dois dias antes da ofensiva geral, esse fator se perdeu.

Entre os prisioneiros capturados estava um cabo da 303ª Divisão de Infantaria alemã. Durante o interrogatório, ele disse: "A Alemanha vai estar derrotada dentro de duas semanas". "Por quê?", eu perguntei. "Bom, é que a ofensiva que vocês fizeram em 14 de abril não é a principal", ele respondeu. "É apenas um reconhecimento. E em dois ou três dias vocês começarão a grande ofensiva. Vão levar cerca de uma semana avançando a Berlim e cerca de uma semana a mais lutando pela cidade. Assim, em 15 ou 20 dias, Hitler estará *kaput*."

O cabo alemão tinha uma avaliação sobre a situação tão boa quanto a de qualquer general. Ele estava certo ao dizer que o nosso avanço do dia 14 era apenas uma ação de reconhecimento e que começaríamos nossa ofensiva principal em dois ou três dias e previu exatamente o resultado. Será que o próprio Hitler e seu Estado-Maior o previram?

Durante dois dias, 14 e 15 de abril, o inimigo não tomou qualquer medida para recuperar suas posições perdidas, não fez nenhum contra-ataque. Ele parecia estar nos atraindo para uma complicada guerra de nervos. Parecia que, com esse comportamento incompreensível, o comando de Hitler queria desgastar o nosso moral e depois nos fazer uma surpresa desagradável.

Vou dizer diretamente que, nesse aspecto, o inimigo tinha certas vantagens, e nós havíamos contribuído para que ele as adquirisse. O inimigo poderia nos "vender" falsas posições e nos fazer gastar enormes quantidades de projéteis sem qualquer propósito. Ele ainda manteria as elevações estratégicas da colina de Seelow, o que lhe permitiria observar todo o vale em que as forças soviéticas estavam sendo concentradas. Não foi observada a dissimulação durante o acúmulo de forças para nossa ofensiva geral.

Mesmo à noite, não era possível deslocar tropas até as posições iniciais sem que fossem notadas, principalmente no caso de tanques e artilharia. A escuridão era perfurada pelos feixes dos holofotes montados nas colinas de Seelow, que ligavam automaticamente, varriam o vale e desligavam em um lugar e depois em outro. Provavelmente, eles eram controlados a partir de um ponto único em algum lugar no subsolo. E, quando os holofotes desligavam, sinalizadores jogados de aeronaves se acendiam, iluminando o vale para que o inimigo pudesse vê-lo todo, como a palma de sua mão. Brincávamos de esconde-esconde e não disparávamos contra os holofotes. A artilharia tinha recebido ordens de não revelar suas posições e de ficar em silêncio até o último momento possível.

A camuflagem era dificultada pelo fato de as árvores ainda não estarem com folhas, e cavar trincheiras era impossível por causa das enchentes de primavera e do nível de água no solo. Bastava levantar um pouco de terra com a ponta de uma baioneta e o buraco todo se enchia imediatamente de água lamacenta. Assim, parece que os preparativos para nossa ofensiva não eram segredo para o inimigo.

Antes de uma ofensiva, como sempre, é necessário um árduo trabalho entre as tropas por parte de órgãos políticos, do Partido e de organizações do Komsomol. Assim que conhecemos a nossa missão de batalha, convocamos uma reunião dos ativistas do Partido entre os oficiais do Quartel-General do Exército – e de sua seção política – e dos oficiais e chefes de seções políticas de todos os corpos e divisões. Esse encontro de ativistas aprovou por unanimidade uma resolução que decidia, entre outras coisas, "que na noite anterior à ofensiva todas as unidades e formações levarão os estandartes de batalha da guarda à linha de frente para que cada soldado [possa] ver que ele e seus camaradas, oficiais e homens estão entrando em batalha com o símbolo mais precioso de sua unidade: a Bandeira Vermelha de combate, que encarna os ideais revolucionários e os esforços sagrados de todos os povos da terra por liberdade e felicidade para a humanidade". Decidiu-se que se deveriam organizar explicações para expor as tarefas de batalha exatas que cada soldado tinha diante de si, no contexto de sua importância para o sucesso da causa comum.

Foi feito um "ensaio geral" do primeiro dia da ofensiva, usando mapas em relevo, para oficiais de Estado-Maior e comandantes de unidades (chegando até comandantes de companhias e baterias). Deu-se especial atenção à organização do controle das tropas e à entrada em ação das reservas.

O posto de comando e observação do exército estava localizado na colina 81,5, não muito longe do vilarejo de Reitwein. Inesperadamente, o posto de observação do comandante da frente também foi transferido para lá. Falando francamente, muitos oficiais, eu inclusive, não receberam muito bem a presença de superiores em seus postos de comando e observação, pois era mais fácil controlar os rumos de uma ação sem eles. As autoridades superiores gostam de interferir, e nem sempre fazem as melhores correções nas decisões de seus subordinados. Na presença de um oficial superior, é nosso dever informá-lo sobre as decisões que nos propomos a tomar, e ele pode não aprová-las, o que impede a iniciativa. Eu também costumava fazer visitas frequentes aos postos de comando de meus subordinados e, às vezes, interferia no trabalho deles e revertia suas decisões, mas isso acontecia normalmente quando essa ação era ditada pela realidade da batalha. Na maioria das vezes, eu ia pessoalmente aos pontos onde havia a ameaça de que as coisas dessem errado, onde os combates não estavam acontecendo como deveriam e era necessário ajudar.

# O começo poderia ter sido melhor

A noite de 15 para 16 de abril me pareceu excepcionalmente longa. Quando os nervos estão tensos e aguardamos grandes eventos, o tempo se arrasta muito lentamente.

Antes do amanhecer, o marechal Zhukov chegou ao meu posto de comando. A essa altura, as tropas do exército já haviam tomado suas posições iniciais. Os comandantes da unidade tinham ido à linha de frente com os estandartes da guarda. Os soldados fizeram seu juramento à bandeira, prometendo realizar suas missões de batalha com honra. As chamas vermelhas se elevavam ao céu, e o rosto de Lenin olhava para baixo, como se estivesse vivo, dos estandartes escarlates aos soldados libertadores, como se os convocasse a ser decididos na última luta com o odioso inimigo.

Cinco da manhã... O ponteiro maior deu a volta pela última vez. A escuridão antes do amanhecer parecia se despedir e desaparecer em um instante. Todo o vale do Oder estremeceu: 40 mil canhões haviam aberto fogo – 40 mil! Estava claro como se fosse dia na cabeça de ponte.

Uma avalanche de fogo desceu sobre as colinas de Seelow. A terra se erguia no que parecia ser uma parede ininterrupta que chegava até o próprio céu. Do outro lado permanecia a escuridão; ali, no leste, a aurora rompera em fogo.

O bombardeio de artilharia, usando cada canhão e morteiro e reforçado por bombardeiros e bombardeiros de mergulho, durou 25 minutos. Na esteira dele, e sob a cobertura de uma barragem dupla móvel, a infantaria e os tanques avançaram. Centenas de poderosos holofotes iluminaram o chão em frente às tropas que avançavam.

O plano de ataque foi levado a cabo estritamente, ao pé da letra, mas as condições concretas fizeram suas próprias alterações. Os feixes de luz dos holofotes encontravam uma sólida cortina de poeira, fumaça e terra, e conseguiam penetrá-la a uma profundidade de 150 a 200 metros, não mais. Como já foi dito, o ataque começou antes do nascer do sol, na escuridão, que deveria ter sido iluminada pelos holofotes. Mas, do meu posto de comando, na colina 81,5, a poucas centenas de metros da linha de holofotes, não conseguíamos ver o campo de batalha, apenas imaginar o que estava acontecendo lá a partir da explosão dos projéteis. Em seguida, as nuvens de poeira também engoliam a nossa colina. Os holofotes tampouco ajudavam as tropas que avançavam. As luzes eram periodicamente apagadas e ligadas novamente; os homens que avançavam tinham a impressão de que os obstáculos se materializavam de repente diante deles e ficaram desorientados. O olho humano não está adaptado para sofrer mudanças repentinas da claridade para a escuridão. Ao se acender uma luz elétrica de repente em uma sala, o homem fica cego por alguns instantes; ao desligá-la ou sair de uma sala iluminada e entrar no escuro, novamente não consegue ver nada até que o olho se acostume com a escuridão. Por essa razão, os holofotes não cumpriram no ataque o papel esperado pelo autor da ideia, o marechal Zhukov. Em vez de ajudar, eles se tornaram um problema. Em muitos setores, as tropas pararam diante de riachos e canais que atravessavam o vale do Oder, à espera de que a luz do amanhecer lhes mostrasse claramente o obstáculo que tinham de superar.

Posteriormente, alguns historiadores, incluindo historiadores militares, tentaram descrever essa ideia de usar holofotes como, na prática, uma das principais razões para o sucesso do avanço da cabeça de ponte do Oder, mas, entre quem realmente participou dos combates, seria difícil encontrar alguém que defendesse o efeito dessa "nova arma".

Na primeira hora e meia após o início da ofensiva, o inimigo quase não disparou. Seus postos de comando e observação, bem como suas posições de tiro, haviam sido subjugados por projéteis e bombas. Somente algumas metralhadoras, canhões e unidades autopropulsadas apresentaram resistência, e eram as que estavam situadas em casas de pedra ou em trincheiras separadas. Durante os primeiros dois quilômetros, nossas unidades de fuzileiros e tanques conseguiram avançar sob a cobertura da barragem móvel, embora lentamente. Mas, então, as metralhadoras, que tinham de passar pelos riachos e canais, começaram a ficar para trás e se perdeu a ação coordenada entre artilharia, infantaria e tanques. A barragem movediça, que havia sido cuidadosamente calculada por um determinado tempo, teve de ser interrompida, e a artilharia passou a apoiar a infantaria e tanques por meio da concentração consecutiva de fogo em diferentes pontos. O inimigo montou uma resistência particularmente obstinada no canal Haupt, que corre ao longo do vale ao redor do sopé das colinas de Seelow. Em função das inundações da primavera, era impossível para nossos tanques e canhões atravessar o canal. As poucas pontes estavam sob fogo de artilharia e de morteiros situados além das colinas e de fogo direto de tanques e canhões móveis que haviam sido colocados bem abaixo do solo e camuflados. Ali, o avanço das nossas tropas ficou mais lento do que nunca. Até que a engenharia aprontasse as travessias, as tropas estariam totalmente paradas. Qualquer tipo de manobra por parte de veículos motorizados ou tanques estava fora de questão; as estradas estavam congestionadas, e teria sido fatal tentar atravessar pelo campo, naquele vale pantanoso e repleto de minas.

Foi a força aérea que resolveu. Nossos bombardeiros e caças, principalmente os bombardeiros de mergulho, tinham controle do espaço aéreo sobre o campo de batalha. Eles impediram que os aviões do inimigo aparecessem e suprimiram com êxito a artilharia inimiga na retaguarda de sua zona de defesa. Isso permitiu que as forças terrestres que avançavam atravessassem o canal Haupt e dessem início ao ataque às colinas de Seelow.

Ao meio-dia, as tropas do 8º Exército da Guarda haviam rompido as duas primeiras posições inimigas e estavam perto da terceira, mas não conseguimos tomá-las imediatamente. As colinas eram tão íngremes que os tanques e os canhões autopropelidos não conseguiram vencer o declive e tiveram que procurar caminhos com inclinações menos bruscas. Eles encontraram encostas adequadas ao longo das estradas que levam a Seelow, Friedersdorf e Dolgelin, mas os nazistas haviam estabelecido fortificações ali, que não podiam ser suprimidas e tomadas sem fogo de artilharia preciso e poderoso. Nossa artilharia começou a avançar para novas posições mais próximas das colinas de Seelow.

Eu emiti uma ordem: às 14h, após um ataque de artilharia de 20 minutos, Seelow, Friedersdorf e Dolgelin seriam atacadas e tomaríamos as colinas. Eu não tinha dúvidas sobre o sucesso do ataque; mas, naquele momento, mais uma vez, intervieram forças sobre as quais eu não tinha controle.

O comandante da frente, que estava presente no meu posto de observação, decidiu acelerar o processo de rompimento e a tomada das posições sobre as colinas de Seelow, lançando à batalha o 1º Exército Mecanizado de Katukov. Eu lhe pedi que não fizesse isso, já que o nosso exército tinha forças suficientes para cumprir a missão que lhe fora confiada, e propus que não se interferisse no plano geral da ofensiva, a ser levado a cabo sistematicamente. Eu considerava que, até que o exército tivesse subido as colinas de Seelow, as formações de tanque não deveriam ser trazidas à batalha, pois não cumpririam a tarefa e não acelerariam o ritmo de avanço. Mas o marechal Zhukov não gostava de retirar ordens dadas, de forma que, a partir do meio-dia, colunas de tanques de três corpos começaram a se mover ao longo das mesmas poucas estradas que já estavam cheias de tropas do 8º Exército da Guarda. Os tanques complicaram ainda mais a situação do deslocamento, deparando-se com colunas de veículos motorizados e caminhões com esteiras e atrapalhando a manobra e o movimento da artilharia. As unidades avançadas que faziam o ataque ainda conseguiram manobrar até certo ponto, mas as forças de reserva de nossa divisão, nosso corpo e nosso exército foram paralisados e obrigados a deixar as estradas e se deslocar, ou melhor, rastejar, sobre o terreno pegajoso e traiçoeiro do vale, através de riachos e canais.

Na segunda metade do dia, pôde-se ver um pequeno êxito no flanco direito do exército, no setor do 4º Corpo da Guarda, exatamente onde o corpo de tanques não estava tomando as estradas. A 47ª Divisão, comandada pelo general Shugayev, que avançava ao norte da principal estrada Berlim-Küstrin, tinha tomado várias elevações estratégicas perto da cidade de Seelow e interrompido a ferrovia e duas rodovias que iam dali a Buschdorf e Gusow. À noite, a 57ª Divisão, do general Zalizyuk, estava engajada na luta pela estação de Seelow.

No *front* coberto pelo 29º e o 28º Corpos, avançando para o sul de Seelow, as tropas tinham chegado perto das colinas à noite, mas não era possível fazer um ataque simultâneo por parte de forças conjuntas aos pontos fortificados do inimigo, e o início da escuridão não nos permitia continuar o avanço. A missão que a frente nos dera para o dia não havia sido realizada: o exército não tinha tomado as colinas de Seelow.

## O começo poderia ter sido melhor

Nosso vizinho da direita, o 5º Exército de Choque, do general Berzarin, tampouco cumprira sua missão.

No final do dia, suas tropas haviam chegado ao Alte Oder.

Nosso vizinho da esquerda, o 69º Exército, do general Kolpakchi, não havia avançado um único passo no dia 16 de abril.

Ficamos sabendo que um número considerável de grupamentos especiais de soldados das SS havia sido acrescentado às forças inimigas. Em seus depoimentos, os prisioneiros disseram que havia ordens de atirar sumariamente em qualquer um que tentasse recuar ou abandonar a resistência. Assim, o moral das tropas inimigas estava sendo mantido pela mordaça de metralhadoras e armas automáticas apontadas para a nuca de seus próprios soldados. Poderíamos esperar lutar por cada trincheira, cada posição de tiro e, mais ainda, por cidades e áreas habitadas.

O comando nazista havia lançado duas divisões de reserva, a 28ª Divisão Mecanizada e a 169ª de Infantaria, para defender as colinas de Seelow, além de um corpo de aviação da força de defesa antiaérea de Berlim. Foi somente no final do segundo dia da ofensiva que o nosso exército tomou as colinas e saiu da bacia do Oder.

O leitor inexperiente pode pensar que essa falta de êxito no início da ofensiva se explicaria, em parte, pela operação lenta, cautelosa e sem entusiasmo das tropas, sem o espírito agressivo típico das unidades da guarda. Não foi assim. Todos, do soldado raso ao Conselho Militar do Exército, fizeram tudo o que podiam para cumprir a missão, romper a defesa do inimigo e invadir Berlim o mais rápido possível. As razões para o fracasso do ataque inicial residem em outro lugar.

A missão do 8º Exército da Guarda para o primeiro dia da ofensiva foi estabelecida sem levar em conta as condições reais, sem uma avaliação adequada das forças inimigas e suas obras de defesa, que haviam sido construídas nas posições mais vantajosas. Ao planejar a ofensiva, ninguém imaginava que os nazistas resistiriam tão obstinadamente. As barreiras naturais, como as colinas de Seelow, e as poderosas posições de defesa construídas sobre elas, com sua ampla provisão de tropas e poder de fogo, precisavam ser atacadas não com força bruta, mas com a organização habilidosa de manobras e poderosos ataques de artilharia. Para evitar perdas desnecessárias, tivemos que conter o entusiasmo de alguns comandantes de divisões e unidades. Explorando o elevado espírito de combate entre as tropas, eles tentavam alcançar seus objetivos com ataques frontais diretos. Isso pode parecer uma coisa inédita – um comandante do Exército que contém o espírito agressivo de seus subordinados –, mas foi assim que aconteceu. Peço ao leitor que não me entenda mal. Eu estava impedindo que meus comandantes de regimento e de divisão incorressem em perda desnecessária de homens, dos quais precisávamos para superar obstáculos ainda mais complexos e difíceis em Berlim. Na batalha, precisamos olhar não só o que está acontecendo em um momento específico, mas prever o mais claramente possível o que o inimigo tem esperando por nós na próxima linha de defesa; é preciso imaginar o que o dia de amanhã pode nos reservar e conservar forças e energia para isso.

É por isso que exigi, da artilharia, um fogo preciso e poderoso nos centros de resistência inimiga e, dos oficiais que comandavam as unidades de tanques e fuzileiros, a execução hábil de manobras e maneiras bem pensadas de alcançar objetivos usando pequenos grupos. A ação corajosa por parte de grupos táticos rápidos e flexíveis, que conseguem penetrar e ultrapassar obras de defesa através de brechas e intersecções para alcançar a retaguarda e os flancos inimigos, normalmente dá melhores resultados do que ataques em massa por parte de regimentos mobilizados.

Os oficiais da 57ª Divisão de Fuzileiros, comandada por um veterano do 62º Exército, o general Zalizyuk, compreenderam corretamente a natureza da batalha nas circunstâncias de então. Como exemplo, descrevo a seguir a forma como operava o 1º Batalhão de Fuzileiros de seu 172º Regimento.

No sopé das colinas de Seelow, o batalhão se deparou com uma profunda vala antitanque inundada com água. O comandante do batalhão, o capitão Nikolai Ivanovich Chusovskoi, não parou para esperar que os homens da engenharia lançassem uma ponte e trouxessem barcos e deu ordens para que o batalhão se dispersasse e atravessasse em pequenos grupos de cerca de 20 homens. Qualquer um que não soubesse nadar deveria encontrar uma tábua ou outro pedaço de madeira, ou fazer uma boia com sua capa de lona. As placas das bases de metralhadoras e morteiros deviam ser transportadas para o outro lado por cordas jogadas à outra margem. Nikolai Ivanovich Chusovskoi era de Yakutia, uma região de taiga, e tinha experiência em atravessar rios de fluxo rápido usando qualquer recurso que estivesse à mão. Ele foi o primeiro a cruzar a vala a nado, com uma corda entre os dentes (a outra ponta já tinha sido jogada para o outro lado).

Em menos de 20 minutos, o batalhão inteiro tinha atravessado, seguindo o exemplo de seu comandante. De lá, conhecendo o objetivo geral do dia, eles continuaram em pequenos grupamentos para dar início ao assalto às colinas de Seelow.

Ao meio-dia de 17 de abril, o batalhão de Chusovskoi estava lutando na periferia sudoeste de Seelow. A natureza do lugar indicava ao comandante do batalhão que ali também era melhor operar em pequenos grupamentos (pelotões, seções), e todas as companhias alcançariam a linha que estavam almejando.

A hábil organização de suas posições decidiu o sucesso da ação. No combate pela parte sudoeste de Seelow, o batalhão destruiu uma bateria de morteiros e 12 pontos de tiro, inutilizou um tanque e 2 canhões autopropelidos e prendeu cerca de 50 oficiais e soldados inimigos. O capitão Chusovskoi foi declarado Herói da União Soviética.

Das trincheiras recém-escavadas, fendas para armas e outras obras nas colinas de Seelow, era possível concluir que tudo aquilo havia sido feito pouco tempo antes, em fevereiro e março de 1945. O inimigo jogou tudo o que tinha na defesa de Berlim – qualquer coisa, desde que pudesse parar o nosso avanço.

No dia 18 de abril, as tropas do 8º Exército da Guarda receberam a tarefa não de tomar grandes extensões de território, mas de castigar o máximo possível as tropas e o equipamento do inimigo, tanto no campo de batalha quanto em seu sistema de defesa. Sendo assim, as operações em 18 de abril começaram com outra poderosa preparação de artilharia.

Naquele dia, o comando nazista lançou à batalha duas novas divisões mecanizadas – Kurman e Münchenberg – e uma divisão de infantaria da SS sob o comando do general Seizert. Seguiram-se combates acirrados. Os contra-ataques vieram um após o outro, sobretudo no flanco esquerdo do exército. Na área de Diedersdorf, os nazistas tentaram cortar a estrada principal Küstrin-Berlim, pela qual a maior parte dos nossos tanques e equipamentos se deslocava. Essa ameaça tinha de ser evitada a todo o custo, e o comandante do 28º Corpo recebeu ordens de trazer da reserva a 39ª Divisão.

O regimento principal da divisão era comandado pelo coronel Yefim Dmitrievich Gritsenko; desde o alvorecer, eles estavam envolvidos em um sangrento combate contra batalhões da Volkssturm e formações regulares de tropas inimigas. Os nazistas realizaram contra-ataques violentos com emboscadas, abriram fogo na retaguarda das nossas tropas a partir de esconderijos cuidadosamente camuflados, lançaram granadas e dispararam Faustpatronen de casas e outros prédios ao lado das estradas e nos cruzamentos. Gritsenko usou seus próprios métodos para combater essas táticas inimigas.

Ele não fez ataques frontais a pontos habitados e centros de resistência; os batalhões de seu regimento se desmembraram e, em pelotões ou mesmo em seções, com morteiros e armas leves, eles se deslocaram por rodovias secundárias para tomar pontos habitados da retaguarda e obrigaram as formações inimigas a combater em desvantagem, atacando-as dos flancos.

A vantagem moral estava do lado das tropas soviéticas e, embora o equilíbrio de forças nesse setor não fosse favorável a Gritsenko, a maioria dos nazistas se rendeu ou recuou em pânico. Em um único dia, o regimento capturou cerca de 100 metralhadoras pesadas e 107 veículos a motor carregados com suprimentos militares de vários tipos, fazendo mais de 300 prisioneiros, entre oficiais e soldados.

As mesmas táticas foram seguidas pelo jovem e destemido comandante de um regimento da 79ª Divisão, Alexandre Ivanovich Semikov. Seu regimento estava operando à esquerda do de Gritsenko. Na luta por Dolgelin, as unidades de Semikov conseguiram superar um centro muito forte de resistência inimiga na interseção da ferrovia e da estrada Dolgelin-Frankfurt. No caminho do regimento havia cinco tanques Tigre enterrados. Nem canhões pesados, nem salvas de Katyushi (lançadores de foguetes múltiplos e móveis) poderiam enfrentá-los. A blindagem desses tanques era protegida por pilhas de pedras de estrada, o que os tornava absolutamente invulneráveis. Semikov encontrou uma saída. Sapadores experientes, com Faustpatronen e explosivos, receberam ordens de circundá-los para atacá-los na parte traseira. Depois de alguns ataques vindos de trás, os Tigres cessaram o fogo e suas tripulações fugiram.

Em seguida, um poderoso ataque de artilharia recaiu sobre o regimento de Semikov, e se iniciou um furioso contra-ataque da infantaria e de submetralhadoras que vieram acelerando em motocicletas e carros blindados. Ao mesmo ponto chegaram os bombardeiros de mergulho alemães que haviam saído das pistas de decolagem de Berlim. Eles jogaram suas bombas no meio das tropas e dispararam nelas com canhões e metralhadoras, acabando com seus próprios homens e seus oponentes indiscriminadamente. Depois de uma batalha de duas horas, o regimento de Semikov, com a ajuda de seus vizinhos da direita e da esquerda, conseguiu assumir o controle. No campo, havia várias centenas de soldados e oficiais alemães mortos, enquanto oito carros blindados e dois aviões queimavam.

Também houve perdas do nosso lado. Ficamos alarmados ao ouvir que Alexandre Ivanovich Semikov tinha sido gravemente ferido. Ele estava nas linhas de combate de seu primeiro batalhão quando uma bomba explodiu ao seu lado. Fragmentos grandes haviam estraçalhado seu quadril direito e lhe rompido o braço e o ombro. Felizmente, os médicos conseguiram salvar sua vida. Ele não pôde participar do último ataque a Berlim, mas sobreviveu e ainda está na ativa. Tanto Gritsenko quanto Semikov foram declarados Heróis da União Soviética.

O resultado final dos confrontos de 18 de abril foi que o 8º Exército da Guarda alcançara a linha Treibuitz-Jahnsfelde e estava empenhado em combates obstinados por Marxdorf e Lietzen (no sul). Nossos vizinhos da direita chegaram à linha Marxwalde-Wulkov. Nossos vizinhos da esquerda (do 69º Exército) também permaneciam onde haviam estado até o terceiro dia da ofensiva, e por isso o flanco esquerdo de nosso exército se estendeu e o inimigo tentou nos obrigar, com contra-ataques, a desviar para o sul e nos afastar de Berlim. Para evitar que isso acontecesse, deixei duas divisões do 28º Corpo para cobrir o flanco esquerdo do exército.

O 1º Exército de Tanques e o 11º Corpo de Tanques, trazidos para a batalha pelo comandante da frente no primeiro dia de luta pelas colinas de Seelow, estavam se deslocando atrás das linhas de batalha do 8º Exército da Guarda, bloqueando as estradas e dificultando a manobra. Não apenas os tanques não conseguiram romper e avançar, mas, mesmo no segundo e no terceiro dias da operação, eles permaneceram atrás dos exércitos mistos.

O que mais me preocupava era o flanco esquerdo; mas, naquele momento, achei melhor não fazer qualquer queixa contra o nosso vizinho, o 69º Exército. Por que não? Porque se tivesse manifestado indignação ao comandante da frente sobre a falta de eficácia da ação deles, eu poderia muito bem ter recebido ordens para direcionar as principais forças do 8º Exército da Guarda, o que não teria sido fácil para mim. Além disso, nosso exército, que tinha chegado até ali combatendo desde o Volga, não teria podido tomar parte no desenlace de toda a guerra para o qual nos preparáramos com tanta dedicação: a tomada de Berlim. Decidiu-se que faríamos todos os esforços, mesmo com a constante ameaça de contra-ataques e contragolpes vindos do sul, para chegar a Berlim, iniciar os combates dentro da cidade e só então chamar a atenção do comandante da frente para o nosso vizinho da esquerda e lhe pedir para que resguardasse nosso flanco esquerdo de contra-ataques vindos do sul. Nessa situação, era de se esperar que ninguém tentasse desviar o 8º Exército da Guarda de Berlim.

Em 16 de abril, às 12h30, as tropas do exército começaram a atacar ao longo de sua frente. Na primeira metade do dia, conseguimos assumir o controle dos pontos fortificados de Dahmsdorf, Müncheberg e Behlendorf.

O 242º Regimento da 82ª Divisão de Fuzileiros se distinguiu na luta por Müncheberg. O comandante do regimento, o coronel da guarda Ivan Fyodorovitch Sukhorukov, participante da Batalha do Volga e oficial experiente (tinha 49 anos na época), tomou uma decisão audaciosa e bem pensada. O regimento se aproximava de Müncheberg por uma estrada que vinha do Oder, onde o inimigo tinha construído muitas obras de defesa. Deixando só uma companhia naquele setor, Sukhorukov, a título de demonstração, à plena vista dos observadores do inimigo, retirou suas principais forças. A seguir, correu rapidamente para a mata ao norte de Müncheberg e, dali, lançou um ataque coordenado sobre a cidade a partir dos flancos e da retaguarda. Suas companhias e batalhões operaram em pequenos grupos, com tanques e canhões autopropelidos.

Os combates de rua duraram várias horas. Implementando o conceito do comandante de seu regimento, os homens agiram para isolar as vias de retirada do inimigo. Eles chegavam a pontos onde as estradas se cruzavam e depois abriam fogo de repente, criando uma impressão de ter cercado o lugar. Os nazistas entravam em pânico, e era isso que Sukhorukov queria. Com um ataque articulado de suas principais forças, ele completou a derrota do inimigo. A cidade foi tomada, sem grandes perdas do nosso lado. O inimigo perdeu cerca de 400 soldados e oficiais, 8 tanques, 7 canhões autopropelidos Ferdinand e 12 veículos de transporte blindados. Nossos homens capturaram 137 veículos a motor carregados de munição e 150 vagões ferroviários com suprimentos militares.

Somente após o fim da luta por Müncheberg, Ivan Fyodorovitch Sukhorukov admitiu ter sido gravemente ferido no peito e na perna. Ao saber disso pelo cirurgião do regimento, dei ordens para a imediata evacuação do coronel ao hospital e recomendei que ele recebesse o título de Herói da União Soviética.

Continuando com a ofensiva, no final do dia 20 de abril, as tropas do 8º Exército da Guarda tinham chegado à linha Garzin-Kienbaum-Jänickendorf. As matas estavam cheias de campos minados e obstáculos de arame farpado. Aqui se pode observar que o inimigo demonstrou ter muita habilidade na colocação de armadilhas, principalmente "pequenas surpresas" de todos os tipos. Nas estradas, nas valas e nos campos, havia motocicletas, bicicletas, pequenas armas e outros objetos aparentemente abandonados tão habilmente transformados em armadilhas que o menor toque produzia uma explosão. Isso exigia que nossos homens tivessem muito cuidado e que os sapadores trabalhassem sob forte pressão.

Após a queda de Müncheberg, a resistência nazista enfraqueceu um pouco. Fortemente atingidas e tendo sofrido perdas pesadas, as unidades alemãs foram obrigadas a se retirar sob os golpes infligidos pelas tropas soviéticas. Porém, novas linhas de defesa nos esperavam à frente, fortalecidas por todos os tipos de barreiras hídricas. Os homens de reconhecimento não tinham conseguido revelá-las de antemão, e agora nos deparávamos com a tarefa de romper a defesa nazista durante o avanço, depois de uma breve preparação.

Em quatro dias de combates ofensivos, as tropas da frente haviam destruído ou inutilizado muitas unidades alemãs. O inimigo sofrera grandes perdas de homens e equipamentos. As tropas que haviam ocupado três zonas de defesa sucessivas e as reservas lançadas à batalha – cerca de cinco divisões – haviam sido destruídas e forçadas a retornar a Berlim.

Quando a resistência inimiga se enfraqueceu, as unidades de tanques tinham avançado um pouco, a sudoeste de Müncheberg, mas os tanques não conseguiram levar mais longe a ofensiva. Embora tivesse sido muito atingida em batalha, a infantaria alemã tinha armas eficazes sob a forma de Faustpatronen e representava uma ameaça muito real a nossas formações de tanques, principalmente em bosques e áreas habitadas.

No final de 20 de abril de 1945, chegara-se a uma situação favorável às tropas da 1ª Frente Bielo-russa. O 2º Exército de Tanques, comandado pelo general Bogdanov, havia feito um rompimento na área de Bernau. O inimigo foi forçado a abandonar as tentativas de contra-ataque e contragolpe devido ao avanço bem-sucedido do 3º Exército de Choque, do 5º Exército de Choque e do 8º Exército da Guarda, que tinham conseguido um rompimento da quarta zona de defesa alemã, e pela chegada de unidades do 1º Exército de Tanques à área de Kagel-Fürstenwalde-Jänickendorf, na qual unidades do 4º Corpo de Fuzileiros também tinham entrado depois de um rompimento.

Agora o inimigo concentrava todas as suas forças na defesa de Berlim.

As operações da 1ª Frente Ucraniana também tinham avançado com sucesso e chegado à área de Baruth-Luckenwalde-Jüterbog.

O governo alemão teve que abandonar a defesa do Oder e de lugares como Frankfurt an der Oder e Fürstenberg. A tentativa de retirar as tropas que defendiam o rio no distrito de Frankfurt-Fürstenberg-Guben não teve êxito, uma vez que essas unidades foram isoladas de Berlim e cercadas na área de Müllrose-Lübben-Zossen-Bad Saarow. Graças a isso, os exércitos que estavam no flanco esquerdo da 1ª Frente Bielo-russa (o 33º e o 69º) conseguiram avançar, o que, por sua vez, facilitou a situação do flanco esquerdo do 8º Exército da Guarda. Nessa mesma época, a 2ª Frente Bielo-russa havia forçado a travessia do Oder na região de Schwedt e avançava em direção a Prenzlau.

Em termos gerais, a operação em três frentes estava se desenvolvendo com sucesso, mesmo que com algum atraso. O Oder tinha ficado para trás, o *front* do inimigo tinha sido dividido e poderosas forças alemãs haviam sido cercadas no sudeste de Berlim. As tropas soviéticas avançavam sobre Berlim e rumo ao Elba.

# Começa a agonia da morte

Com o início da ofensiva soviética sobre o Oder, em 16 de abril de 1945, começou a agonia de morte da liderança do Terceiro Reich. Quanto mais nossos soldados se aproximavam de Berlim, mais ela se intensificava. E não era uma questão de "preocupação" com o destino do povo alemão e do Estado alemão, como os apologistas do Terceiro Reich tentam nos assegurar, mas sim de astutas intrigas voltadas, parece-me, a salvar a própria pele de seus autores por meio de demonstrações falsas e tortuosos malabarismos diplomáticos. Agora, Goering e Himmler, os antigos companheiros próximos e colaboradores políticos de Hitler, o haviam abandonado. É difícil dizer o que eles esperavam ganhar deixando seu ex-Führer, mas sabe-se que ambos fizeram todo o possível para entrar em contato com britânicos e norte-americanos e lhes oferecer seus serviços.

Durante os últimos dez dias de abril, porta-vozes do Terceiro Reich em busca de um armistício atuavam em três direções: Goering apelou aos representantes dos Estados Unidos; Himmler, aos da Grã-Bretanha; e Krebs, ao comando do Exército Soviético. Eles vieram com propostas para negociações de paz em nome dos líderes alemães, cujo matiz político podia variar, mas que visavam um mesmo objetivo: preservar a existência do governo alemão, talvez sem Hitler, mas composto de homens ligados de uma forma ou de outra ao Partido Nazista.

Em 21 de abril, nossas tropas saíram para o anel viário (*autobahn*) de Berlim, nas regiões de Bernau, Petershagen, Rudersdorf, Erkner e Wusterhausen, o que criou condições favoráveis para o cerco total da cidade. Em uma ordem do comandante da frente, o 8º Exército da Guarda foi instruído a se direcionar aos subúrbios no sudeste e no sul de Berlim para cercar a cidade e a atacar a partir do sul.

Não era fácil realizar uma virada brusca de grandes quantidades de tropas, à escala de um exército inteiro, sob as condições de combates em subúrbios. A dificuldade era que muitas unidades já haviam "cravado suas garras em Berlim" e estavam travando combates de rua. Desviá-las de forma brusca significava deixar escapar um inimigo já encurralado. E, se o deixássemos escapar, ele se levantaria e depois nos golpearia pelas costas. Portanto, decidi levar a cabo o reagrupamento sem torná-lo visível ao inimigo, enquanto mantinha um avanço ininterrupto.

No final do dia 22 de abril, as tropas do exército haviam entrado nos arredores de Berlim e tomado os subúrbios de Dahlwitz, Schöneiche, Fichtenau, Rahnsdorf, Friedrichshagen e Wendenschloss.

Estava claro que, à medida que nos aproximássemos do centro da cidade, a resistência do inimigo aumentaria. Mas o comandante da frente exigiu que as tropas tomassem os subúrbios e cercassem Berlim rapidamente, antes da chegada das reservas do inimigo. Ao mesmo tempo, o marechal Zhukov ordenou a tomada do controle da própria cidade, incluindo seu centro, o mais rapidamente possível.

É claro que essas demandas eram naturais, mas as tropas não podiam cumpri-las imediatamente, e isso não se devia a fraqueza ou falta de habilidade de sua parte. Na guerra, deve-se levar em conta o inimigo, que está sempre pondo em prática suas próprias medidas de reação.

O comandante da frente ordenou que o 1º Exército de Tanques operasse na mesma região do 8º Exército da Guarda, alocando ao primeiro seu próprio território. A decisão de empregar um exército de tanques para ação ofensiva em uma cidade como Berlim era incorreta, na minha opinião. Os tanques são fortes no campo. Durante combates em uma cidade, ruas e praças estão vazias. O inimigo organiza sua defesa dentro de construções, em sótãos e porões, e as tripulações de tanques não podem vê-lo, mas os tanques são um bom alvo para os soldados armados com Faustpatronen.

Claro que isso não significa que os tanques sejam, em geral, inadequados para o combate de rua, longe disso. Eles são necessários, mas não como uma força independente, e sim para a ação conjunta com as outras armas terrestres e em grupos de assalto. Somente quando estiverem trabalhando em cooperação com unidades de infantaria, artilharia, engenharia e tropas de guerra química, as tripulações dos tanques saberão onde o perigo as espera. Os homens dos grupos de assalto vão informá-los sobre em que prédios, em que andar, em que sala ou porão o inimigo se estabeleceu, e eles poderão destruir esse inimigo por meio de seus esforços conjuntos. Nessa interação direta, os tanques são usados mais frequentemente como artilharia sobre esteiras, e suas tripulações, como soldados de artilharia protegidos por blindagem.

É nesse contexto que eu não entendo por que, em 19 de abril de 1945, depois de romper todas as defesas inimigas, tomando Müncheberg e avançando na direção de Fürstenwalde e Erkner, ou seja, bairros no sudeste de Berlim, as máquinas do 1º Exército de Tanques receberam ordens de virar para a cidade e atacá-la do leste. Por que não foi dada a esse exército a tarefa de avançar para o sudoeste, principalmente ao longo das rodovias Frankfurt-Berlim e Magdeburg-Leipzig, varrendo Berlim a partir do sul?

O primeiro erro (levar o exército de tanques à batalha antes que as unidades de infantaria mistas tivessem chegado às colinas de Seelow) trouxe em seu rastro o segundo erro do líder da operação de Berlim: o de direcionar os exércitos de tanques contra a própria capital alemã em vez de enviá-los ao redor dela, pelo sul ou pelo norte. Esses erros de cálculo por parte do comando e do Estado-Maior da Frente foram posteriormente atribuídos a seus comandantes subordinados. Em vez de procurar as causas da lentidão na ação demonstrada pelas tropas, principalmente a força blindada, e depois redirecioná-las para cercar Berlim, onde elas poderiam lidar com sua própria linha de avanço, o comandante da frente emitiu a seguinte ordem, em 18 de abril de 1945:

1. Todos os comandantes de exércitos, comandantes de corpos e comandantes de divisões e brigadas visitarão suas unidades avançadas e farão uma investigação pessoal da situação, sobre os seguintes aspectos:
   (a) onde estão as forças inimigas e exatamente quais são elas;
   (b) onde estão suas próprias forças e suas armas de apoio e o que estão fazendo em termos concretos;
   (c) se as unidades de *apoio* têm munição e como seu controle está organizado.

2. Às 12h de 19/4/[19]45, as unidades serão colocadas em ordem, as missões serão definidas precisamente, a cooperação de todas as unidades será organizada e os estoques de munição serão reabastecidos. Às 12h, a preparação de artilharia e aérea começará e será feito um ataque ao inimigo, de acordo com a natureza da preparação de artilharia, e o avanço se desenvolverá de acordo com o plano. A articulação das ações no setor do 5º Exército de Choque e do 2º de Tanques será de responsabilidade do comandante do 5º Exército de Choque, e, no setor do 8º Exército da Guarda e do 1º de Tanques, será do comandante do 8º Exército da Guarda.
3. Será organizado imediatamente um serviço de controle de tráfego para garantir a ordem estrita nas estradas.
4. Todos os veículos de transporte das brigadas e corpos mecanizados, bem como os dos serviços de retaguarda de corpos e brigadas, serão imediatamente retirados das estradas e colocados sob abrigo. No futuro, a infantaria mecanizada se deslocará a pé.
5. A fim de manter a coordenação da ação entre as divisões de fuzileiros e as brigadas de tanques dos exércitos de tanques, os conselhos militares do 5º Exército de Choque e do 8º da Guarda terão seus próprios oficiais responsáveis, com meios de comunicação, em cada brigada de tanques do 1º e do 2º Exércitos de Tanques, e os conselhos militares do 1º e do 2º Exércitos terão os seus nas divisões de fuzileiros.
Todos os oficiais que se mostraram incapazes de cumprir missões e demonstraram falta de determinação serão substituídos por oficiais capazes e corajosos.

Essa ordem só chegou ao nosso exército na manhã de 19 de abril e, às 12h, ninguém poderia ter feito nada. Era impossível pôr em prática as recomendações sobre a organização da coordenação entre os exércitos de tanques e os exércitos mistos dentro de poucas horas. Afinal de contas, isso significava que tudo deveria ser completamente revisto. Esse trabalho deveria ter sido realizado pelo Quartel-General da Frente quando a operação ainda estava em fase de planejamento e havia muito tempo para isso. E o principal era que a questão sobre o que os exércitos de tanques deveriam fazer permanecia sem ser resolvida: eles estavam operando de forma independente, executando a ordem do comandante da frente ou sendo anexados como uma arma de apoio aos exércitos mistos? Responsabilizar os comandantes de exército por articular a ação, durante um período crítico no desenvolvimento da operação, significava simplesmente abdicar da própria responsabilidade e deixar que ela fosse assumida por outros.

O envio de "oficiais responsáveis" dos exércitos mistos às brigadas de tanques e dos exércitos de tanques às divisões de fuzileiros não poderia melhorar a organização da coordenação; pelo contrário, evocava suspeita e desconfiança.

O comandante da frente ordenou a remoção de oficiais que haviam demonstrado "incapacidade" e "falta de determinação" na batalha. Eu não vou assumir a responsabilidade de dizer que não havia oficiais assim, mas não é possível fazer julgamentos sobre a incapacidade e a falta de determinação de um oficial que passou por toda a guerra com base nos resultados de um dia combate. Não tinha como não dar errado. Por que retirar um oficial e colocar outro em seu lugar? Uma unidade pode não ter avançado hoje, mas amanhã ela dará um grande salto à frente. Tudo depende do momento e das circunstâncias, que não são definidos pela vontade de um oficial, mas pelo caráter geral das ações em andamento.

A ordem do comandante da frente foi recebida pelo exército quando a linha de defesa Wriezen-Buckow-Müncheberg tinha sido rompida e as tropas avançavam em um ritmo mais rápido.

Os oficiais e as unidades do 8º Exército da Guarda, que lutava nos subúrbios de Berlim, estavam reorganizando suas posições de batalha em um sistema de grupos e destacamentos de assalto. Na noite de 22 para 23 de abril, ninguém dormiu; estávamos às vésperas de emergir nas margens do Spree e, depois, do Dahme. A travessia forçada desses rios fora planejada para a manhã do dia 23, após uma preparação de artilharia de meia hora. Àquela altura, os meios para a travessia já teriam sido trazidos.

Parecia que tudo deveria se desenvolver de acordo com o planejado, mas, como muitas vezes acontece na guerra, o desenvolvimento dos eventos propriamente ditos gerou suas próprias correções no plano. Foi o que aconteceu naquela noite de 22 para 23 de abril.

Ao chegar à margem do rio Spree, as unidades do 28º e do 29º Corpos da Guarda encontraram um grande número de embarcações esportivas, a remo e a motor, e algumas chatas de grande capacidade. Os comandantes de unidades conheciam a missão geral do exército e as de suas próprias divisões e, portanto, sem esperar mais ordens, começaram a atravessar, primeiro o Spree e depois o Dahme. Em primeiro lugar, na área de Wendenschloss, estavam unidades da 88ª Divisão da Guarda sob comando do general Pankov. Ao amanhecer, elas haviam ocupado o subúrbio de Falkenberg.

A iniciativa da exitosa travessia forçada do Spree e do Dahme foi do comandante do 2º Batalhão de Fuzileiros do 269º Regimento, 88ª Divisão da Guarda, o capitão da guarda Afanasi Ivanovich Semakin, oficial regular do Exército que tinha lutado em muitas frentes na Guerra Patriótica.

Aqui, nos acessos a Berlim, ele deu um ótimo exemplo de audácia, iniciativa racional e habilidade para o combate. Seu batalhão avançava no anel rodoviário de Berlim, através de um cinturão de florestas. No caminho, encontrou uma linha de defesa inimiga intermediária. O batalhão não tinha armas nem morteiros. Semakin não esperou a chegada da artilharia, decidiu expulsar imediatamente o inimigo por meio de um ataque surpresa.

Um ataque concertado de suas companhias mobilizadas, que vieram de todos os lados do bosque e caíram sobre o inimigo, surpreendeu soldados da artilharia e fuzileiros alemães. Em uma breve batalha corpo a corpo, o batalhão de Semakin capturou mais de cem soldados alemães e destruiu três veículos de transporte blindados. Pareceu, então, que esse grupo tinha sido uma cortina de fumaça jogada para proteger um das travessias do Spree.

Depois de avançar mais algumas centenas de metros, o batalhão se viu na margem do Spree. Nadando e usando botes, os soldados chegaram até a outra margem. Então, inesperados e não anunciados, russos com submetralhadoras surgiram na retaguarda alemã. "Eles surgiram como fantasmas", disse um oficial alemão capturado.

Na noite anterior a 24 de abril, o batalhão também forçou a travessia do rio Dahme. As outras formações da divisão levaram adiante o sucesso deles e o garantiram. Ao amanhecer, ocuparam o subúrbio de Falkenberg.

À direita, na área de Köpenick, operavam os regimentos da 39ª Divisão. O do tenente-coronel Yefim Dmitrievich Gritsenko se deparou com fogo intenso ao chegar ao rio Spree. Nesse ponto, havia uma ponte com uma rodovia ainda intacta, e ela tinha que ser tomada. Para não chamar a atenção da guarda da ponte, Gritsenko retirou um batalhão para um lado e organizou alguns enfrentamentos apenas para demonstração, na área de Köpenick, como se a batalha principal estivesse ali. Na realidade, apenas uma companhia estava engajada no combate de rua em Köpenick. Quando os guardas da ponte relaxaram sua vigilância, Gritsenko chamou o oficial

## Começa a agonia da morte

que estava no comando da 5ª Companhia de Fuzileiros, o segundo-tenente Balakin, e lhe deu a seguinte missão: levar sua companhia até a margem oeste do Spree usando quaisquer meios disponíveis, assim que a escuridão caísse, em um ponto a um quilômetro ao sul da ponte, e depois usar todo e qualquer meio para contornar e chegar à retaguarda dos alemães e atacá-los.

A companhia cumpriu sua missão de forma brilhante. O comandante dividiu seus homens em pequenos grupos, que, durante a noite, fizeram uma investida contra a retaguarda inimiga, eliminaram a guarda da ponte, e depois continuaram perseguindo os nazistas que batiam em retirada.

As minas e as cargas que haviam sido colocadas debaixo dos suportes da ponte foram inutilizadas, e toda a divisão, com seus tanques e artilharia, atravessou o Spree por essa ponte, deixando para trás uma pequena força para acabar com a guarnição sitiada de Köpenick.

As mesmas unidades noturnas do 29º Corpo de Fuzileiros eliminaram a guarda sobre uma ponte ferroviária na área de Adlershof e também cruzaram o Spree. Elas conseguiram estabelecer uma grande cabeça de ponte na margem oeste e capturar mais uma ponte rodoviária sobre o Dahme.

Não posso deixar de mencionar a coragem e as habilidades do comandante da 82ª Divisão, o major-general Mikhail Duka, que havia sido *partisan* nos pântanos e nos bosques espessos da Bielo-Rússia. Quando a travessia forçada do Spree foi completada, ele foi um dos primeiros a chegar à margem. Vendo que a força de reconhecimento que estava atravessando parecia um pouco hesitante, Duka tirou a farda e as botas e se jogou no rio. As geladas águas de nascente não dissuadiram o general. Depois de nadar até a margem oposta, Duka soltou dois barcos que estavam amarrados ali e os trouxe de volta consigo. Assim, o comandante da divisão deu a seus homens um exemplo pessoal de como fazer as coisas. Depois disso, nenhum soldado se retraiu diante da vasta extensão das águas frias e turvas do Spree.

Graças à iniciativa sensata demonstrada por comandantes de subformações e unidades do 28º e 29º Corpos, a missão de batalha foi cumprida antes do prazo que o Q.G. do Exército tinha estabelecido, e quase sem nenhuma perda. Em 23 de abril, ao final do dia, unidades do 8º Exército da Guarda tinham controle total dos subúrbios de Karlshorst, Uhlenhorst, Schöneweide e Köpenick e lutavam a oeste do rio Dahme.

No combate urbano, o inimigo costuma aparecer onde não se espera. Os nazistas deixaram grupos de diversionistas na retaguarda de nossas tropas.

Eles se escondiam em porões e ruínas, deixavam que as primeiras unidades de nossas forças de avanço passassem e, às vezes, as unidades de retaguarda também, e então abriam fogo com o objetivo de semear o pânico na parte traseira e assim retardar ou paralisar a ação ao longo da linha de frente. Para combater essas manobras diversionistas, criamos grupos especiais para defender a retaguarda e controlar as estradas. Vale ressaltar que a população alemã não apoiava os diversionistas nazistas.

Em 24 de abril, continuamos o avanço ao longo de toda o *front*, empurrando o inimigo de volta para o centro da cidade. Unidades do 28º Corpo se juntaram ao 3º Exército de Tanques da 1ª Frente Ucraniana e alcançaram o canal Teltow no fim do dia. Isso significava que nossas tropas haviam cercado Berlim completamente a partir do leste, do sul e do sudoeste. Um forte grupamento inimigo de 13 divisões, operando ao sudeste de Berlim, também estava cercado.

Nesse contexto, o 8º Exército da Guarda, em cuja frente de avanço também operavam formações do 1º Exército de Tanques, foi desviado por ordem do comandante da frente ao noroeste e direcionado contra o setor central de Berlim.

As tropas do exército foram reorganizadas em grupos e destacamentos de assalto, que incluíam tanques, subformações de engenharia e morteiros, canhões de todos os calibres e, inclusive, armamentos muito poderosos e equipamento de travessia nos pontos onde havia obstáculos de água a serem transpostos.

A união das tropas de nossas duas frentes no cerco a Berlim completou a fase principal da operação de tomada da cidade. As tropas regulares do Reich haviam sido esmagadas, a frente do inimigo fora rompida em muitos setores, e suas principais forças estavam cercadas e em processo de aniquilação completa. O complexo de operações do Estado-Maior alemão, na área de Zossen, tinha sido tomado por unidades da 1ª Frente Ucraniana, e, assim, o sistema de controle das forças do Terceiro Reich entrou em colapso.

As tropas soviéticas que não haviam participado do cerco a Berlim estavam avançando em direção ao Elba, para encontrar os aliados ocidentais. A vitória final já era visível, e todos sentiam isso, do soldado raso ao general. De repente, uma sombra caiu sobre a minha alma. Aconteceu na noite de 24 de abril, depois de um telefonema do marechal Zhukov. Eu mal tinha pegado o telefone quando ouvi a pergunta: "De qual fonte veio a notícia de que as tropas do marechal Koniev vieram a Berlim do sul?".

"Unidades no flanco esquerdo do 28º Corpo de Fuzileiros, na região do aeroporto de Schönefeld, entraram em contato às 6h de hoje com tanques do 3º Exército de Tanques, de Rybalko", eu respondi.

"Quem viu? Quem relatou isso?"

"Foi o comandante do corpo, o general Ryzhov, que me informou."

Depois de um breve silêncio, Zhukov exigiu que eu enviasse oficiais confiáveis do Estado-Maior do Exército a várias áreas habitadas ao sul de Berlim e à parte sul do anel viário para verificar cuidadosamente quais unidades da 1ª Frente Ucraniana tinham chegado a Berlim a partir do sul, quando tinham alcançado o anel e que missões elas tinham.

Com que finalidade o comandante da frente exigiu esses detalhes? O que era aquilo? Desconfiança? Evidentemente sim, mas eu tinha a obrigação de enviar três oficiais para cumprir a ordem recebida. E, no dia seguinte, o comandante do 3º Exército de Tanques, o general Pavel Semyonovich Rybalko, dirigiu até o meu posto de comando, o que era uma confirmação viva, por assim dizer, da notícia que tanto interessava à nossa frente. Eu telefonei para Zhukov imediatamente, relatei a chegada de Rybalko e entreguei o telefone a Pavel Semyonovich. Verificou-se que o redirecionamento feito pelo Quartel-General do Comando Supremo se devia à lentidão do avanço da 1ª Frente Bielo-russa.

Em 25 de abril de 1945, ocorreu um dos eventos mais importantes da Segunda Guerra Mundial: no Elba, na região de Torgau, unidades da 58ª Divisão de Fuzileiros da 1ª Frente Ucraniana se encontraram com patrulhas da 69ª Divisão de Infantaria do 1º Exército dos Estados Unidos. A frente nazista tinha sido rachada em duas em todo o continente europeu, e os soldados de dois continentes se uniam na luta contra o inimigo comum: homens da União Soviética e dos Estados Unidos apertavam as mãos.

# O passo derradeiro

Restava às tropas soviéticas dar um último passo: tomar Berlim e pôr fim à guerra. Uma tarefa difícil e de grande responsabilidade, pois todas as escórias imundas do nazismo haviam debandado para Berlim, e ali era o ninho do império militarista alemão. Ali estava, ainda viva e operando, a cabeça desse império: Hitler e seu Estado-Maior. Era necessário obrigá-los, por força das armas, a aceitar os termos da rendição incondicional. Nenhum outro termo, apenas a rendição incondicional – isso estava escrito na declaração de Yalta, das Grandes Potências que formavam a coalizão anti-hitlerista.

Para o 8º Exército da Guarda, tinha chegado o fim do período de luta em condições normais no campo, quando o controle de tropa funciona de acordo com todas as regras da arte militar. Combater em uma cidade, ainda mais em uma cidade como Berlim, onde o inimigo está determinado a se defender até o fim, é muito mais complexo do que lutar no campo. Ali, os "grandes chefes" não têm praticamente nenhuma influência no curso das operações, uma vez que a iniciativa passa para as mãos dos oficiais que comandam unidades e subunidades e dos próprios soldados.

Eu gostaria, neste momento, de expor algumas conclusões sobre a última batalha travada no campo, particularmente a parte que se lutou em direção a Berlim.

Primeiro, algumas palavras sobre o reconhecimento.

Será que o serviço de reconhecimento conseguiu, no período final da guerra, a partir de janeiro de 1945, na operação Vístula-Oder, revelar o principal grupamento do inimigo, suas linhas de defesa, seus planos? Sim, mas não inteiramente. Os fatos mostram que, antes da operação de Berlim, o reconhecimento tampouco tinha trazido à luz informações básicas, como o sistema de defesa nazista, o agrupamento de suas forças, a posição de suas reservas. As capacidades do inimigo foram superestimadas e, por isso, nosso ritmo de avanço foi planejado apenas à metade do que poderia ter sido. Particularmente superestimado foi o grupamento pomerano do inimigo, e até mesmo no final da operação Vístula-Oder, o nosso comando tinha medos desnecessários sobre essa questão. Como resultado disso, as principais forças da 1ª Frente Bielo-russa foram desviadas para o norte e depois para o leste. A destruição desse grupamento pomerano, para garantir o flanco direito das tropas que se dirigiam ao Oder, tomou uma grande parte das nossas forças e nos privou da iniciativa valiosa para fazer um ataque repentino sobre Berlim. O inimigo teve mais dois meses e meio para organizar a defesa da cidade, quando havia apenas 60 ou 70 quilômetros entre ela e o rio.

Se naquela ocasião nós tivéssemos conseguido entender a verdadeira situação no campo inimigo, principalmente antes de Berlim, poderíamos ter conseguido marchar sobre a cidade em fevereiro de 1945, o que teria posto um fim à guerra na Europa. E a importância disso não era uma questão de território apreendido (tinham sido feitos acordos sobre delimitação na Conferência das Grandes Potências em Yalta), mas sim de recursos gastos e perdas de vidas humanas quando tivemos que superar a resistência inimiga ao longo das linhas da defesa construídas antes de Berlim naqueles últimos dois meses e meio.

Da forma como tudo aconteceu, o grupamento da 1º Frente Bielo-russa teve de romper oito linhas de defesa inimigas. Além disso, o inimigo tinha tropas suficientes para fornecer homens simultaneamente a todas as linhas de defesa no campo e grandes reservas para contragolpes e contra-ataques. Mas o nosso comando não sabia que as defesas alemãs eram organizadas em "camadas" tão profundas e, por isso, os ritmos de avanço estabelecidos para as nossas tropas eram demasiadamente altos.

Isso ficou claro no segundo e no terceiro dias da operação de ataque a Berlim; apesar do êxito das ações de batalha, o ritmo de avanço planejado não foi alcançado. No Q.G. da Frente, começaram a soar o alarme. Esse alarme vinha de pessoas que não conseguiam compreender que o plano tinha sido elaborado sem a devida consideração das capacidades do inimigo naquela fase. Em suma, não era possível medir os ritmos de avanço em abril de 1945 com a mesma régua que havia sido realista em fevereiro.

Além disso, era perfeitamente correto que o Quartel-General do Comando Supremo redirecionasse o grupamento de assalto da 1ª Frente Ucraniana para Berlim, do sudeste e do leste. Quanto mais depressa nossas tropas tomassem Berlim, mais rapidamente a guerra estaria terminada, uma vez que o Terceiro Reich já não existia.

Quanto ao nosso reconhecimento tático, seu trabalho merece aprovação. A operação de pequenos grupos de reconhecimento que eram enviados de 20 a 30 quilômetros atrás das linhas inimigas ganhava cada vez mais importância. Ali, eles estabeleciam bases e mantinham observação diurna e noturna de tudo o que se passava. Essa forma de reconhecimento oferece grandes possibilidades, principalmente com os mais recentes meios técnicos usados.

Agora, uma palavra sobre planejamento e organização de uma operação ofensiva. Não resta dúvida de que qualquer plano desse tipo exige elaboração centralizada, mas não é possível planejar tudo com antecedência até os mínimos detalhes. O plano precisa ser complementado e melhorado durante a sua implementação, principalmente quando estão ocorrendo novos eventos importantes que alteram o curso da operação. Se o plano se transforma em dogma, perdas desnecessárias e mesmo fracassos são inevitáveis.

Numa operação ofensiva, deve-se prestar especial atenção à coordenação da ação entre diferentes armas e serviços e entre as várias formações e grupamentos. O planejamento da operação do Vístula-Oder incluía o uso de forças aéreas em grande escala, mas, no início da operação, a Aeronáutica não fez nada durante as primeiras 60 horas. Os alvos que lhe haviam sido atribuídos foram destruídos por outras armas. Pode-se perguntar: o pessoal de planejamento não deveria prever essas contingências e resolvê-las, se um serviço ou uma arma não pudesse, por uma razão ou outra, cumprir as missões que lhe foram atribuídas? E a resposta é: sim, deveria. Esta é a virtude do planejamento: proporcionar o cumprimento de uma missão usando vários meios.

Atribui-se grande importância ao planejamento da ação de exércitos de tanques em grandes operações. Até a época dos combates diante de Berlim, os exércitos de tanques operando como parte da 1ª Frente Bielo-russa haviam sido postos em ação por meio de brechas nas linhas inimigas feitas pelos exércitos mistos. Eles tinham espaço para manobras operacionais e cumpriam de forma independente as missões que lhes eram dadas pelo comando da frente. De Lublin ao Oder, o plano funcionou bem; mas, no avanço sobre Berlim a partir do Oder, isso não aconteceu. Os exércitos de tanques não atravessaram uma brecha sequer, e o plano para a operação não previa o que eles deveriam fazer nesses casos, e ninguém sabia dizer. Falo disso com bastante ciência, já que o 1º Exército de Tanques estava operando no setor da linha de avanço atribuído ao 8º Exército da Guarda. Esses tanques não assumiram sua devida posição no momento da invasão de Berlim, nem mesmo quando a cidade já tinha sido invadida. Contudo, o 3º e o 4º Exércitos de Tanques, dentro da 1ª Frente Ucraniana, ao conquistar liberdade operacional, receberam, ao mesmo tempo, objetivos e linhas de avanço independentes. Divisões de fuzileiros lhes foram alocadas como meio de reforço. Esses dois exércitos de tanques cumpriram suas missões com êxito. Por que isso não aconteceu na 1ª Frente Bielo-russa? Porque prevaleceu a força do hábito. O comando da frente empregou um método estereotipado de uso de grandes massas de tropas, que falhou já no início da operação, mas o erro não foi corrigido até o final. E, agora, algumas palavras sobre o uso da artilharia nas etapas finais da guerra. Tínhamos nos acostumado a medir o poder do fogo de artilharia segundo o número de "canhões por quilômetro" de frente, e considerávamos que de 200 a 250 era a norma para um rompimento. O número de canhões contados incluía morteiros de 82 mm, cujo fogo nem sempre conseguia cobrir sequer a primeira posição do inimigo. Em abril de 1945, chegou ao Oder uma bateria de canhões de 305 mm. Aparentemente, essa bateria passara a guerra viajando pelas ferrovias e só encontrou algo para fazer quando chegou o Oder. Lá, ela pode disparar contra Sachsendorf, um solitário ponto habitado que estava a dois quilômetros da linha de frente e no qual não havia nada, exceto obras de campanha e algumas construções de tijolos.

Ao usar o número de canhões como medida, não paramos para considerar se era realmente necessário ter tantos. Agora, faço essa pergunta aos homens da artilharia e a mim mesmo. Isso porque, quanto maior o número de canhões por quilômetro de frente, mais se reduzia o tempo de preparação de artilharia, enquanto o número de projéteis disparados por cada um deles nunca foi mais do que três remessas de primeira linha para toda uma operação, ao passo que cada unidade de fogo poderia, mesmo mantendo seu ritmo de fogo regular, ter disparado não três remessas durante uma operação, e sim 10 ou 20!

## O passo derradeiro

Observemos três grandes operações – a batalha de Kovel, o rompimento do Vístula e o do Oder –, já que, para cada uma delas, a preparação da artilharia não durou mais de 30 minutos. Poderíamos ter ampliado esse período para algo como uma hora e reduzido o número de unidades de fogo para metade ou um terço? Acho que sim.

Por último, uma palavra sobre o modo como nossos soldados e oficiais aprimoraram suas habilidades, suas táticas e seus conhecimentos especializados de batalha. Pode-se dizer, sem exagero, que um dia em ação dá a um soldado mais do que um mês de treinamento, enquanto um oficial que realiza uma operação completa na prática obtém mais conhecimento no processo do que tudo o que adquiriu em seus anos em uma academia militar comum. Contudo, mesmo lamentando profundamente, deve-se dizer que nem todos os novatos (sejam oficiais ou soldados) sobreviveram para virar "macacos velhos": uma grande parte deles foi colocada fora de serviço precisamente na primeira ação de que participaram. Por essa razão é muito importante ter soldados e oficiais que já tenham estado em combate antes do início de uma operação. Para isso, é essencial a reorganização de companhias e batalhões que tenham sofrido perdas assim que uma operação acaba, de modo que, durante a calmaria subsequente, os recém-chegados possam aprender, por meio de pequenos enfrentamentos, um pouco da natureza da guerra moderna e das características do inimigo – quais são seus pontos fortes e seus pontos fracos. Suvorov, em sua época, treinou o exército russo através da experiência adquirida em confrontos frequentes com o inimigo, independentemente de esses confrontos terem tido êxito em si. Isso continua válido hoje. Lamenta-se muito que os reforços chegassem às nossas unidades pouco antes do início de uma ofensiva, o que lhes impossibilitava de fazer o trabalho preparatório com fogo, em condições reais de batalha. Os encarregados da direção das reservas e seu treinamento, estando muito distantes da vida das tropas combatentes e não tendo conhecimento das demandas da batalha, não conseguiam entender a diferença entre treinar os homens em campos de exercício, lutando contra um inimigo simulado, e treiná-los na linha de frente, quando já faziam parte de uma unidade em serviço ativo.

# Sobre Berlim: fogo!

No transcorrer de uma história que já dura mais de sete séculos, Berlim passou por muitas épocas trágicas. Foi devastada na época da Guerra dos Trinta Anos (1618-48) e, em 1760, durante a Guerra dos Sete Anos, rendeu-se às tropas russas, e foi então que o marechal de campo Shuvalov proferiu uma frase que percorreu toda a Europa: "De Berlim, não se pode chegar a São Petersburgo, mas de São Petersburgo sempre se pode chegar a Berlim". O comandante das forças russas levou as chaves dos portões de Berlim como troféu.

Em 1813, tropas russas, perseguindo o que restava do exército de Napoleão, que havia sido destroçado na Rússia, voltaram a ocupar Berlim.

Com o estabelecimento da ditadura de Hitler, a cidade se tornou o centro da agressão fascista contra toda a humanidade, e quantos desastres, vítimas, sofrimentos e lágrimas esse centro causou aos povos da Europa! Em que oceano de fogo e destruição ele lançou as cidades e vilarejos do nosso continente! É difícil dizer onde tudo teria terminado se não fosse pela vitória do povo soviético, de suas Forças Armadas e dos países da aliança antifascista sobre a Alemanha nazista e seus satélites.

Mas isso veio depois. No final de abril de 1945, Berlim ainda tinha uma guarnição militar ativa e numerosa. Seus mais de 300 canhões faziam chover rios de aço vermelho-brasa sobre nós. Suas estações ferroviárias, seus edifícios de pedra, suas 113 estações de metrô e suas dezenas de instalações de defesa construídas em concreto armado se tornaram os últimos bastiões dos fanáticos enlouquecidos de Hitler. O próprio Hitler e seus colaboradores mais próximos estavam no Tiergarten, na parte central da cidade, nas adegas da Chancelaria Imperial, que ficava na Voss Strasse.

Os líderes do Terceiro Reich sabiam que a cidade estava cercada, mas, ainda assim, exigiram que seus soldados lutassem até o último cartucho. Ao fazê-lo, condenaram tanto a guarnição como a população de sua capital à aniquilação.

Quando as nossas tropas chegaram às muralhas de Berlim, praticamente nenhuma parte da cidade estava inteira. Desde o início de 1945, suas ruas e bairros tinham sido alvo das frotas de bombardeiros das forças aéreas britânica e norte-americana – dois mil ao todo. Uma imensa quantidade de bombas fora lançada sobre prédios e instalações da cidade, que haviam sido reduzidos a uma grande pilha de ruínas.

Em 25 de abril de 1945, começaria a última etapa da Grande Guerra Patriótica: o assalto a Berlim.

Na noite anterior, visitei as posições da nossa artilharia. Eu queria ver os resultados do nosso fogo preliminar e, ao mesmo tempo, gravar na minha memória os primeiros tiros disparados sobre o covil da besta fascista.

Uma bateria de obuses pesados estava estacionada em um espaço aberto e gramado, ao lado de um bosque. Nuvens escuras e ásperas navegavam pelo céu. A terra parecia cochilar, tremendo um pouco de vez em quando, como resultado de bombas distantes.

As guarnições dos canhões já haviam preparado os obuses e aguardavam o comando para disparar. Os canos estavam apontados para Berlim. Medalhas "Pela Defesa de Stalingrado" brilhavam no peito dos que operavam os canhões. Ali, próximo às carretas dos canhões, estão os operadores da central de tiro da bateria, os terceiros-sargentos Kuprian Kucherenko e Dmitri Lapshin. Pronto para disparar está o número um do grupo, o sargento Ivan Tarasov, Cavaleiro das Ordens da Estrela Vermelha e da Glória. No que ele pode estar pensando agora, esse homem cujo irmão foi morto pelos nazistas? Em uma coisa só: vingança! Eu sei que ele será cruel e implacável na batalha.

Tudo pronto para atirar. "Sobre as fortificações da Berlim fascista: fogo!"

Os projéteis pesados voaram, rachando o ar com um assobio. O caminho estava aberto.

## Sobre Berlim: fogo!

De manhã, fui até o posto de observação, que ficava em um grande edifício de cinco andares, perto do aeroporto de Johannisthal. Ali, de uma sala de esquina, na qual havia um buraco irregular na parede, tinha-se uma visão das partes sul e sudeste de Berlim. Telhados e mais telhados, sem fim, com rupturas aqui e ali, como resultado de minas terrestres. À distância, destacavam-se chaminés de fábricas e torres de igrejas. Os parques e as praças, onde já haviam surgido folhas novas, pareciam pequenas chamas verdes. A neblina jazia ao longo das ruas, misturada à poeira levantada pelo fogo da artilharia da noite anterior. Em alguns lugares, essa neblina era coberta por grossas trilhas de fumaça negra, como faixas pretas em sinal de luto. E, em algum lugar no centro da cidade, colunas de fumaça amarela disformes subiam ao céu quando as bombas explodiam: os bombardeiros pesados já haviam iniciado o "trabalho" preliminar sobre os alvos do ataque que se aproximava.

De repente, a terra estremeceu sob meus pés: milhares de canhões anunciaram o início da operação de assalto. Dei uma olhada em volta. À minha direita, havia o fragmento branco de uma banheira, e nela, um pedaço de tijolo quebrado. Achei que tinha que jogá-lo fora. Talvez porque algo muito íntimo e querido tivesse vindo à mente ao vê-lo: minha filha mais nova, Irina, que gostava muito de salpicar água no banho. Quando a guerra começou e o *front* se aproximou de Moscou, minha esposa e nossas duas filhas foram evacuadas para Kuibyshev. Lá, elas moraram no apartamento de alguém, onde não havia banheira. Irina se lavava em uma tina de madeira. Em vez de sabonete, minha esposa usava mostarda em pó... Havia uma guerra acontecendo!

Uma coceira que picava e me enlouquecia começou a subir pelo meu braço, dos dedos aos cotovelos. Minha pele queimava como se meus braços estivessem mergulhados em piche quente ou em um ninho de formigas. Eu joguei fora o tijolo violentamente, mas a coceira não parou. A primeira vez em que tive eczema foi na época da luta nos acessos ao Volga, e depois aquilo queimava periodicamente; era outro presentinho da guerra, que ganhou vida naquela mesma Berlim fascista...

Olhei pelo buraco na parede. Lá estavam os anéis defensivos construídos ao longo dos canais Teltow, Havel e Tegel, e as linhas ferroviárias que circundavam o centro da cidade. Cada edifício era uma fortaleza. Onde se erguiam as muralhas da Berlim antiga, lá estava a mais poderosa linha de defesa dos nazistas. O canal Landwehr e a curva aguda do rio Spree, com suas margens elevadas revestidas de concreto, envolvendo todos os gabinetes do governo, a Chancelaria Imperial, o Reichstag...

A artilharia continuou a dilacerar as posições de defesa da guarnição de Berlim. Dali de cima, eu podia ver a força total e incrível de seu fogo. As paredes dos edifícios desmoronavam, as muralhas e as barricadas das ruas voavam no ar – uma imagem impossível de se transmitir com palavras. Lembro-me de pensar: "Hitler cometeu seu último e maior crime contra seu próprio povo. Por que ele está condenando milhares e milhares de alemães a morrer, colocando armas em suas mãos e os enviando a uma morte certa, sob juramento de não ceder? Em nome do que ele está selando o destino de todos esses cidadãos pacíficos – crianças, mulheres, idosos?".

Devo admitir que eu já havia pensado, algumas vezes, que Hitler devia ter, afinal de contas, algumas características humanas, algum poder de pensamento racional como líder militar. Naquele momento, a imagem na minha mente era a de uma besta enlouquecida, capaz de gerar apenas mal, apenas tristeza para os seres humanos, incluindo aqueles que o haviam alimentado e cuidado. Sendo assim, o que se poderia fazer? Esse tipo de besta tinha que ser destruído.

Nós, soldados da União Soviética, chegamos a Berlim a pedido do nosso povo, não para destruir nem para assassinar mulheres e homens alemães. Tínhamos trilhado um caminho árduo para libertar dos invasores nazistas a nossa terra natal e as nações que são nossas irmãs. E, então, estávamos ali para destruir para sempre o ninho da agressão e, ao fazê-lo, acabar com o nazismo na Alemanha. Não foi por culpa nossa que tivemos que tomar de assalto a capital da Alemanha.

Na guerra, pessoas devem morrer, mas não teria sido necessário morrer tanta gente se Hitler e seus subalternos tivessem percebido, quando estávamos no Oder, que o nazismo havia afundado, que aquela resistência não tinha sentido.

Mesmo durante as primeiras horas do assalto a Berlim, os líderes nazistas poderiam ter dado ordens para que a resistência cessasse. As tropas soviéticas teriam entrado na cidade com armas descarregadas e com canções nos lábios. Bombas e projéteis teriam ficado empilhados em seus paióis atrás das linhas, e centenas de milhares de vidas teriam sido salvas.

Com relação a isso, não posso deixar de dar o devido reconhecimento ao comandante da fortaleza de Poznań, o coronel Konnel, mais tarde promovido a general. Ele era um nazista inveterado e, durante um mês inteiro, lutou contra as tropas do 8º Exército da Guarda; mas, quando percebeu que a causa de Hitler estava perdida, que os soldados e oficiais alemães estavam derramando seu sangue em vão, o general Konnel me enviou uma nota

## Sobre Berlim: fogo!

contendo um único pedido: salvar a vida do conjunto e dos feridos. E deu um tiro na sua própria cabeça. Se ele tivesse continuado a lutar, todos os seus 12 mil oficiais e homens teriam perecido.

Mesmo agora, 20 anos mais tarde, quando fecho os olhos e enxergo repetidamente aquelas cenas de batalha, aquela irresistível torrente de soldados soviéticos investindo contra Berlim, continuo me fazendo a mesma pergunta: o que os nazistas esperavam alcançar? Porque o destino de Berlim foi selado a partir de 25 de abril de 1945.

Hitler, Goebbels, Bormann e os demais certamente não teriam agido como agiram se não tivessem alguma esperança de se manter vivos e de preservar o nazismo ou, pelo menos, algumas sementes dele que pudessem germinar posteriormente em um terreno adequado.

É claro que apostar as esperanças em uma vitória das Forças Armadas nazistas em abril de 1945 era completamente fora da realidade. Tudo o que os líderes do nazismo poderiam esperar era que as contradições se acumulassem até o ponto de ocorrer um conflito armado real entre os Aliados – a União Soviética de um lado, e britânicos e norte-americanos de outro. A história do atentado contra a vida de Hitler em 1944 lhes deu muito que pensar. Quando foi investigado, verificou-se que alguns importantes políticos norte-americanos e britânicos não se opunham a estabelecer contato com os conspiradores, livrar-se de Hitler e, por esse ato, sugerir a seus povos que o nazismo tinha sido derrotado e selar uma paz em separado, sem a União Soviética.

Quem está desesperado se agarra a qualquer coisa. Essa cartada estava superada, mas a carta ainda estava na mão, e os líderes do Terceiro Reich tentavam colocá-la em jogo agora, em um momento de maior desespero. Os russos haviam cercado Berlim, mas os exércitos aliados também se aproximavam, de vários lados. Por que não fazer da própria cidade um pomo da discórdia? Além disso, podia-se usar o bicho-papão do bolchevismo para assustar os norte-americanos, que haviam chegado ao Elba. A essa altura, o presidente Roosevelt já não existia, e os homens de Hitler já tinham tido tempo suficiente para saber o que Truman representava. Havia ainda menos razões para dúvidas quanto ao sr. Churchill e sua atitude para com a União Soviética.

Temos todos os motivos para supor que, durante aqueles dias trágicos, os líderes do Terceiro Reich estavam se preparando para uma rendição incondicional aos aliados ocidentais, com a ideia de unir forças com eles e convencer Truman e Churchill a se voltar contra a União Soviética. Isso não é um palpite, e sim um fato. O ex-chefe do Estado-Maior alemão, Guderian, escreveu isso repetidamente em suas memórias. Não há dúvidas de que uma paz em separado com britânicos e norte-americanos não era apenas o desejo dele; era o que esperavam todos ou quase todos os que trabalhavam no Estado-Maior e muitas figuras políticas da Alemanha nazista.

Hoje não há testemunhas objetivas que possam dizer a verdade sobre os derradeiros dias e horas do Terceiro Reich. Nenhum de seus líderes continua vivo. Mas sabemos que, entre 20 e 30 de abril de 1945, fiéis servos de Hitler, como Goering e Himmler, entraram em conversações com britânicos e norte-americanos tentando obter, mesmo que ao preço da eliminação física de Hitler, uma paz em separado ou pelo menos um armistício em separado. É difícil dizer se eles tentaram assumir a tarefa de "salvar a Alemanha do bolchevismo" por iniciativa própria ou se haviam sido enviados pelo próprio Hitler. Isso continua sendo um mistério. Pode-se argumentar que os eventos dos últimos dias do Terceiro Reich foram revelados no Julgamento de Nuremberg, pelo menos em parte, mas eu sou desconfiado por natureza, principalmente vendo que Himmler estava morto antes do começo do julgamento e que Goering forneceu evidências e depois se matou. É perfeitamente possível que o segredo dos últimos dias do Terceiro Reich tenha ido para o túmulo com eles.

Alguém pode dizer: há o testamento de Hitler, no qual, antes de sua morte, ele expulsou Goering e Himmler do Partido Nazista. Isso é verdade, e este autor foi o primeiro a receber a notícia da boca do general Krebs, chefe do Estado-Maior das Forças Terrestres alemão, e a ter nas próprias mãos a carta assinada por Goebbels e Bormann que acompanhava o testamento de Hitler. Mas, segundo o que Krebs disse e o que Goebbels e Bormann escreveram, seu Führer tirou a própria vida em 29 de abril. Na noite anterior a 30 de abril, o corpo dele foi enrolado em um tapete, mergulhado em gasolina e incendiado. O motorista e ajudante de ordens de Hitler, o tenente-coronel Kemka, também escreveu sobre isso.

No entanto, eu tenho uma pergunta a fazer a todos os que investigam o assunto, que se tornou um enigma tão na moda no Ocidente: será que Hitler e Eva Braun não queimaram por tempo demais? Eles realmente podem ter ficado queimando por mais de 48 horas?

Fomos nós, o Exército Soviético, que tomamos Berlim, e nos coube ver e aprender mais do que era possível a observadores não diretamente envolvidos, que estavam longe da cena dos acontecimentos quando a cidade foi invadida.

## Sobre Berlim: fogo!

Ao entrar no pátio da Chancelaria Imperial na manhã de 2 de maio de 1945, os soldados do 8º Exército da Guarda viram um tapete ainda fumegante e, nele, o cadáver carbonizado de Hitler. Há uma fonte primária esclarecedora, e por ela se podem julgar todos os movimentos astutos e intrigas que ocorreram entre os líderes do Terceiro Reich durante seus últimos dias.

Kemka, o motorista e ajudante que ateou fogo ao corpo de Hitler, alega que Bormann jazia na Alexanderplatz, debaixo de um tanque. Essa afirmação também é duvidosa. É possível que Martin Bormann tenha conseguido fazer uma série de cirurgias plásticas e esteja agora escondido em algum lugar no mundo ocidental, usando um nome falso. Não há mais nada que ele possa fazer, pois foi condenado à morte pelo Tribunal Internacional de Guerra. Assim, mesmo tendo se passado quase 20 anos desde os combates em Berlim, ninguém ainda conseguiu esclarecer completamente a questão (embora isso não seja muito importante agora): quando, exatamente, as forças nazistas perderam a cabeça (o próprio Hitler), em 29 de abril ou em 1º de maio de 1945? Estou convencido de que Goebbels e Bormann, apostando suas últimas fichas em uma disputa entre os Aliados e provavelmente com a concordância de Hitler, anunciaram sua morte em 29 de abril e usaram o testamento para reforçar a história. Eles chegaram a um acordo sobre fazer essa tentativa no momento em que as forças soviéticas e norte-americanas tinham se encontrado no Elba e os britânicos, recolhendo canhões e tanques alemães, estavam se preparando para avançar sobre Berlim.

Seu plano astuto era simples, mas precisamente cronometrado. Nem Hitler, nem Bormann, nem Goebbels podiam permitir que qualquer outra pessoa participasse da elaboração do plano e de sua implementação. Esses chefes nazistas precisavam ganhar tempo. Eles entendiam que, a partir da manhã do dia 22 de abril, o tempo trabalhava a seu favor. Para negociações com britânicos e norte-americanos, eles não precisavam de uma hora ou duas horas, e sim de alguns dias, pelo menos. E os líderes do Reich decidiram lutar por Berlim até o último soldado.

Eles esperavam conter as forças soviéticas com o seu 9º Exército, que operava no sudeste de Berlim, mas essas forças alemãs estavam cercadas e, em 29 de abril, não representavam uma ameaça a nós. As esperanças sobre o que poderia fazer o 12º Exército, do general Wenck, transferido da Frente Ocidental, também foram reduzidas a nada, pois esse exército encontrou nossas forças a noroeste e oeste de Berlim e acabou sendo esmagado. E foi durante os dias que precederam o 30 de abril que Goering e Himmler mandaram suas propostas às potências ocidentais.

É preciso reconhecer que eles tiveram algum êxito, mesmo que depois de um ligeiro atraso: em 7 de maio, um protocolo preliminar sobre a capitulação das forças alemãs foi assinado em Reims por representantes das Forças Armadas nazistas, de um lado, e por comandos norte-americano e britânico, de outro. O documento, todavia, não poderia ter força legal, pois fora assinado sem a participação de um representante oficial do governo soviético.

Por alguma razão, Hitler não entregou o controle do Estado a Goebbels, que estava com ele na Berlim cercada, mas a Doenitz, que se encontrava em Mecklenburg e era quem se localizava mais próximo de todos os nossos aliados ocidentais. E o almirante Doenitz fez bom uso disso. Anunciando-se como um inimigo inconciliável do bolchevismo, ele, como chefe de Estado, foi a Eisenhower com uma bandeira branca para informá-lo de que os alemães se rendiam ao Ocidente e estavam pedindo um cessar-fogo.

Mas, de acordo com todos os cânones do direito, apenas o governo de Berlim poderia capitular ou aceitar termos de capitulação.

De 25 de abril em diante, as tropas do 8º Exército da Guarda, tendo reordenado suas posições, continuaram a ofensiva contra o centro de Berlim a partir do sul. Os soldados da guarda operavam em pequenos grupos e destacamentos de assalto, dia e noite, passo a passo, conquistando um ponto após o outro dentro da capital alemã. O avanço continuava, sem pausa para recuperar o fôlego, o que, de fato, era a principal característica da operação de assalto. Nós nos deslocamos para o Tiergarten, ao longo da margem oeste do rio Spree, que formava o limite do nosso setor de avanço; o limite à esquerda passava por Mariendorf, Tempelhof e a estação de Charlottenburg. Uma olhada no mapa mostrará que o setor de avanço do nosso exército ia se estreitando ao se aproximar do centro de Berlim, como uma ponta de lança. Todas as tropas que cercavam a cidade tinham zonas de ação e direções de ataque semelhantes; todas estavam dando um único golpe concêntrico. O 1º Exército de Tanques, do general Katukov, também operava no setor de avanço do 8º Exército da Guarda.

Como eu já disse, tropas blindadas, com suas máquinas inflexíveis e poderosas, não eram capazes de produzir o mesmo efeito na batalha dentro de uma cidade que nos golpes de grande magnitude no campo. Em uma cidade, um regimento ou batalhão de tanques não consegue adotar a formação de combate adequada da maneira normal, sendo obrigado a se deslocar como uma coluna pela rua, e se torna um alvo vulnerável. Porém, apesar de tudo, alguns comandantes, evidentemente não querendo perder sua independência de ação e preocupados com seu prestígio, enviaram seus tanques para o assalto a Berlim em colunas e depois viram as máquinas enfileiradas pelas ruas, inicialmente imobilizadas em engarrafamentos e depois em chamas, uma após a outra. O tanque principal era incendiado e não havia lugar para onde os outros pudessem ir, só lhes restando esperar que um Faustpatrone os atingisse nas laterais e os incendiasse...

O exército de tanques que havia sido anexado ao 8º Exército da Guarda por ordem do comandante da frente reorganizou sua ordem de batalha, desde o primeiro dia da invasão, com base nos mesmos princípios seguidos pelas outras unidades. Os tanques foram incluídos nos grupos de assalto e começaram a operar em estreita coordenação com eles, assim as perdas de máquinas blindadas foram reduzidas ao mínimo. As excelentes tripulações dos tanques do general Katukov terminaram sua jornada de combate ao lado dos soldados de infantaria da guarda – no Tiergarten, o próprio centro de Berlim.

Uma batalha dentro de uma cidade é uma batalha de poder de fogo, uma batalha travada de perto, em que se atira à curta distância não só com armas automáticas, mas com poderosos sistemas de artilharia e com o armamento dos tanques, todos disparando dentro de uns poucos metros quadrados. Em combates de rua, não se vê homem nenhum. Se uma rua estiver vazia, fique atento, pois o inimigo está escondido em porões, dentro de prédios. Ele anuncia sua presença com rajadas de fogo, som de tiros e explosões de granadas de mão.

O avanço através de uma cidade acontece aos saltos, de um edifício capturado ao próximo, mas todas essas pequenas ações estão ocorrendo ao longo de uma frente ampla, em todas as ruas da cidade. Para os defensores, o principal objetivo é manter a posse de prédios, instalações, ruas e áreas taticamente importantes. A perda de um único objetivo significa a perda de um ponto ou posição fortificados.

A orientação das tropas nesse tipo de batalha se baseia principalmente em uma profunda fé na capacidade de oficiais e homens de todas as patentes, em cada unidade e subunidade. Eles conhecem o objetivo geral de seu regimento e de sua divisão, mas são obrigados a resolver seus próprios problemas específicos de forma independente. O principal trabalho dos oficiais e funcionários de Estado-Maior em uma batalha urbana é organizar a cooperação mais próxima possível entre todas as armas, em níveis de pelotão, companhia e batalhão – as unidades de que são compostos os grupos e destacamentos de assalto.

Se a manobra de cercar uma cidade é uma arte operacional, o assalto a ela é uma questão de tática e é realizado por pequenas unidades. São os oficiais que comandam pelotões, companhias e batalhões que o organizam, que cuidam da reorganização de suas unidades em grupos e destacamentos de assalto, sendo estes últimos constituídos de acordo com a natureza dos objetivos a serem conquistados.

Portanto, o papel dos oficiais que comandam pequenas unidades e a iniciativa de sargentos e soldados em ação adquirem importância primordial em uma batalha urbana. São eles que têm de resolver os problemas táticos, que às vezes se transformam em tarefas de importância operacional, e é deles que depende inteiramente o sucesso de toda a batalha. É na batalha por uma cidade que o soldado raso, o principal executante de um conceito operacional, destaca-se em toda a sua glória e grandeza, não só à vista do inimigo que recua diante dele ou a ele se entrega, mas na visão de seus próprios comandantes, na de todos os generais e outros oficiais de alta patente, chegando até os conselhos militares de seu exército e à sua frente.

Eu gostaria de falar mais detalhadamente sobre as ações de alguns grupos de assalto, sobre o heroísmo de nossos soldados.

# Os soldados da guarda

No final do dia 25 de abril, os grupos de assalto do exército haviam se aproximado três ou, em alguns setores, quatro quilômetros do centro da cidade. Em quase todos os lugares, os combates tinham sido de uma ferocidade excepcional. Cada casa e cada quarteirão das áreas e setores de defesa estavam cheios de posições de tiro e ninhos de homens empunhando Faustpatronen, que haviam aproveitado varandas e janelas nos andares superiores como pontos de disparo, de cima, contra tanques e concentrações de homens.

Em Berlim, há muitas ferrovias, que cruzam a cidade em várias direções e formam posições de defesa muito convenientes. Os acessos a estações, as pontes e as passagens de nível foram transformados em poderosos pontos fortificados; os canais e os locais em que eles poderiam ser cruzados se tornaram linhas de defesa em que o inimigo fez tudo o que podia para deter o nosso avanço. O fogo mortífero chegava aos nossos homens de todas as direções: ruas, becos, porões e prédios em ruínas.

O destacamento de assalto comandado pelo primeiro-tenente Vasili Chernyayev, do 220º Regimento da Guarda, 79ª Divisão da Guarda, estava prestes a tirar o inimigo de uma grande casa de pedra na intersecção de duas ruas: Alt-Mark e Thorwaldsenstrasse. Os nazistas haviam fortificado poderosamente o prédio. No porão, tinham uma arma de calibre pequeno e um grupo de homens com submetralhadoras; no segundo andar, havia fuzileiros e uma metralhadora pesada. A guarnição tinha a ajuda de soldados no prédio ao lado.

O comandante do destacamento disse ao atirador de metralhadora Nikolai Vlasenko e a duas tripulações de canhão antitanque para atirar contra as janelas da casa. Ao mesmo tempo, o sargento Piotr Vasilievski deveria usar seu canhão de 45 mm para aniquilar a metralhadora inimiga e depois atirar em qualquer posição de tiro que tivesse ressuscitado. Sob a cobertura dos canhões antitanque, de metralhadoras e do canhão de 45 mm, o destacamento de Chernyayev entrou para tomar a casa.

O fogo pesado que caíra como granizo havia feito com que os nazistas buscassem cobertura atrás das paredes do prédio e enfraquecera seu fogo. Nossos homens aproveitaram isso, e o grupo de assalto do sargento Ivan Trubachev foi o primeiro a se aproximar da casa, disparando à medida que avançava. Granadas foram jogadas nas portas e janelas do porão. Os soldados da guarda entraram no andar de baixo, matando os soldados que disparavam com o canhão inimigo e vários alemães com armas automáticas. Atrás do grupo de assalto vieram soldados do grupo de apoio, comandados pelo sargento Fyodor Nikitin.

Enquanto isso, outro destacamento, comandado pelo tenente Mikhail Belyavski e o pelo terceiro-tenente Viktor Romanov, atuando em sintonia com as tripulações de canhões e morteiros, ocupava a segunda casa na esquina.

Os alemães contra-atacaram repetidas vezes, trazendo tanques e canhões autopropelidos. Eles usavam o seguinte truque: fazendo parecer que um contra-ataque tinha fracassado, retiravam-se, mas, nas casas que haviam "abandonado", deixavam grupos de homens com armas automáticas, cuja tarefa era abrir fogo de repente contra nossos homens dos flancos e da retaguarda. Nossos soldados da guarda logo entenderam a ideia. Eles reforçavam seus grupos de reconhecimento e, quando se aproximavam de casas "vazias", lançavam granadas e atiravam contra janelas, sótãos e entradas. Os fuzileiros alemães tinham que desistir da emboscada e sair.

No caminho para o aeroporto de Tempelhof, nossas unidades chegaram ao canal Teltow. Os primeiros homens a alcançar suas margens foram os de um destacamento de assalto comandado pelo tenente Dmitri Nesterenko, da 39ª Divisão da Guarda. A fumaça dos prédios em chamas era tão espessa que ficava difícil distinguir qualquer coisa na outra margem. O inimigo, raciocinou

## Os soldados da guarda

Nesterenko, também não conseguia ver, da outra margem, que os nossos homens haviam chegado ao canal, e ordenou que o primeiro grupo de assalto de seu destacamento forçasse a travessia e tomasse um edifício de vários andares.

Uma ponte tinha sido explodida e desabara na água, mas ainda era possível passar por cima dela, embora com dificuldade. Contudo, os franco-atiradores e as guarnições de metralhadora inimigas não deixavam que nossos homens chegassem a ela. Então, Nesterenko decidiu organizar um ataque de artilharia. Os projéteis da nossa artilharia obrigaram o inimigo a cessar fogo. Um grupo de assalto liderado pelo primeiro-sargento Andrei Anisyev, membro do Partido Comunista, tomou a ponte. O comandante e membro do partido foi o primeiro homem a chegar ao edifício e jogou uma granada em uma janela de onde uma metralhadora atirava, e o fogo cessou. Depois de lançar mais duas granadas na janela, Anisyev entrou no edifício e desobstruiu três salas ocupadas por nazistas.

O ataque dos soldados da guarda tinha sido feito com tanta rapidez e entusiasmo que os nazistas cederam e recuaram. Nosso grupo de apoio abriu fogo pesado contra eles, dando cobertura para que Anisyev e seus homens entrassem no prédio vizinho, pisando nos calcanhares do inimigo em retirada, e também o tomaram.

E aqui está mais uma página da crônica do avanço em combate do 8º Exército da Guarda, escrita pelo sargento-major de comunicações da guarda Alexei Burmashev. Em Berlim, ele repetiu a notável ação de Titayev, famoso soldado do batalhão de comunicações que, durante a luta por Mameyev Kurgan, segurou unidas as pontas rebentadas de uma linha de comunicação entre seus dentes enquanto morria.

Eu conhecia bem Alexei Burmashev, do Dnieper, do Vístula e do Oder. Era um siberiano de ombros largos e bochechas amplas. Testemunhas oculares de sua proeza em Berlim nos contaram o seguinte: o sargento-major da guarda Burmashev estava de pé sobre a margem um pouco inclinada do Spree, examinando com interesse esse rio estrangeiro do qual tanto ouvira falar e que, evidentemente, fazia com que se lembrasse de outros tempos, pois observou a seus amigos: "Bom, nós já atravessamos outros maiores que esse!". Uns barquinhos balançavam sobre a água, amarrados próximo à margem; os alemães não tinham tido tempo de destruí-los. O pelotão de comunicações comandado por Burmashev deveria ser um dos primeiros grupos a ir até a margem oposta.

Os alemães estavam resistindo com firmeza. Projéteis e granadas de morteiro estouravam no rio, enquanto colunas de água subiam e voltavam a cair em cascata. O pequeno barco de pescador, a remo, no qual o comandante do pelotão e o telefonista Koshelyov estavam fazendo a travessia, tinha tudo para emborcar a qualquer momento, mas atravessou, apesar do fogo que recebia, e bateu na margem com um baque. De fuzis e rolos de cabo nas mãos, os homens de comunicações saltaram para fora e começaram a montar sua linha. Os alemães os viram e dispararam contra eles. Koshelyov foi morto. O sargento-major ficou sozinho na margem controlada pelo inimigo. Às vezes rastejando, às vezes correndo, ele seguiu em frente, instalando o cabo atrás de si. E, em pouco tempo, no posto de comando da unidade, ouviram uma voz conhecida: "Águia, Águia, você me ouve? Aqui é Rowan...".

O regimento entrou em Berlim. Estava em curso um obstinado combate por Tempelhof, o aeroporto central da cidade. O sargento-major da guarda Burmashev foi visto em postes de telégrafo, em telhados de prédios em chamas, em porões profundos e úmidos. Um homem precisa de uma força de vontade e uma coragem fantásticas para escalar um poste de telégrafo sob uma chuva de fragmentos de bombas e balas e conectar cabos lá em cima!

Alexei Burmashev correu pelas ruas de Berlim. Faltavam-lhe apenas 10 metros para chegar a um prédio pelo qual nossos grupos de assalto estavam lutando, apenas dez metros... mas naquele exato momento um fragmento o atingiu. Pressionando a mão sobre a ferida, Burmashev gritou para seus homens: "Mantenham a linha!". E caiu no chão.

Aqueles poucos metros de fio eram os últimos de mil quilômetros de linha que Burmashev havia instalado durante os anos da guerra. E aqueles últimos metros foram instalados ao longo das ruas da capital alemã. Em pouco tempo, a boa notícia chegou a eles: "O aeroporto foi completamente cercado!".

E foi assim, em meio a uma operação especialmente complexa – isolar e tomar o controle do aeroporto de Tempelhof – que o sargento-major da guarda Alexei Burmashev cumpriu seu dever até o fim.

Repito: essa foi uma operação especialmente complexa, pois Tempelhof era o último e único aeroporto de Berlim de onde os aviões alemães ainda podiam decolar. Então, naturalmente, o inimigo fez tudo o que podia para manter essa última "janela para o céu". O aeroporto era defendido por unidades antiaéreas, tropas da SS e tanques, sendo estes dispostos em forma de L ao longo das bordas sul e leste da pista. A maioria fora enterrada e transformada em posições de tiro invulneráveis. Parecia que a guarnição de Berlim não tinha mais combustível para seus tanques; toda a gasolina e todo o diesel, de acordo com os depoimentos das tripulações de tanques capturadas, haviam sido levados pela força aérea para seus aviões.

 Depoimentos de prisioneiros ajudam a esclarecer outro aspecto da situação, que não poderia ser ignorado. Nos hangares subterrâneos do aeroporto havia aviões prontos, com os tanques cheios de combustível, em condições de decolar a qualquer momento. Ao lado deles, suas tripulações estavam de plantão 24 horas por dia, e, entre esses homens, pilotos e navegadores que, no passado, haviam sido encarregados dos voos de Hitler, Goebbels, Bormann e outros líderes nazistas para destinos em toda a Alemanha. Com essa informação, pode-se concluir que Hitler e seus colaboradores mais próximos ainda estavam em Berlim e poderiam – vá saber o que o diabo tem na manga! – escapar por essa última brecha. Por isso, tínhamos de fazer todo o possível para que isso não acontecesse. Não se poderia assustar o pássaro tão cedo; por outro lado, um atraso demasiadamente grande também poderia permitir o que não seria permissível: deixar que o principal criminoso de guerra escapasse.

 Por essa razão, os regimentos da 39ª e da 79ª Divisões da Guarda receberam ordens para cercar o aeroporto a partir do oeste e do leste, antes de se unir à batalha no perímetro sul. A artilharia recebeu a tarefa de manter a cobertura das pistas de decolagem. Não conhecíamos o lugar exato nem outras informações sobre os portões de saída dos hangares subterrâneos, de modo que grupos de assalto reforçados com tanques foram designados para o trabalho de isolar todo o acesso às próprias pistas com fogo de canhões e metralhadoras e, assim, manter os aviões trancados no subsolo.

 O plano funcionou perfeitamente. Nem um único avião decolou dali depois da noite de 25 de abril e, até ao meio-dia do dia 26, o próprio aeroporto e todo o complexo aeroportuário de Tempelhof – hangares, estruturas de comunicação e o prédio principal do *Flughafen* – estavam em nossas mãos.

 A boa notícia chegou acompanhada de tristeza: o comandante do 117º Regimento de Fuzileiros da Guarda, 39ª Divisão, tenente-coronel da guarda Yefim Dmitrievich Gritsenko, homem de sabedoria, determinação e excelente coragem, tinha sido morto na noite de 25 para 26 de abril. Depois do ocorrido, uma enfermeira da 117ª Divisão, Tatiana Gubaryova, veio até mim com um envelope que continha os documentos de Yefim Dmitrievich, que ele sempre levava no bolso esquerdo do peito e que estava furado por balas. Um soldado alemão tinha lhe acertado o coração com uma metralhadora. Que herói nós havíamos perdido!

O assalto estava em andamento havia mais de dois dias e duas noites. A área que sobrava para a guarnição de Berlim estava encolhendo, mas sua resistência só fazia endurecer. Nossas posições estavam cada vez mais próximas, e as possibilidades de fogo e movimento haviam sido reduzidas ao máximo. Tudo estava confinado nos limites estreitos das ruas propriamente ditas. Agora, nosso avanço se comparava ao trabalho de mineiros abrindo uma galeria subterrânea. A passagem de uma rua a outra somente podia ser feita através de brechas em grossas paredes de tijolo ou pedra, ou sobre montes de ruínas, sobre massas empilhadas de concreto estraçalhado, das quais sobressaíam pontas dentadas de metal. Sentindo a aproximação do fim, os nazistas agora destruíam tudo o que havia na cidade, sem levar em conta o número de cidadãos comuns que matavam no processo, desde que pudessem nos infligir as maiores perdas possíveis em termos de homens e materiais. A resistência mais feroz de todas foi a dos destacamentos da ss na praça em frente à igreja que fica na Kurfürstenstrasse. Lembrem-se dessa praça, historiadores! Agora, ela está no setor norte-americano de Berlim.

Durante a noite que precedeu 27 de abril de 1945, um grupo de assalto do 34º Regimento de Tanques Pesados conseguiu chegar até esse ponto. Eles conseguiram fazer isso por meio de uma arrojada investida através de dois conjuntos de linhas ferroviárias que atravessavam a parte sul da cidade, quase até o centro propriamente dito. Na praça em frente à igreja, um tanque atingiu uma mina e ficou apenas com uma esteira funcionando. Vendo que a máquina soviética não podia mais manobrar, os homens da ss interceptaram o caminho que a tripulação do tanque usava para bater em retirada e em que os soldados com submetralhadoras lhes davam cobertura e começaram a atacar todo o grupo. Eram 100 deles contra 12 de nossos homens, e começou uma luta desigual.

Nessa luta, o sargento da guarda Herman Shashkov se destacou por um valor extraordinário, habilidade e determinação em ação. Primeiramente, ele assumiu o lugar do municiador do canhão quando este foi ferido e, depois, do comandante da tripulação, que foi morto de imediato. O tanque manteve o fogo sem diminuição. Um Faustpatrone explodiu na frente da torre do motorista; um segundo depois, o comandante da tripulação caiu morto. Shashkov estava sozinho. Ele apertou a ignição e o tanque sacudiu e começou a girar em seu eixo. Outro golpe direto de um Faustpatrone e o motor estava em chamas. Shashkov colocou-o em marcha a ré e avançou contra uma parede meio destruída, que desmoronou sobre o motor e apagou as chamas. Depois de mais alguns minutos, Shashkov tinha usado todas as suas munições, exceto as granadas de mão, e foi ferido pela segunda vez, no peito. O tanque começou a queimar de novo, enquanto soldados nazistas martelavam a blindagem, exigindo que ele se rendesse. Mas Herman Shashkov, soldado da guarda e fiel ao seu juramento, escolheu morrer em seu tanque em chamas. Quando seus camaradas chegaram a ele, viram ao redor do tanque mais de 30 soldados alemães mortos ou feridos, com armas automáticas ou Faustpatronen e vestindo o uniforme da Gestapo. Shashkov, metade queimado e ferido, estava no fundo do tanque com uma faca na mão. Ele ainda estava vivo e respirou por tempo suficiente para contar a história do que tinha acontecido, e suas últimas palavras foram: "Obrigado, irmãos, por não deixarem os nazistas terem meu corpo".

Glória eterna a um herói da pátria russa, Herman Petrovich Shashkov, que caiu no assalto a Berlim!

No transcorrer daqueles dias, eu fui atacado novamente nos braços por aquela coceira que queimava como milhares de agulhas vermelho-brasa picando a pele. Ela apareceu depois de eu ouvir um relatório feito pelo general Ryzhov, que estava no comando do 28º Corpo. Ele me informou que, do outro lado do parque Heinrich von Kleist, em um prédio de esquina que se tornara um importante ponto fortificado, permanecia uma guarnição de soldados inimigos sitiada, que mantinha um fogo contínuo de metralhadoras pesadas. Aparentemente, esses homens tinham condenado a si mesmos a matar até que eles próprios fossem mortos; eles disparavam ao longo das ruas, matando socorristas, feridos, mulheres e crianças que tentassem atravessar de um lado da rua para o outro, ou seja, qualquer um que entrasse no campo de suas miras. O que se deveria fazer a respeito deles?

Antes disso, eu vinha hesitando há algum tempo entre recorrer aos destacamentos armados de lança-chamas de nosso exército ou deixá-los na reserva. Agora eu havia me decidido, e dei ordens para trazer à linha de frente equipes com lança-chamas portáteis da 41ª Brigada de Sapadores.

Os sapadores conseguiram chegar ao objetivo e direcionar chamas a todas as aberturas e janelas do porão do prédio. Seria de se esperar que o inimigo cessasse a resistência e se rendesse, mas, em pouco tempo, as metralhadoras voltaram a funcionar. Então, teríamos que invadir e aniquilar os nazistas onde eles estivessem. Nikolai Popov, um bravo soldado cuja terra natal era Argun, na região de Chita, atirou uma granada de vara na porta e entrou no edifício através de uma abertura na parede do primeiro andar. Havia soldados nazistas nos corredores daquele andar, e eles nem tiveram tempo de começar a disparar, pois o lança-chamas os destruiu em um instante. Mas a principal força inimiga estava no porão. Popov atirou várias granadas lá embaixo, depois pulou e se viu cercado por nazistas. Havia cerca de 30, ele contou mais tarde. Popov gritou: "Mãos ao alto!". A resposta foi uma rajada de metralhadora, e depois outra. Ele teve que buscar cobertura atrás de uma parede divisória e direcionar o jato do lança-chamas a partir de lá. O prédio inteiro começou a queimar. Os nazistas tentaram fugir, mas nossos homens estavam esperando por eles lá fora.

Na verdade, um único homem virou o jogo nesse episódio. Mas, quando o inimigo se estabelece em um prédio com grossas paredes de tijolo, costumam ser necessários os esforços de vários braços para retirá-lo. A experiência de combate de rua em Berlim mostra que todo grupo de assalto precisa ser apoiado por não menos que três ou quatro canhões, sem contar os próprios armamentos pesados da infantaria. Nossos artilheiros "cercaram" um objetivo com fogo, isolando-o dos flancos e da retaguarda, bem como de seus vizinhos, e, assim, impediram que recebesse apoio de sua guarnição do exterior. Nossas próprias armas foram usadas para suprimir as posições de tiro dentro dos prédios fortificados e para evitar que o inimigo contra-atacasse.

Aqui está um exemplo notável dos combates em Berlim. O sargento Fyodor Cherpachenko e a tripulação de seu canhão receberam a tarefa de apoiar a infantaria que iria invadir um prédio grande. No segundo andar dessa construção, os alemães tinham uma metralhadora e, no porão, havia uma concentração de homens com armas automáticas e granadas. O primeiro-sargento escolheu uma posição no pátio da casa em frente. Fez-se uma abertura na parede e foi trazido um suprimento de munição. Com o comandante do grupo de assalto, Cherpachenko organizou os sinais que serviriam para abrir fogo, transferir fogo e indicar alvos. O canhão foi colocado em posição antes do amanhecer. Assim que a manhã chegou, Cherpachenko abriu fogo. Dois projéteis puseram a metralhadora inimiga fora de ação, e Cherpachenko transferiu seu fogo para as janelas do porão. Apoiados por artilharia e por morteiros e metralhadoras do grupo de assalto, os soldados da infantaria entraram correndo para tomar o prédio, e os combates começaram lá dentro. O canhão de Cherpachenko não podia mais disparar contra o prédio, então ele começou a atirar contra a casa ao lado, impedindo que o inimigo a usasse para ajudar a guarnição cercada.

Repito, mais uma vez, que a camaradagem na ação e a assistência mútua entre infantaria, artilharia, engenharia, comunicação, tanques e reconhecimento se tornou o fator decisivo nessa etapa. Em nenhum lugar, sob nenhuma outra circunstância, existe ou é possível existir um contato tão constante entre os homens das várias armas militares como durante o ataque a cidades e suas fortificações. Assim sendo, o comandante de um grupo de assalto se torna o principal organizador das manobras táticas do poder de fogo e do poder das tropas. De sua capacidade de acompanhar e entender os combates à medida que avançam e tomar a decisão certa rapidamente depende a continuidade da capacidade para a batalha do destacamento como um todo, bem como de cada soldado individualmente.

Todo ataque e todo assalto eram precedidos por um reconhecimento cuidadoso. Os homens engajados nesse trabalho tinham que ter frieza, iniciativa e recursos excepcionais. Um homem de reconhecimento na luta urbana tem que ser posto de escuta, posto de observação e observador, tudo em um. Se não puder obter as informações de que precisa por meio de simples observação, deve ir sem ser percebido até o objetivo a invadir e descobrir o que puder, de ouvido. Se não conseguir ouvir o que precisa, deverá penetrar a posição do inimigo.

Durante todo o período da luta em Berlim, o grupo de reconhecimento liderado pelo primeiro-tenente Viktor Lisitsyn fez um excelente trabalho. Seus homens penetraram nas posições do inimigo, entraram em lugares que poderiam ter sido considerados seguros em relação a qualquer observação e demonstraram grande inteligência e astúcia em tudo o que fizeram.

Em Berlim, muitos prédios e quadras eram ligados por passagens, que foram usadas por nossos homens de reconhecimento. Elas funcionavam da seguinte forma: parte do grupo avançava, com um ou dois homens usando tochas. Muitas vezes, os nazistas, vendo a luz das tochas, pressupunham que quem se aproximava eram seus próprios homens, e era com isso que nossos soldados contavam.

# O assalto ao Tiergarten

Estávamos nos preparando para o último golpe, o coroamento do ataque contra o refúgio final de Hitler, o Tiergarten.

O Tiergarten é uma ilha cercada de todos os lados pelas águas do rio Spree ou de canais. Era defendido por soldados e batalhões da SS selecionados, os guarda-costas do governo hitlerista. O lugar era dominado por edifícios altos e sólidos, cujos acessos às barreiras de água eram todos mantidos sob observação plena e cobertura de fogo direcionado.

Decidi deslocar meu posto de comando e observação até mais perto da linha de frente. Na Belle Alliance Strasse (essa rua está agora no setor norte-americano e se chama Mehring-Damm), escolhemos um edifício grande de cinco andares, não muito distante do principal *Flughafen*, na ponta de uma quadra triangular em frente ao Parque Viktoria.

Era uma construção escura e desconfortável. As paredes eram cinza-escuro, parecendo ter sido lambidas por chamas de fogo mais de uma vez, as janelas haviam sido estraçalhadas e, sobre a entrada, uma águia de cimento espalhava as asas, tendo nas garras uma suástica, o emblema do Terceiro Reich. No primeiro andar havia um salão, não grande, mas de pé direito alto, com pilares de mármore preto. Foi nesse edifício que aconteceram os eventos que vou descrever.

As tropas do 8º Exército da Guarda, então, continuavam o assalto à Berlim antiga, quadra por quadra. No final do dia 27 de abril de 1945, nossas forças principais haviam chegado ao canal Landwehr, que corria profundamente entre as margens de concreto. Do outro lado, a cerca de 400 metros, ficava o Tiergarten. Ali estavam os principais ministérios e instituições governamentais e a Chancelaria Imperial, onde Hitler e seu Estado-Maior tinham se refugiado. Um pouco ao norte, estava o Reichstag.

No mesmo dia, nossos exércitos vizinhos, avançando no centro de Berlim a partir do leste e do norte, chegaram às margens do Spree. As tentativas de forçar a travessia desse rio e do canal Landwehr imediatamente não tiveram êxito, pois as pontes e os acessos a elas estavam muito minados e tinham forte cobertura de fogo de metralhadoras.

Depois de recebidos os relatórios dos comandantes de corpos e unidades separadas e de a área ser reconhecida, decidiu-se que os homens deveriam ter um período de 24 horas para recobrar o fôlego, mas que, ao mesmo tempo, não haveria interrupção na atividade para imobilizar o inimigo, isto é, que se deveria fazer um reconhecimento mais intenso dos pontos fortificados e todas as praças e ruas deveriam ser mantidas sob fogo concentrado de armas e morteiros. Os grupos de assalto e os destacamentos deveriam passar pelo necessário reagrupamento (esses grupos e destacamentos eram constituídos de acordo com os objetivos a atacar) e era preciso alocar mais reforços mecânicos e trazer suprimento de munições, com o objetivo de renovar o assalto ao Tiergarten a partir do sul, às 12h de 29 de abril. Os encarregados da artilharia e dos morteiros foram instruídos a elaborar planos de fogo articulados e ligações mútuas com os membros da artilharia dos outros exércitos, cujas tropas estavam invadindo o centro governamental a partir do leste, do norte e do oeste, para que não houvesse excesso de disparos e não atingíssemos nossos próprios homens, pois a distância entre as tropas que avançavam dos vários pontos da circunferência se reduzia a cada hora.

Na preparação para o assalto final ao Tiergarten, nossa principal atenção estava voltada para conseguir a melhor distribuição de nossas forças de membros do Partido e do Komsomol e para escolher e nomear oficiais para comandar grupos e destacamentos (para substituir aqueles que haviam caído). Essas duas questões estão interligadas. Um comandante que tenha iniciativa e determinação terá sucesso em qualquer tarefa, se os seus homens estiverem dispostos a confiar seus destinos a ele sem qualquer sombra de dúvida e se ele tiver uma base de apoio sólida entre os membros do Partido e do Komsomol.

O trabalho político-partidário, principalmente nas condições do combate urbano, só produzirá bons resultados se o oficial ou o organizador político se esquecerem de conversas gerais e entrarem diretamente em um grupo, que pode ser composto de apenas cinco homens, conversando pessoalmente com eles, por exemplo, sobre o que eles devem fazer para ter suas armas em prontidão adequada ou se eles têm todas as informações de que precisam sobre o planejamento para a próxima ação, se conhecem seus sinais luminosos e sonoros, se têm seus *kits* de primeiros-socorros e suas rações de comida.

Mas o mais importante para o organizador político é encontrar uma linguagem comum com os soldados para transmitir fé na vitória.

Escrevo isso e me lembro do primeiro-tenente da guarda N. V. Kapustyanski, representante político junto ao comandante do 1º Batalhão do 22º Regimento da Guarda da 79ª Divisão. Era um homem baixo, cuja aparência não causava impressão, e o oposto de loquaz. Não falava muito e gostava de ouvir, mas, se dissesse algo, cada palavra era certeira como uma flecha.

Nos dias em que estávamos atacando Berlim, era difícil encontrar Kapustyanski em qualquer lugar. Ele fazia uma breve aparição no posto do comandante do batalhão para ver o que estava acontecendo e voltava.

"Ah, o representante político esteve aqui conosco há pouco", dizia-se nos vários grupos de assalto. "Ele estava nos contando sobre alguns dos homens que se destacaram. Ele queria divulgar um 'panfleto de batalha'."

"E onde ele está agora?"

"Ele disse que ia ver o próximo destacamento."

"Quem está com ele?"

"Ninguém, ele veio sozinho."

"Um franco-atirador ainda vai pegá-lo ou um pedaço de parede vai cair sobre ele, e vamos ficar nos perguntando onde foi parar o nosso representante político."

"Nós também temos medo disso, mas ele não nos deixa acompanhá-lo quando vai. 'Eu sei me virar sozinho', ele diz."

Era um homem modesto e corajoso, e não pensava em si mesmo. Ele superava dificuldades para percorrer ruas em meio ao fogo ou qualquer coisa, contanto que pudesse dar alguma boa notícia aos homens e ajudar seu comandante.

Tarde da noite ou durante um momento de calmaria, Kapustyanski reunia seus ajudantes, ouvia os resultados do trabalho deles e dava a cada um sua próxima tarefa, enquanto ele próprio voltava para ver os homens no setor onde a luta estivesse mais difícil. O representante político conhecia de vista cada soldado do batalhão, tão bem ou melhor do que qualquer um, e não foi por acaso que esse batalhão e seus grupos de assalto cumpriram todas as suas missões de batalha e estiveram entre os primeiros a chegar ao canal Landwehr.

"E o que o representante político do batalhão está fazendo lá no Landwehr neste momento?", eu indaguei sobre ele.

Em pouco tempo, chegou o relato por telefone do Quartel-General do Regimento:

"Ele está ajudando os homens a fazer boias com qualquer coisa que eles possam encontrar."

"Que boias?"

"Bom, é que amanhã nós vamos... ah..."

Os preparativos para forçar a travessia do canal estavam em andamento, e o oficial que estava falando comigo não quis dizer isso pelo telefone.

"Sim, sim, eu sei, vocês vão pescar, nadar e tudo o mais."

"Sim, as duas coisas. E ele é especialista nisso. Ele sabe fazer um barco usando uma barraca comum, e a maneira como ele junta as boias dá gosto de ver. Os nossos homens estão aprendendo a fazer isso com ele."

"Ele está fazendo um bom trabalho. Obrigado e até logo."

Antes desse ataque final, que deveria tomar a última cidadela de Hitler, o Tiergarten, em um momento em que o fim da guerra estava claramente à vista e praticamente todos os soldados do exército já imaginavam os dias de paz que estavam por vir, era importante refletir sobre uma pergunta que estava longe de ser simples e ter uma resposta correta: o entusiasmo das tropas para o combate já teria passado? O último encontro prometia ser violento e sangrento. Todo mundo entendia isso muito bem, dos oficiais de patentes mais altas aos soldados. No combate de rua, nem o comandante do regimento, nem o da divisão conseguem enxergar as posições de seus soldados como conseguem em campo. Não há trincheiras, e não há elevações estratégicas para estabelecer postos de observação. Os soldados buscam cobertura em porões, atrás de muros reforçados de quintais, em becos fechados, atrás de ruínas. Onde estava a garantia de que, quando fosse dado o sinal de "Atacar!", os regimentos e os batalhões iriam se erguer unidos para o ataque final?

## O assalto ao Tiergarten

Ela existia, e que garantia! Os oficiais, os comunistas, os jovens comunistas e seu exemplo pessoal, assim como a consciência plena de cada homem sobre sua responsabilidade para com seus camaradas; sua consciência e sua pátria eram a fonte constante e inesgotável do moral do exército para o combate. Essa é a garantia de sucesso em qualquer missão.

Adiantando-me um pouco, direi agora que, depois do trabalho que havia sido realizado pelo Conselho Militar, pelos órgãos políticos e pelas organizações do Partido em unidades e formações, o assalto final foi realizado com o moral tão elevado que tivemos que impedir que as pessoas fizessem ataques frontais a fortificações inimigas antes de se terminar o "amolecimento" cuidadoso dos alvos com fogo. Não havia qualquer indicação de que faltasse determinação para o cumprimento de suas missões a algum batalhão ou grupo.

Ao conclamar comunistas e jovens comunistas a dar o exemplo no ataque ao Tiergarten, é claro que nunca tivemos a menor intenção de jogá-los através do canal contra as fortificações inimigas, sob o fogo de flanco das metralhadoras, ou em áreas minadas, sem a mais cuidadosa cobertura contra fogo ou sem a artilharia preliminar mais forte possível contra os objetivos a ser atacados. A ordem era não poupar projéteis e cartuchos, usar granadas de morteiro e granadas sem vacilar, pois havia muita reserva! Os canhões, dos antitanque aos mecanismos mais poderosos, incluindo obuses de alcance longo e muito longo, foram deslocados para o fogo direto. Os lançadores de foguetes dos soldados da guarda (os Katyushi) foram trazidos até o canal sob a cobertura de cortinas de fumaça e deveriam funcionar como a artilharia comum.

Consideramos melhor não forçar a travessia do canal com todas as forças de nossos regimentos e divisões ao mesmo tempo, e sim usando pequenos grupos mais uma vez. A escolha dos locais para atravessar foi deixada aos comandantes de unidades. Um oficial que esteja pessoalmente presente na posição inicial pode ter uma visão melhor de como a artilharia está fazendo seu trabalho e qual o melhor ponto de onde alcançar o objetivo com as menores perdas possíveis.

Eu assumi pessoalmente o controle de alguns setores, como as pontes sobre o canal, a ponte arqueada na Potsdamerstrasse, de onde se poderia fazer o ataque mais eficaz contra a Chancelaria Imperial.

Ao discutir todas as questões relacionadas aos preparativos para o assalto ao Tiergarten, o Conselho Militar do Exército tomou medidas para garantir a preservação dos tesouros nacionais pertencentes ao povo alemão.

A segurança de bancos, bibliotecas, instituições de ensino e instituições médicas foi confiada a equipes do Corpo de Logística do Exército.

Também tivemos que pensar nos estoques de alimentos e serviços médicos para a população de Berlim. Nessa época, nos armazéns e depósitos de suprimentos da capital alemã, restavam apenas umas poucas toneladas de farinha e certa quantidade de conservas de peixe e carne. Não havia carne fresca, cereais nem laticínios. As pessoas estavam passando fome. As crianças subiam até nossos tanques e ficavam na linha do fogo de metralhadora e artilharia e fariam qualquer coisa apenas para chegar a nossas cozinhas de campanha e pedir um pouco de pão, uma colher de sopa ou mingau de aveia.

O soldado russo tem um coração bondoso, até demais. Nossos homens estavam alimentando as crianças alemãs em suas próprias marmitas e colocando comida enlatada e açúcar nas mãos delas para que levassem para casa. Tivemos de dar ordens estritas aos oficiais para que conferissem pessoalmente se seus homens estavam comendo o suficiente. Em termos gerais, nossas bases de retaguarda tinham provisões para sustentar a população alemã faminta nas áreas libertadas do fascismo. Além disso, receberíamos rações para os alemães de forma centralizada.

A situação era pior quando se tratava de serviços médicos. A parte de Berlim pela qual nossas tropas já haviam passado tinha sido devastada por bombardeios americanos no inverno anterior, e os encanamentos de água e esgoto tinham sido destruídos. Muitos bairros só dispunham de iluminação e aquecimento por lâmpadas a óleo e fogões a lenha. Banheiros e lavatórios, cozinhas, corredores e até mesmo quartos estavam transbordando de lixo e esgoto. Não adiantava lavar com água fria, pois não havia sabão. Sarna, febre tifoide e doenças intestinais eram encontradas em quase todas as casas. As pessoas estavam cheias de piolhos e cobertas de feridas de sarna.

O que deveria ser feito? Estava claro que algumas medidas tinham de ser tomadas.

O oficial que comandava o serviço de saúde do exército foi instruído a procurar suprimentos de desinfetantes e mobilizar médicos e profissionais de saúde entre a população de Berlim para evitar o surgimento de epidemias. O general encarregado da logística do exército recebeu ordens para dar aos habitantes da cidade todas as reservas de sabão disponíveis. Os comandantes dos vários distritos organizaram o conserto das estações de bombeamento e a desobstrução dos esgotos principais. Os órgãos políticos de unidades e formações nomearam oficiais com conhecimento da língua alemã para explicar ao povo que era hora de começar a restaurar sua economia destroçada, já que a guerra estava acabando.

Tudo isso fez parte da complexidade de questões envolvidas, de uma forma ou de outra, no apoio político dado às próprias operações militares.

Está começando a manhã de 29 de abril de 1945. Eu não preguei o olho a noite toda, mas não tenho vontade de dormir. Fumo muito, muito mesmo, e meu segundo pacote de cigarros *Kazbek* já está vazio. Meu cérebro funciona em ritmo acelerado. Que notícia teremos para dar à nossa pátria e ao mundo amanhã e no dia seguinte, na festa popular do 1º de Maio? Qual será o fim da última loucura do insano Adolf Schickelgruber*? Onde ele pode estar se escondendo desses golpes que lhe estamos desferindo? Não se esconderá, e os soldados soviéticos conseguirão encontrar esse mercador da morte onde quer que ele se esconda. Eles o encontrarão e livrarão a humanidade dele!

Ao se começar a pensar sobre o amanhã, é preciso ter em mente a experiência de ontem. Sim, nós conseguimos, em um tempo relativamente curto (quatro dias e noites), atravessar muros e baluartes de pedra até o centro de Berlim, cobrindo uma distância de 12 quilômetros. No entanto, o exército de Paulus, no ataque à resistência de nosso 62º Exército em Stalingrado, tinha posições mais vantajosas do que as nossas aqui e, em mais de cem dias, não conquistou nem metade do terreno que acabamos de cobrir em quatro. Onde está a diferença? Está na distinção social entre os nossos exércitos. Um deles está lutando pelos interesses de seu povo; o outro, pelos interesses de um pequeno punhado de capitalistas e imperialistas. Um baseia seu poder de luta na consciência, na fé que tem nas habilidades do soldado comum; o outro, na coerção e no medo. Em um deles, há milhares de mentes que assimilam criativamente a situação como ela se concretizou e encontram, juntas, soluções corretas para seus problemas; no outro, uma mente governa, enquanto as demais simplesmente executam suas ordens, mesmo que possam não ser originais. Essa é a diferença essencial.

É sabido que, nos primeiros tempos da guerra, nossas tropas também agiram, em muitos casos, de acordo com esquemas de ação preconcebidos, sem levar em conta as circunstâncias reais e em permanente transformação.

---

* N.T.: Sobrenome de nascimento do pai de Adolf Hitler.

Mas nossa vida, suas instituições sociais e a estrutura do nosso exército permitiram que nos afastássemos dos estereótipos para encontrar novas formas de combater o inimigo. Tal afastamento dos dogmas incorporados nos regulamentos foi responsável pelo surgimento das táticas dos pequenos grupos de assalto. Essas táticas nasceram nos combates de rua às margens do Volga. Sua essência é atacar. Lá, no Volga, os grupos de assalto travaram uma batalha defensiva, mas reforçaram e melhoraram suas posições por meio de golpes ofensivos. Foi assim, então, já em 1942, que as técnicas de ataque dos grupos de assalto foram trabalhadas na prática e testadas sob fogo. Em Berlim, não tínhamos necessidade de nos defender e melhorar nossas posições, pois o inimigo estava cercado por um sólido e poderoso anel de forças nossas. Tudo o que tínhamos de fazer era atacar e atacar.

Como a guarnição de Berlim havia sido preparada para enfrentar o nosso ataque?

Falando diretamente: mal. O comando de Hitler tinha conseguido criar poderosas fortificações defensivas, fortalezas, fortes e muralhas, mas a principal fortaleza – o ser humano, sua consciência do que acontece – ficou sem defesas. As tropas alemãs em Berlim estavam despreparadas para suportar os golpes de nossos grupos de assalto, pois não sabiam lutar nas ruas.

É verdade que algumas equipes individuais de alemães armados com Faustpatronen travaram lutas bem-sucedidas com nossos tanques durante os primeiros dias do assalto a Berlim. Eles atuaram com habilidades reais e infligiram perdas muito importantes a nossas forças blindadas. Mas esse êxito durou pouco. Os Faustniks só conseguiram bater os nossos tanques porque os homens responsáveis por eles eram culpados de analfabetismo tático: podem-se enviar máquinas para a batalha em colunas ao longo das ruas? Assim que as forças blindadas foram reorganizadas e dispersadas para formar parte dos grupos de assalto e começaram a trabalhar em estreita cooperação com a infantaria, o efeito dos Faustniks na defesa de Berlim foi reduzido a praticamente zero. Eles foram enfrentados com sucesso por armas automáticas usadas para dar cobertura aos nossos tanques. Além disso, os tanques incluídos nos grupos de assalto foram tornados invulneráveis a golpes diretos de Faustpatronen; a engenhosidade de nossos soldados de infantaria encontrou uma maneira de aumentar a resistência da blindagem ao fogo, e todos os tanques pertencentes a grupos de assalto receberam proteção adicional na forma de pequenos sacos de areia que eram amarrados próximo à blindagem com fio ou corda, ou costurados em cabos de arame fixados nas laterais e torres dos tanques. Um método aparentemente muito simples, mas dos mais eficazes. Um Faustpatrone perde sua força penetrante cumulativa quando atinge um saco de areia, e a blindagem permanece ilesa.

Assim, o Faustpatrone, o "punho cerrado" que golpearia os tanques russos, algo em que Hitler tinha depositado grandes esperanças, não era tão terrível no final das contas. Provavelmente foi isso que enfureceu o Führer a ponto de ele aprovar uma ação que era pura loucura.

Imagine uma multidão de 400 jovens. Nenhum deles tinha mais de 15 anos e todos vestiam suas fardas pretas, como uniformes escolares. Eles estão marchando ao longo da rua em direção à área de combates. Eles avançam em direção aos grupos de assalto. Nos ombros estão Faustpatronen brancos colocados em estacas de um metro e que mais pareciam jarros de água. Hitler enviou essas crianças para combater tanques. Pelo rádio, nossos oficiais perguntaram: "O que devemos fazer: deixar que se aproximem ou abrir fogo?".

"Não atirem, encontrem alguma maneira de desarmá-los."

Chamas amarelas lançadas para cima para mostrar onde estava a nossa linha de frente não conseguiram parar os meninos.Eles se aproximaram de nossas posições e, ao ver canhões e veículos, correram loucamente para a frente. Os Faustpatronen voavam, explodindo homens e cavalos em fragmentos. Tivemos que abrir fogo em resposta. Vendo que os da frente caíam, o restante recuou.

Isso aconteceu em plena luz do dia, em 26 de abril, após a captura do aeroporto de Tempelhof. A multidão de meninos saiu do Tiergarten e desceu a Kolonnenstrasse para as posições do 28º Corpo da Guarda.

Quem poderia ter mandado meninos para uma morte certa? Só um louco, um maníaco delirante.

Se, durante os dias mais intoleravelmente difíceis da defesa de Stalingrado, tivéssemos sacrificado homens de forma tão enlouquecida, dificilmente teríamos conseguido defender a linha ou a margem leste do Volga. Mas nós nos mantivemos firmes, não entregamos a cidade e chegamos a tempo a Berlim, que tinha uma guarnição de cerca de 200 mil homens. Com essas forças, poderíamos ter mantido as posições vantajosas oferecidas pelos labirintos de Berlim por muito mais tempo, e até mesmo... Mas não há razão para dizer isso; sejamos gratos porque, embora Deus tenha posto chifres na cabeça do diabo, ele não foi generoso com o cérebro que está dentro dela.

Posso ser criticado por menosprezar o fator moral envolvido nas lutas no Volga e no Spree, e talvez corretamente. Mas não se deve esquecer que o 62º Exército foi pressionado até a margem de um rio enorme e dividido em três partes, atrás de cada uma das quais estava toda a extensão do Volga crivada de metralhadoras. No entanto, tudo isso já ficou para trás.

O tempo não para, e já é meio-dia. Eu volto do Q.G. do Exército em Johannisthal para o meu posto de observação, no mesmo prédio com pilares de mármore negro. Uma hora antes do início da preparação de artilharia, o sargento da guarda Nikolai Masalov, porta-estandarte do 220º Regimento de Fuzileiros da guarda, 79ª Divisão da Guarda, levou a bandeira do regimento até o canal Landwehr. Com ele, havia dois porta-estandartes assistentes. De onde estávamos, eram menos de 400 metros até a Voss Strasse, à Chancelaria Imperial, em cujos porões Hitler se refugiara. Os acessos à chancelaria eram defendidos por batalhões da divisão especial da SS Leibstandarte "Adolf Hitler". A brigada era comandada por um fiel servo do Führer, o nazista ultrarradical Monke.

Nossos soldados começaram a se deslocar para suas posições iniciais em pequenos grupos ou sozinhos. Alguns deveriam atravessar o canal a nado ou usando qualquer material flutuante à mão; outros correriam pela ponte arqueada através da cortina de fogo que lhes dava cobertura. E, uma vez no lado oposto, era questão de tomar apenas um prédio e os soldados da guarda avançariam por brechas nas paredes e através de porões...

Tudo estava quieto como antes de uma tempestade. De repente, aquele silêncio tenso e nervoso, com um estridente som de fundo de prédios em chamas, foi rompido por um choro de criança. Como se de algum lugar abaixo da terra se pudesse ouvir a voz dela, chorando e repetindo uma palavra que todos entendiam: "*Mutter, mutter...*".\*

"Acho que é do outro lado do canal", disse Masalov a seus camaradas. "Aqui, segure o estandarte, eu não demoro."

Logo o sargento estava diante de seu comandante: "Peço permissão para salvar a criança. Eu sei onde ela está".

O histórico de combate daquele soldado, pode-se dizer, refletia um pouco da história do nosso exército. Ele fora convocado ao serviço militar pelo comando distrital de Tisul, região de Kemerovo, quando o 62º Exército estava

---

\* N.T.: "Mãe, mãe...".

sendo formado. Quis o acaso que ele estivesse conosco nos combates na linha principal do avanço alemão contra Stalingrado. Nikolai Masalov lutou em Mamayev Kurgan como soldado raso, na função de fuzileiro; durante os combates no Donets norte, ele se tornou atirador de metralhadora; na travessia forçada do Dnieper, comandou um destacamento; após a libertação de Odessa, foi nomeado o segundo encarregado de um pelotão de serviço. Na cabeça de ponte de Dniestre, foi ferido; quatro meses mais tarde, quando forçamos a travessia do Vístula, foi ferido novamente, mas permaneceu com sua unidade e viajou do Vístula ao Oder com a cabeça envolta em ataduras.

Chegar à ponte arqueada e atravessar o canal era uma missão extremamente perigosa. Toda a área estava coberta por fogo vindo de todas as direções e, aqui e ali, sob o asfalto, havia minas e cargas de explosivos. Nikolai Masalov se arrastou à frente, procurando cobertura em pequenos buracos de bombas, testando cuidadosamente com o corpo cada saliência e fenda na superfície. Ele atravessou a estrada do aterro, buscando cobertura atrás de uma parte projetada da parede de concreto do canal, e voltou a ouvir a voz da criança. Ela chamava pela mãe, com sofrimento, repetidas vezes, parecendo pedir a Masalov para se apressar. Então ele ficou de pé – um soldado soviético alto e forte, orgulhoso portador de várias condecorações – e nem balas, nem estilhaços voadores poderiam detê-lo.

As metralhadoras continuavam com seu som repetitivo. Eram os nossos artilheiros que abriam o contrafogo sem esperar que alguém lhes dissesse para fazer isso. Masalov saltou o parapeito do canal; passaram-se cinco minutos, depois dez. As metralhadoras silenciaram. A criança também estava em silêncio agora. Teria Masalov arriscado tanto em vão?

Vários soldados da guarda, em silêncio sincronizado, começaram a se preparar para correr para a parte sob a ponte. Foi então que todos ouviram a voz do sargento, dizendo: "Eu peguei a criança... Tem uma metralhadora à direita, na varanda do edifício com os pilares. Acabem com ela!".

Naquele momento, o comandante da artilharia, o general N. M. Pozharski, deu a ordem: "Apontar, fogo!".

Milhares de canhões e morteiros abriram o bombardeio preliminar, e suas salvas explosivas cobriram a retirada de Masalov da boca da morte, com uma pequena menina alemã de três anos de idade nos braços. Sua mãe provavelmente havia tentado escapar do Tiergarten, mas fora baleada nas costas pelos SS. Para salvar sua garotinha, ela buscou a cobertura da ponte, mas morreu lá. Poucos minutos depois, o sargento Masalov estava de pé ao lado do estandarte do seu regimento, pronto para o avanço final.

Mais tarde, seu feito foi imortalizado pelo Artista do Povo da União Soviética Yevgeni Vuchetich, em uma escultura monumental que fica no Parque Treptower, em Berlim.

O fogo de artilharia no Tiergarten durou cerca de uma hora e foi aumentando em intensidade. Do meu posto de observação, vi sólidas nuvens de fumaça e poeira de tijolos avermelhada subindo acima dos prédios do governo. O vento jogou uma dessas nuvens sobre mim. Então, o círculo do sol que mal era visível desapareceu completamente, substituído por um crepúsculo, e a visibilidade foi reduzida a quase nada. Eu só tinha as explosões de projéteis para me dizer que os soldados da artilharia, com suas armas disparando direto, estavam atingindo em um número muito limitado de alvos. Eles estavam disparando através do canal e pelas ruas opostas a ele, em explosões que abriam os acessos às praças do outro lado do canal, cheio de barricadas. Isso significava que pontos de metralhadora escondidos em ruas laterais e atrás dos ângulos de interseções permaneciam intocados. Assim que nossos soldados de infantaria passassem por lá, aquelas metralhadoras abririam fogo de flanco contra eles.

O Q.G. do Exército enviou alertas aos oficiais das unidades: "Vão com calma. Para começar, enviem apenas pequenos grupos para tomar o canal, em setores onde a artilharia já tenha feito seu trabalho".

Passou cerca de meia hora e, com certeza, os comandantes de unidades começaram a relatar que, em muitos setores onde a intenção era forçar a travessia do canal, o inimigo estava montando fogo de flanco intenso, principalmente de metralhadoras pesadas e canhões antiaéreos automáticos.

"Isto é reconhecimento em força, continuem localizando pontos de tiro do inimigo" – o Q.G. usou essa fórmula para transmitir que era preciso encontrar novos caminhos para avançar e não enviar os homens diretamente para o fogo fatal. Fogo de flanco de metralhadoras pesadas... Então o inimigo tinha seus pontos de tiro bem escondidos em algum lugar, atrás de paredes de concreto e em posições muito vantajosas. Mas onde?

Olhei o mapa. No setor do nosso exército, o canal Landwehr se curvava em um arco, com o lado convexo em direção ao inimigo. Das encostas aplainadas do canal, nas curvas, podia-se direcionar o fogo de flanco de forma muito conveniente. Além disso, havia três pontes ferroviárias e seis pontes de bondes lá para serem usadas, com sólidos pilares de concreto, sem contar as de pedestres.

Que decisão tomar? Nossa artilharia, aglomerada nos espaços estreitos das ruas, atingia alvos no outro lado do canal, mas não conseguia chegar a posições de tiro situadas fora do alcance das armas – entre paredes, sob pontes e nichos à beira da água. Estas só poderiam ser suprimidas se nossas armas começassem a disparar ao longo do canal. Assim, antes de qualquer outra coisa, era necessário tomar os acessos ao canal nas curvas das extremidades do arco, e então se poderia "combater fogo com fogo", ou seja, alcançar as posições de tiro do inimigo com golpes de artilharia também a partir dos flancos.

Ao mesmo tempo, os soldados da artilharia receberam outra tarefa: atacar alvos muito distantes, situados entre os blocos de edifícios adjacentes ao canal. Era inútil trazer a força aérea, pois a terra de ninguém era muito estreita. Mandar projéteis através das paredes e continuar disparando na esperança de acertar não era racional, e seria necessário pelo menos uma semana para obter resultados por meio desse método. Nessas circunstâncias, a arma mais eficaz é o morteiro. As guarnições de morteiros podem disparar à distância, de um prédio sobre outro, podem alcançar alvos até mesmo nas vielas mais estreitas, ou seja, elas podem, como dizem os espertinhos entre as brilhantes equipes de morteiros, mandar suas bombas para cima e fazer com que caiam pela chaminé, diretamente no destinatário.

A noite se aproximava. Tendo recebido suas novas missões com precisão, os soldados da artilharia preparavam um novo ataque. Os batalhões de fuzileiros, com seus tanques e sapadores, continuavam a desobstruir os acessos ao canal e a ocupar as posições mais vantajosas que pudessem. Enquanto isso, eu ouvia o que nossos observadores tinham a dizer sobre as possibilidades de penetrar no Tiergarten pelos túneis do metrô.

Até aquele momento, nós praticamente não tínhamos usado essas linhas, já que, na parte sul de Berlim, a maioria das estações estava na superfície e, onde as linhas eram subterrâneas, elas se afastavam da direção de que precisávamos. Além disso, as estações de metrô de Berlim são pequenas e estreitas, e os túneis estão apenas três ou quatro metros abaixo do solo e haviam sido destruídos por bombas ou inundados durante os combates. Mas duas linhas paralelas que levavam de Tempelhof ao Tiergarten ficavam bem abaixo do canal Landwehr. Elas não poderiam ser usadas?

Eis o que disse sobre o assunto o observador Alexander Zhamkov:

A nossa missão era chegar o mais longe possível pelo subsolo e conhecer as linhas que iam direto ao centro da cidade. Descemos em uma das estações de metrô. Ela estava completamente às escuras, e tivemos que nos orientar apenas pelo som e pelo toque. Percorremos os trilhos por cerca de 300 metros e, de repente, vimos um pequeno risco de luz. Nós nos aproximamos rastejando e vimos que havia um nicho na parede, e nele, um acumulador onde uma pequena lâmpada elétrica estava acesa. Não muito longe, podíamos ouvir alemães falando. Havia um cheiro de fumaça de tabaco e carne enlatada aquecida. Uma segunda luzinha apareceu. Os alemães se voltaram em nossa direção, de modo que eles próprios foram ocultados na escuridão. Nós ficamos bem abaixados e olhamos ao redor. À nossa frente, o túnel estava fechado por uma parede de tijolo com escudos de aço no meio. Andamos mais uns 30 ou 40 metros, mas as balas começaram a zunir pelo túnel, e buscamos cobertura nos nichos. Após esperar algum tempo, lançamos granadas sobre eles e entramos. Depois de mais 200 metros, chegamos a outra parede, tudo igual. Na verdade, o sistema de defesa alemão lá embaixo era feito de lacunas: havia uma seção vazia, depois uma parede, outra seção vazia e depois outra parede, e assim por diante.

Como se pode ver a partir dessa narrativa, não era possível levar forças de grande porte até o Tiergarten pelas linhas de metrô. Portanto, enviamos grupos de reconhecimento reforçados por essas linhas, com a tarefa de perseguir os nazistas por baixo.

A noite foi de enfrentamentos constantes. Nossas unidades fizeram uma grande demonstração de atividade, com o objetivo de descobrir o máximo possível sobre o sistema de fogo do inimigo. Nos setores onde os grupos de assalto haviam chegado perto do canal, foram iniciadas várias travessias simuladas, jogando na água sacos de serragem amarrados no meio com cintos.

Porém, com o amanhecer, a artilharia começou a desferir golpes reais e ainda mais eficazes do que os do dia anterior. Prédios e instalações situados nas curvas do canal foram literalmente erradicados, e grupos de assalto começaram a forçar a travessia.

Os combates foram ficando mais intensos pela posse da ponte arqueada, por onde queríamos passar vários tanques pesados. Apesar do fogo de metralhadoras, os sapadores conseguiram remover as minas e tornar inofensivas duas poderosas minas terrestres que haviam sido instaladas debaixo das vigas da ponte. Mas a primeira tentativa de atravessar ainda foi malsucedida. Um tanque é um alvo muito grande, e, assim que um deles apareceu na praça em frente à ponte, uma rajada de fogo desceu sobre ele. Um Tigre disparava de algum lugar distante no Tiergarten, onde havia sido enterrado até o pescoço. Nossos homens nos tanques pediram fogo de artilharia ainda mais forte naquele setor e uma cortina de fumaça.

Sob a cobertura da fumaça, alguns homens com submetralhadoras do 1º Batalhão, 220º Regimento da Guarda, conseguiram passar sobre a ponte; mas, no momento em que os tanques tentaram se aproximar, os pontos de tiro inimigos começaram a disparar outra vez. Um tanque que conseguiu se aproximar da ponte foi posto fora de ação por um Faustnik que, por algum milagre, conseguira permanecer em seu ninho em uma sacada do terceiro andar de um edifício de esquina onde os nossos fuzileiros já haviam entrado. Alguém poderia pensar que esse seria o fim de nossos esforços para levar tanques ao Tiergarten, mas não: mais uma vez, a infantaria tinha a resposta. Eles propuseram que se pegasse um tanque do grupo de assalto, com sua cobertura protetora de sacos de areia, o molhasse com petróleo bruto e óleo mineral, amarrasse granadas de fumaça nas suas laterais e o mandasse à frente como se estivesse pegando fogo.

O experimento funcionou. O tanque principal "explodiu em chamas" quando se aproximava da ponte. Os homens da SS não sabiam o que pensar daquilo – um tanque em chamas que continuava se deslocando e disparando seus canhões? As tripulações de nossos outros tanques aproveitaram essa hesitação momentânea. Os tanques passaram pela ponte, entraram no pátio do edifício de esquina e, uma vez lá, trabalharam com os homens do grupo de assalto, usando submetralhadoras para eliminar o inimigo.

O organizador do Partido no regimento, Alexander Nikolayevich Yevdokimov, prestou um serviço especial na luta pela ponte arqueada. Ele parecia à prova de balas. Foi um dos primeiros a estar sobre a ponte e, depois disso, fez mais duas viagens de ida e volta até lá, levando mais homens consigo. Já sendo Cavaleiro da Estrela de Ouro por sua coragem na luta no Vístula, Yevdokimov deu mais uma vez um exemplo elevado de coragem e ousadia.

Seguindo o exemplo do organizador do Partido, outro Herói da União Soviética, o tenente Pavel Vasilievic Zubenko estava no comando de um pelotão de morteiros e rapidamente atravessou o canal, levando seus homens até o telhado de um edifício, e de lá começou a jogar sobre o inimigo uma chuva de granadas de morteiro. Cada bomba encontrou seu alvo exato, pois, da elevação onde se encontravam, eles tinham uma boa visão de onde o inimigo tinha forças concentradas e pontos de tiro.

Um excelente trabalho foi feito por um comandante de companhia de 22 anos da 39ª Divisão, o primeiro-tenente Nikolai Pimenovich Balakin. Depois de investigar os esgotos, ele tomou a decisão corajosa de usá-los para descer até o canal, atravessá-lo a nado e, mais uma vez, passar por um encanamento para chegar até a retaguarda do inimigo. Essa manobra foi executada de forma adequada e brilhante. A companhia de Balakin eliminou as guarnições inimigas de dois edifícios e fez prisioneiros cerca de 70 alemães com armas automáticas ou metralhadoras.

Um modo semelhante de avanço foi empregado para atravessar o canal pelos grupos de assalto de um destacamento comandado pelo primeiro-tenente Alexander Stepanovich Klimushkin, do 120º Regimento da Guarda, 39ª Divisão. Através de esgotos pluviais e túneis subterrâneos, ele levou seus homens até debaixo da ponte ao lado da estação Möckern-Brücke e de lá fez uma investida ousada sobre a estação ferroviária. Em pouco tempo, todo o batalhão, comandado por um Herói da União Soviética, o capitão Karnaushchenko, estava sobre o canal e atacava a área em torno da estação.

Naquele mesmo dia, rapidamente o exército ficou sabendo de uma nova façanha heroica por parte de um destemido organizador do Komsomol em seu regimento, o tenente Leonid Ladyzhenko. Era um homem de ousadia excepcional, que sempre ia para a batalha carregando uma harmônica. Quando via que seus homens estavam em meio ao fogo inimigo, Ladyzhenko punha o instrumento nos lábios e saía tocando alguma melodia animadora, e os homens o seguiam ao ataque. Alto, flexível e ágil, ele realmente não conhecia medo na batalha. Foi o mesmo no Donets norte, antes de Zaporizhia, no Vístula e na cabeça de ponte do Oder. E ali, no canal Landwehr, ele nadou a noite toda, tocando a harmônica sem parar para que seus homens soubessem onde ele estava. Pela manhã, o instrumento ficou em silêncio. Quando seus camaradas o encontraram, Ladyzhenko apontou para sua bochecha ensanguentada: uma bala a tinha perfurado. Mas o organizador do Komsomol não saiu de campo até ser ferido pela segunda vez, agora gravemente, quando um estilhaço de bomba o atingiu na coluna. Assim eram os homens que entraram em Berlim.

Tendo tomado posse de várias pequenas cabeças de ponte no outro lado do canal Landwehr, as tropas do nosso exército começaram a atacar o Tiergarten a partir do sul. Os pontas de lança de todos os ataques, incluindo os das outras unidades que avançavam do norte, do oeste e do leste, eram direcionados ao centro da ilha, onde estava o Estado-Maior de Hitler e de onde vinham as ordens para continuar aquela luta sem sentido.

O território do Tiergarten era como uma elipse muito alongada, com oito quilômetros de comprimento e dois de diâmetro. Era tudo o que restava da *Gross Deutschland*, a "Grande Alemanha" do Terceiro Reich: uma ilha rodeada por um anel de fogo que se estreitava inexoravelmente.

Informações vindas do reconhecimento nos davam uma ideia mais clara do último bastião dos nazistas.

Na parte ocidental do Tiergarten havia um grande parque e um jardim zoológico; no centro do parque, dois poderosos *bunkers* de seis andares, cada um com três andares acima do solo e três abaixo. Muros de dois metros de espessura e dotados de fendas para armas e observação, que podiam ser fechadas com postigos de aço, proporcionavam proteção segura aos centros alojados ali: comunicações, pontos de controle e o Estado-Maior das defesas antiaéreas de Berlim. Havia baterias de armas antiaéreas nos telhados dos *bunkers*.

Um dos muitos edifícios enormes que se aglomeravam na parte leste do Tiergarten formava um lado inteiro da rua conhecida como Voss Strasse. À esquerda dela estava o parque e à direita ficava esse bloco longo, escuro e angulado de três andares, com enormes pilares quadrados. Era a nova Chancelaria Imperial. Prisioneiros disseram em seus depoimentos que, desde março, o Führer não se mostrara em lugar nenhum, ficando escondido ali, no porão da Chancelaria Imperial. Com Hitler estavam Goebbels, Bormann, Krebs (o chefe do Estado-Maior, substituto de Guderian) e muitos outros oficiais de alta patente, cerca de 600 pessoas.

Ao norte da Chancelaria Imperial, perto do Portão de Brandemburgo, estava localizado o Reichstag, uma construção alta com uma cúpula. O prédio tinha sido danificado por golpes diretos de bomba e agora era apenas uma enorme casca vazia, muito conveniente para defender como uma fortificação tática. O Teatro da Ópera, os palácios, os museus, tudo havia sido transformado pelos nazistas em pontos fortificados e em poderosos complexos de defesa. Não havia como negar: não seria fácil quebrar a última noz!

Durante dois dias, 29 e 30 de abril, as tropas do nosso *front*, rompendo obstinadamente a resistência cada vez mais feroz do inimigo, principalmente das tropas da SS, foram penetrando mais e mais nas áreas governamentais de Berlim. As tropas do 8º Exército da Guarda vinham do sul; as do 3º Exército de Choque, do general Kuznetsov, e do 5º Exército de Choque, do general Berzarin, vinham do leste e do norte; o exército de tanques do general Bogdanov, do oeste; e as tropas do marechal Koniev, do sudoeste.

Na noite de 30 de abril, quando voltei ao Q.G. do Exército do meu posto de comando e observação, recebi um telefonema do marechal Zhukov.

"Há alguma esperança de limpar completamente Berlim até o 1º de Maio?", perguntou o comandante da frente.

Respondi que, a julgar pela resistência obstinada do inimigo (embora fosse verdade que ela estava se enfraquecendo um pouco), eu não poderia nutrir qualquer esperança de uma capitulação rápida.

O marechal Zhukov se absteve de dar qualquer outra instrução, pois sabia que eu tinha entendido a minha tarefa.

# Krebs chega ao meu posto de comando

Naquela noite, os membros da seção política do exército me convidaram para jantar com eles e falar sobre as tarefas que tínhamos pela frente. Na seção política estavam os escritores Vsevolod Vishnevski, Konstantin Simonov e Yevgeni Dolmatovski e os compositores Tikhon Khrennikov e Matvei Blanter. Enquanto a mesa estava sendo posta, Tikhon Khrennikov sentou-se ao piano e cantou uma canção do filme *A criadora de porcos e o pastor*, e Matvei Blanter nos brindou com a valsa *Em um bosque perto da frente*. Mal tínhamos começado a comer quando o oficial de serviço entrou e disse que havia um telefonema urgente para mim. Fui até o escritório e peguei o telefone. Era o general V. A. Glazunov, comandante do 4º Corpo, que fez seu relatório em tons que deixavam escapar emoção e um sentido de oportunidade:

"Um tenente-coronel do Exército Alemão chegou com uma bandeira branca às posições dianteiras do 102º Regimento de Fuzileiros da Guarda, 5ª Divisão. Ele tem algo para o comando das forças soviéticas. O alemão pede para ser levado ao nosso Quartel-General Superior para que possa transmitir um importante comunicado. Ele conseguiu atravessar o canal sobre o setor da ponte pênsil. O sobrenome do tenente-coronel é Seiferd, e ele está atualmente no Quartel-General da Divisão e tem missão dada pelo Alto-Comando alemão. Ele pede que indiquemos um lugar e uma hora para que o general de infantaria Krebs, chefe do Estado-Maior alemão, atravesse a linha do *front*."

"Compreendo", eu respondi. "Diga ao tenente-coronel que estamos dispostos a receber enviados e manter conversações. Ele pode trazê-los pelo mesmo setor onde ele próprio cruzou a linha, pela ponte suspensa."

"Transmitirei imediatamente as suas instruções ao Quartel-General da Divisão", disse Glazunov.

"O fogo cessará nesse setor, e os enviados serão recebidos e levados ao meu posto de comando avançado; vou para lá imediatamente."

Depois disso, chamei o chefe do Estado-Maior do Exército, V. A. Belyavski, e dei ordens para que me garantissem comunicações confiáveis. A seguir, relatei tudo isso ao comandante da frente por telefone e fui para o meu posto, na companhia do general N. M. Pozharski. Aqui, vou me permitir uma ligeira digressão.

Tornou-se consenso considerar que o fim da guerra com a Alemanha nazista veio com a assinatura do ato de rendição incondicional em 8 de maio de 1945, embora, na verdade, a luta para esmagar os últimos remanescentes das forças nazistas tenha continuado nos dias 9, 10 e 11 de maio. Não quero entrar em uma discussão com os diplomatas que, com base nesse ato de rendição, consideram que as Forças Armadas alemãs capitularam no dia 8 de maio. Juridicamente falando, é claro que isso é verdade, mas nós, os militares, estamos acostumados a compreender e reconhecer a capitulação de um inimigo como o momento em que ele, destruído física e moralmente, levanta as mãos e se entrega ao vencedor. Esse é o momento ao qual os exércitos e seu povo direcionam seus esforços enquanto buscam a vitória e, sem isso, não pode haver nenhum ato de capitulação.

Portanto, faço questão de dizer que a capitulação das Forças Armadas alemãs começou ou, mais precisamente, aconteceu muito antes do dia 8 de maio, que seu comando foi obrigado a aceitar os termos da rendição incondicional nas mãos das Forças Armadas da União Soviética. Foi em Berlim, conquistada pelas tropas soviéticas, que as forças principais do inimigo foram esmagadas; seu Quartel-General Supremo, chefiado por Hitler, Bormann e outros líderes nazistas, estava em Berlim. Nós, os militares, fomos chamados a esmagar o grupamento inimigo em Berlim, tomar a cidade e forçar soldados e oficiais alemães a se render ao vencedor. Isso era mais difícil do que a assinatura de um documento sobre a capitulação e, do ponto de vista das vidas humanas, mais valioso. É sabido que atingimos esse objetivo não em 8 de maio, mas uma semana antes. Tentarei descrever como aconteceu, com o maior número de detalhes possível. Só peço ao leitor que não se queixe da minha longa e não muito artística narrativa, pois o mais importante aqui é a precisão histórica e a sequência cronológica.

Durante a noite que antecedeu o 1º de Maio, cheguei ao meu posto de comando (o prédio com os pilares negros) para receber os enviados que vinham negociar em nome do Alto-Comando da Alemanha. Eu mal tinha entrado pela porta da minha sala quando o telefone começou a tocar. Peguei o gancho e ouvi a voz conhecida de Vsevolod Vishnevski (ele acompanhava o 8º Exército da Guarda desde que estivéramos na margem do Oder, escrevendo suas notas literárias e suas análises dos eventos em curso). Ao ouvir que eu estava esperando para discutir com um representante importante, Vsevolod Vitalievich me implorou, em nome de todos os deuses, para deixar que ele viesse ao posto de comando e estivesse presente durante a conversa. Ele inclusive se dirigiu a mim como a "seu próprio pai". "Bom", pensei comigo mesmo, "um evento como esse não deveria estar fora da visão de nossos escritores, principalmente daqueles que estiveram com as tropas em todo o percurso do Volga a Berlim, fazendo tudo o que podiam para nos ajudar". E concordei.

Seguiu-se um período de espera, como uma advertência. Apenas meu assistente e eu estávamos na sala. Transcorreu uma hora e meia: 90 minutos de tensão nervosa, nos quais se podiam imaginar antecipadamente aqueles eventos de importância histórica.

Pela minha mente passavam recordações instantâneas de dias e noites de batalha ao longo de todos os quatro anos da guerra. Episódios vividos neles passaram diante dos meus olhos. Lá está o nosso Volga, agora distante e, ao mesmo tempo, tão próximo; sobre ele se espalha o petróleo em chamas, e as labaredas violentas devoram tudo: barcaças, madeira, embarcações... Lá estão os panfletos de propaganda de Goebbels, nos quais os nazistas ameaçavam "tratar como desertores todos aqueles que não se rendessem na margem oeste do Volga e considerar como desertores intencionais todos os que cruzassem para a margem leste". Há Zaporizhia e sua captura à noite. Há Nikopol, Odessa, Lublin, Łódź... E, finalmente, Berlim. Tendo lutado e mantido em nosso poder o solo sagrado próximo ao Volga, nossos guerreiros chegam ao Spree. Agora, com os braços abaixados por enquanto, aguardamos os enviados que discutirão em nome dos líderes da Wehrmacht, aqueles mesmos homens que não apenas sonhavam com um fim rápido para o Estado soviético, mas que estavam certos de que o alcançariam. Enviados que vinham negociar em nome dos líderes do Terceiro Reich. Estariam imaginando, aqueles líderes, que nossa memória era curta e que já teríamos nos esquecido dos milhões de mortos, das dezenas de milhões de viúvas e órfãos? E quanto à forca e às câmaras de tortura? E Majdanek e os outros campos de extermínio?

Por alguma razão, veio à minha cabeça a letra de uma canção:

> Ah, Rússia, por que sobre o teu país
> Vim eu, toda a Europa na minha mão...

E continua...

> Ainda o Destino faz dos seres humanos seu brinquedo,
> Ainda súbito em cada mudança de humor –
> Agora, vê exaltado o teu favorito,
> Agora extintos todos os vestígios de onde ele esteve...*

Alguém deveria traduzir essa letra para o alemão e dá-la a Hitler e seus companheiros. Que eles se lembrem de Carlos XII, de Napoleão, e depois olhem para si mesmos.

Meu assistente também não conseguia dormir. Eu estava em silêncio e ele também estava, e entendíamos muito bem um ao outro.

A porta foi aberta repentinamente com um ruído forte e, na entrada, apareceu Vsevolod Vishnevski. Ele não vinha só (os escritores não viajam sozinhos); atrás dele entrou Yevgeni Dolmatovski, que estava bem familiarizado com os soldados do 62º Exército desde os tempos às margens do Volga – ele havia sido testemunha ocular da grande Batalha do Volga e da rendição do exército do general Paulus. E, logo atrás deles, Matvei Blanter, a quem eu vinha chamando com intimidade de "Motya" desde a travessia do Oder, incentivado por Vsevolod Vishnevski.

Dessa vez, contudo, não conseguíamos falar como costumávamos; a conversa não decolava. Cada um de nós estava pensando nos acontecimentos que agora se concretizavam e os avaliando em sua própria mente.

---

* N.T.: A letra é de uma balada popular de 1812, que começa assim: "O fogo de Moscou rugiu e queimou", cantada com frequência naquela época e depois pelas tropas russas.

## Krebs chega ao meu posto de comando

Todos fumávamos furiosamente, andando de um extremo a outro do corredor com seus pilares negros, às vezes trocando uma frase ou duas.

Eram 3h da manhã... 3h30... O brilho do alvorecer começava a surgir. O primeiro dia de maio havia chegado... Estava escuro em Berlim, mas lá, em nossa pátria, em suas regiões orientais, as manifestações do 1º de Maio já haviam começado. O fuso horário na Europa Central está atrás do nosso - o sol nasce no leste! Na Sibéria, nos montes Urais, em Moscou, as pessoas já estavam acordadas e aguardavam que os boletins de notícias lhes contassem o que estava acontecendo na frente em Berlim.

Por fim, às 3h50, bateram à porta e entrou um general alemão com a Ordem da Cruz de Ferro ao pescoço e a suástica nazista na manga.

Era um homem de estatura mediana e de compleição robusta, com a cabeça raspada e cicatrizes no rosto. Com a mão direita, fez um gesto de saudação, no seu típico estilo nazista; com a esquerda, apresentou suas credenciais. Era o general Krebs. Com ele, entrou o chefe do Estado-Maior do 56º Corpo Panzer, o coronel Von Dufwing, além de um intérprete.

Krebs não esperou que as perguntas começassem.

"Vou falar de assuntos excepcionalmente secretos", declarou. "O senhor é o primeiro estrangeiro a quem eu dou a informação de que, em 30 de abril, Hitler faleceu por vontade própria, terminando sua vida ao cometer suicídio."

Ao pronunciar essa frase, Krebs fez uma pausa, como se estivesse examinando o efeito que esse comunicado provocara. Aparentemente, ele esperava que todos nós o inundássemos com perguntas e demonstrássemos um interesse ardente por essa notícia sensacional.

"Nós sabemos", eu disse calmamente.

Então, depois de um curto silêncio, que pretendia transmitir que aquilo não era novidade para mim, eu pedi a Krebs que nos contasse mais detalhadamente como tinha acontecido. Ele ficou visivelmente surpreso, pois não esperava que seu anúncio sensacional caísse no vazio.

"Aconteceu às 15h de hoje", ele respondeu. E vendo-me olhar o relógio, corrigiu-se: "Quer dizer, ontem, 30 de abril, em torno das 15h".

Então Krebs leu uma mensagem de Goebbels ao Comando Supremo Soviético, que dizia:

> De acordo com o testamento do finado Führer, autorizamos o general Krebs a informar o seguinte:

Informamos o líder do povo soviético que hoje, às 15h30, o Führer abandonou voluntariamente esta vida. Com base em seu direito legal, o Führer, no testamento que deixou, transferiu todo o poder a Doenitz, a mim e a Bormann. Bormann me deu poderes para estabelecer contato com o líder do povo soviético. Esse contato é essencial para as conversações de paz entre as potências que sofreram as perdas mais pesadas. Goebbels.

Krebs me entregou mais dois documentos: sua autorização para prosseguir com as conversações com o Comando Supremo Russo (em papel timbrado do chefe da Chancelaria Imperial, com um lacre e assinado por Bormann em 30 de abril de 1945) e o testamento de Hitler, com uma lista dos membros do novo Governo Imperial e do Alto-Comando das Forças Armadas Alemãs (esse documento estava assinado por Hitler e por testemunhas; havia uma nota indicando hora e data: 4h de 29 de abril de 1945).

Krebs queria usar esses documentos como escudo para se proteger das perguntas que ele naturalmente esperava. Ele sentia a natureza incômoda e difícil da situação de um diplomata que não vinha simplesmente representar uma parte diante de outra, e sim "pedir perdão". Claro que ele queria nos sondar com cuidado, descobrir se não seria possível obter algo de nós ao jogar com os nossos sentimentos de justificada desconfiança com relação aos nossos aliados na coalizão antinazista, que tinham demorado tanto tempo para abrir a segunda frente. Ao mesmo tempo, para ele, como um nazista empedernido, não era muito fácil admitir-se derrotado. Afinal de contas, ele tinha participado pessoalmente da campanha no Leste.

Por que eu disse, ao responder a Krebs, que o suicídio de Hitler não era novidade para mim?

Devo admitir que não sabia da morte de Hitler e não esperava ouvir nada assim de Krebs. No entanto, ao me preparar para aquela reunião, eu tinha decidido enfrentar qualquer ação inesperada com calma, sem dar o menor sinal de surpresa e sem tirar qualquer conclusão precipitada. Eu sabia que um diplomata experiente, e Krebs era exatamente isso, nunca começaria uma conversa pelo assunto que considerava mais importante. Com certeza, ele procuraria primeiro descobrir qual era o estado de espírito de seu interlocutor e, em seguida, tentaria transformar a conversa de tal forma que, na questão principal, a primeira palavra fosse dita por quem tomaria a decisão sobre o assunto.

Para mim e para todos os presentes nessas conversas, a morte de Hitler era de fato uma notícia da maior importância, mas, para Krebs, era uma cortina de fumaça diplomática que escondia a questão principal e mais importante. Foi por isso que desconsiderei imediatamente o fato de Hitler ter morrido e, assim, obriguei Krebs a passar ao assunto pelo qual ele tinha vindo até nós.

"Esses documentos se referem a Berlim ou a toda a Alemanha?", eu perguntei a Krebs.

"Goebbels me deu poderes para falar em nome de todo o Exército Alemão", veio a resposta.

Decidi demonstrar que, em sua resposta e nos documentos, dois conceitos estavam sendo confundidos.

"O senhor está se apresentando em duas condições: na de representante militar de um exército que foi derrotado e na de representante de um governo que está buscando conversações com o meu governo. Eu sou militar e não vejo outra saída para o seu exército que não depor as armas imediatamente e se entregar, para que não se derrame sangue em vão. Na situação dada, Goebbels e Bormann não estão fortalecendo seu exército nem sua capacidade de combate. Portanto, não seria melhor que o senhor e Goebbels dessem ordens a suas tropas para cessar toda a resistência?"

"Existem outras possibilidades para acabar com a guerra", disse Krebs. "Para isso, é essencial viabilizar uma reunião do novo governo, liderado por Doenitz, que decidirá sobre essa questão por meio de conversações com o governo soviético."

"Que governo pode haver se o seu Führer tirou a própria vida e, assim, admitiu a nulidade do regime que ele liderou? Pode ser que ele tenha deixado atrás de si um de seus substitutos, alguém que tenha direito de decidir se haverá ou não mais derramamento de sangue. Quem está agora – *agora* – no lugar de Hitler?"

"Agora Goebbels está no lugar de Hitler. Ele foi nomeado chanceler. Mas, antes de sua morte, Hitler criou um novo governo, encabeçado pelo grande almirante Doenitz."

Eu peguei o telefone e liguei para o marechal Zhukov, a quem relatei o seguinte (escrevo de memória):

"Está comigo o chefe do Estado-Maior das Forças Terrestres da Alemanha, o general Krebs. Ele nos informou que Hitler se suicidou. Goebbels, como chanceler, e Bormann, como presidente do Partido Nazista, deram poderes a Krebs para levar a cabo negociações de armistício conosco. Krebs nos pede para cessar a atividade militar pelo período das negociações e possibilitar uma reunião do novo governo, encabeçado por Doenitz como presidente, que decidirá sobre a questão de mais ações militares."

O marechal Zhukov disse que informaria Moscou imediatamente. Eu devia permanecer ao telefone, pois poderia haver perguntas que exigissem elucidação. Um minuto depois, ele perguntou: "Quando Hitler pôs fim à sua vida?".

Eu fiz deliberadamente essa pergunta a Krebs pela segunda vez, já que, na primeira resposta, ele tinha cometido um lapso, acidental ou intencional. Krebs se apressou em dar os detalhes precisos: "Ontem, 30 de abril, às 15h30".

Transmiti isso a Zhukov, e ele, por sua vez, a Moscou.

Um pouco mais tarde, ouvi novamente a voz do marechal: "Pergunte a Krebs se eles desejam depor as armas e se render ou pretendem fazer negociações de paz".

Perguntei a Krebs à queima-roupa: "Estamos falando de rendição e é sua missão levar isso a cabo?".

"Não, há outras possibilidades."

"Que possibilidades?"

"Permita-nos e ajude-nos a reunir nosso novo governo, nomeado por Hitler em seu testamento, e ele decidirá essa questão a seu favor."

"Ah", eu pensei, "esse é esperto!". Era a segunda vez que repetia exatamente a mesma coisa – um truque ao gosto dos diplomatas para conseguir o que querem: repetir firmemente a sua ideia em palavras ligeiramente diferentes. Mas daquela vez ele estava indo longe demais. Na página 5 do testamento de Hitler, eu li: "Para que a Alemanha possa ter um governo formado por homens honrados, para que continuem a guerra por todos os meios possíveis, eu, como líder da nação, nomeio como membros do novo gabinete...".

"E que novo governo é esse?", perguntou Zhukov.

Eu tinha chegado até a composição do novo governo, que estava listado no testamento de Hitler. Aqui está:

1. Presidente — Doenitz
2. Chanceler — Goebbels
3. Ministro para o Partido — Bormann
4. Ministro de Relações Exteriores — Seyss-Inquart
5. Ministro do Interior — Gauleiter Hisler
6. Ministro de Guerra — Doenitz
7. Comandante das Forças Terrestres — Schoerner
8. Comandante da Frota — Doenitz
9. Comandante da Força Aérea — Greim

10. *Reichsführer* da SS e chefe de polícia — Gauleiter Hanke
11. Ministro da Economia — Funk
12. Ministro da Agricultura — Backe
13. Ministro da Justiça — Tierrack
14. Ministro da Educação — dr. Schiel
15. Ministro da Propaganda — dr. Naumann
16. Ministro das Finanças — Schwerin-Krosigk
17. Ministro do Trabalho — dr. Hurfauer
18. Ministro dos Armamentos — Saur
19. Líder da Frente de Trabalho Alemã e membro do gabinete — *Reichsminister* Ley

"O que mais Krebs tem a dizer?", perguntou Zhukov.

Eu transmiti a pergunta a Krebs. Ele encolheu os ombros. Então, expliquei que só poderíamos conversar após rendição completa aos Aliados (União Soviética, Estados Unidos e Grã-Bretanha). Sobre isso, estávamos unidos.

"Para que possamos discutir suas demandas", Krebs disse, "eu lhe peço que haja uma cessação temporária das hostilidades e que vocês ajudem a organizar uma reunião do nosso novo governo aqui em Berlim."

E enfatizou o seguinte: "Especificamente em Berlim, e não em qualquer outro lugar".

"Nós entendemos o que seu novo governo quer", eu comentei. "E mais facilmente ainda por sabermos das tentativas feitas por seus amigos Himmler e Goering de sondar o terreno com nossos aliados. O senhor não sabe nada sobre isso?"

Krebs pareceu circunspecto; ele evidentemente não esperava a minha pergunta. Sem qualquer razão, começou a mexer no bolso lateral de seu uniforme e tirou um lápis, do qual ele não precisava.

"Sou um enviado com poderes do novo governo, que foi formado de acordo com o testamento de Hitler", ele acabou respondendo. "Pode aparecer um novo governo no sul, mas é ilegal. Até agora, há apenas um governo em Berlim, e é o legal, e estamos pedindo um armistício para que todos os membros desse governo possam se reunir, discutir a situação e concluir uma paz que seja vantajosa para os senhores e para nós."

"A questão de um armistício ou da paz só pode ser resolvida com base em uma rendição geral", declarei com firmeza. "Essa é a nossa decisão e a decisão de nossos aliados, e nenhuma negociação ou promessa vai possibilitar que os senhores rompam essa frente unida da coalizão anti-hitlerista."

Um tremor percorreu o rosto de Krebs, e a cicatriz em sua bochecha ficou cor-de-rosa. Era visível que ele estava fazendo um grande esforço de vontade, tentando se recuperar de sua confusão, mas ele se entregou ali mesmo: "Nós achamos que a União Soviética vai levar em conta o novo governo legal. Isso é vantajoso e conveniente para ambas as partes. Se vocês assumirem o controle da área onde está o governo e nos destruírem a todos, os alemães não terão chance de trabalhar com vocês e...".

Eu o interrompi. "Não viemos para destruir os alemães, mas para libertá-los do fascismo. E os alemães, os alemães honrados, já estão trabalhando conosco para evitar mais derramamento de sangue."

Krebs voltou a bater na mesma tecla: "Pedimos que reconheçam o novo governo da Alemanha até o momento de uma rendição completa, estabeleçam contato com ele e lhe deem a oportunidade de iniciar relações com o seu governo. Só vocês têm a ganhar com isso".

Depois de afirmar que a nossa única condição era a rendição geral, fui para a sala ao lado telefonar ao comandante da frente.

No meu relatório ao marechal Zhukov, apresentei a minha visão sobre a situação: "Krebs não veio para fazer negociações sobre rendição, mas, aparentemente, para descobrir qual é a situação e o que estamos dispostos a fazer, ou seja, para ver se não concordaríamos com negociações separadas com o novo governo. Eles não têm forças para lutar mais; Goebbels e Bormann decidiram tentar uma última cartada antes do colapso final: abrir negociações com o nosso governo. Eles estão procurando qualquer brecha entre nós e nossos aliados, com o propósito de semear a desconfiança. Krebs está claramente levando o maior tempo possível para responder às perguntas, ele quer ganhar tempo, embora isso não vá ajudá-los, já que as nossas tropas estão levando a cabo a ofensiva neste exato momento. Só há calma no setor de onde Krebs veio".

O marechal me fez algumas perguntas, disse que iria informar tudo a Moscou de uma só vez e me deu ordens para continuar as conversações com Krebs, para esclarecer o verdadeiro objetivo de sua vinda e tentar obter sua concordância com a rendição geral.

Voltei para a sala de conferências. Eram 4h40. Minha cabeça estava latejando de fadiga e por falta de dormir.

## Krebs chega ao meu posto de comando

Eu me sentei de frente para Krebs e consegui perceber que, enquanto eu estava fora da sala, ele pensou sobre a situação tal como ela se concretizara e preparou alguns novos argumentos para sustentar suas propostas, ou melhor, as propostas de Goebbels. Ele foi o primeiro a falar, insistindo novamente em um armistício temporário.

"Eu não tenho condições de fazer qualquer outra negociação", declarou, "eu sou apenas um emissário e não posso responder por meu governo. Os senhores têm interesse em manter conversações com o novo governo da Alemanha. Sabemos que o governo alemão tem que dizer 'passe' (aqui ele riu). São os senhores que estão fortes, nós sabemos disso, e é isso que pensam."

Agora ele estava movimentando sua rainha. Krebs trazia sua peça principal ao jogo. Não se podia deixá-lo prosseguir sem questionamento, pois ele estava claramente ansioso para me envolver em discussões sobre um armistício.

"O senhor tem que entender, general", disse eu, "que nós sabemos o que os senhores querem de nós. O senhor pretende me advertir de que vai continuar a luta ou, para ser mais preciso, sua resistência insensata, o que aumentará o número de vítimas. Eu lhe faço uma pergunta direta: qual é o sentido da sua luta?"

Krebs olhou para mim em silêncio por vários segundos sem saber o que dizer.

"Vamos lutar até o fim", disse ele subitamente.

Eu não consegui segurar um sorriso irônico: "General, o que os senhores ainda têm? Com que forças querem lutar?". E, depois de uma pequena pausa, acrescentei: "Minha expectativa é a rendição completa".

"Não!", Krebs exclamou bruscamente. Então ele disse com um suspiro: "Em caso de rendição completa, não existiremos como governo, juridicamente falando".

A conversa estava ficando cada vez mais desgastante. Ficou claro que a tarefa de Krebs era nos convencer da conveniência de reconhecer o "novo" governo. Sem a anuência de Goebbels e Bormann, ele não podia alterar as propostas que havia feito e continuaria repetindo a mesma coisa. Podia-se sentir a desesperança nas palavras e em todo o seu comportamento, mas ele não foi embora; ficou esperando por algo que viesse de mim. Talvez esperasse uma declaração de que eu me dirigia a ele como se ele fosse um prisioneiro.

A partir dos relatos que chegavam no transcorrer da luta, era possível concluir que não havia mais resistência sólida ao longo da frente das forças cercadas. Apenas guarnições individuais e destacamentos de tropas da SS, ainda bastante fortes, continuavam a lutar.

Os ponteiros do relógio mostravam cinco da manhã. Àquela altura, eu não podia deixar de dizer a Krebs: "O senhor está insistindo em um armistício, está propondo participar de negociações de paz, e isso em um momento em que seus soldados estão se rendendo por iniciativa própria, estão se entregando".

Krebs deu um sobressalto. "Onde?", ele perguntou rapidamente.

"Em toda parte."

"Sem ordens?", perguntou Krebs, surpreso.

"Os nossos homens estão avançando; os de vocês estão se rendendo."

"Talvez em alguns casos isolados?", disse o general alemão, agarrando-se ao que podia.

E, naquele exato momento, ouviu-se o trovão de uma salva de Katyushi. Krebs se encolheu visivelmente.

Peguei um jornal e li em voz alta uma reportagem da Reuter sobre a missão diplomática malsucedida de Himmler. Com a ajuda de Bernadotte, um membro da família real sueca, ele tentara iniciar conversações com pessoas influentes na Grã-Bretanha e com o governo britânico. Através de Bernadotte, Himmler deu a entender que o Führer estava acabado, tanto política quanto fisicamente.

"Na situação que se apresentou", eu li, "minhas mãos estão livres. Desejando preservar a maior parte da Alemanha da invasão russa, estou preparado para me render na fronteira oeste para possibilitar que as tropas das potências ocidentais se desloquem para o leste o mais rapidamente possível. Por outro lado, não proponho me render na Frente Oriental. Sempre fui e continuo inimigo declarado do bolchevismo." "Isso foi o que Himmler disse aos britânicos", observei. Continuei: "Graças à intervenção do governo soviético, os norte-americanos e os britânicos se recusaram a conversar em separado com Himmler e informaram o governo soviético disso". Olhei para o nosso desafortunado enviado.

Krebs estava obviamente desmoralizado.

"Himmler não tinha poderes para fazer isso. Nós tínhamos receio de que ele o fizesse. Himmler não sabe que o Führer se matou."

"Mas o senhor certamente sabe que Himmler falou pelo rádio, descrevendo os pontos principais que poderiam ser a base de conversações separadas com nossos aliados?"

"É uma iniciativa individual", Krebs respondeu, "em bases diferentes.". E, depois de um breve silêncio, acrescentou: "Em caso de rendição completa, não poderemos eleger nosso próprio governo".

O intérprete alemão entrou na conversa, dizendo: "Berlim decide por toda a Alemanha".

Krebs o interrompeu imediatamente: "Eu sei falar russo, e tão bem quanto você". E, então, dirigindo-se a mim em russo, ele disse rapidamente: "Eu receio que outro governo seja organizado, o que seria contrário às decisões de Hitler. Eu só ouvi a rádio Estocolmo, mas me pareceu que as conversações de Himmler com os Aliados já avançaram."

Krebs se entregou completamente com essas palavras. A liderança do Terceiro Reich sabia das conversações de Himmler e tinha certeza de que os nossos aliados seriam tentados pela proposta dele e que o governo soviético aceitaria aquela feita por Goebbels e Bormann. Sabíamos que Hermann Goering se dirigira com uma missão semelhante aos norte-americanos, a Eisenhower mais precisamente, mas que sua tentativa tinha fracassado.

Depois de uma breve pausa, Krebs voltou a reiterar o quanto era essencial formar o novo governo alemão e a declarar que a tarefa desse governo era concluir a paz com a nação vencedora, isto é, a União Soviética.

Mais uma vez, dei a entender a Krebs que as ações dos governos dos Estados Unidos e da Grã-Bretanha estavam articuladas e tinham a concordância do nosso governo e que eu via a ação de Himmler como uma chantagem diplomática malsucedida. Quanto ao novo governo da Alemanha, considerávamos que quem teria maior autoridade com os próprios alemães, conosco e com nossos aliados seria aquele que aceitasse a rendição completa.

"O que o senhor chama de 'novo' governo", eu disse, "não aceitará a rendição geral porque se associou antecipadamente ao testamento de Hitler e pretende continuar a guerra. Seu 'novo' governo ou 'novo gabinete', como Hitler o chama em seu testamento político, quer realizar a vontade dele no futuro. E sua vontade é expressa nessas palavras do testamento: 'Para que a Alemanha possa ter um governo formado por homens honrados, que continuem a guerra por todos os meios...'." E mostrei essas linhas a Krebs. "Não fica claro, com essas palavras póstumas de Hitler, que o que os senhores chamam de 'novo' governo rejeita a rendição geral e deseja continuar a guerra?"

Minha citação deixou Krebs tão abalado que ele ficou em silêncio.

O tempo se arrastava ainda mais lentamente. Não havia nada a ser feito; eu tinha que me sentar e esperar a decisão de Moscou. Passamos a assuntos pessoais.

"Onde está o general Guderian agora?", perguntei. "Eu o conheci em Brest, em 1939. Ele estava no comando de uma divisão Panzer."

"Ele foi chefe do Estado-Maior das Forças Terrestres alemão até 15 de março; depois disso, foi levado doente e agora está descansando. Eu era seu adjunto na época."

"A doença de Guderian é diplomática, política ou tática?"

"Não devo falar mal do meu ex-chefe, mas houve algo assim."

"O senhor estava no Quartel-General Central o tempo todo?"

"Eu trabalhei como chefe da seção de treinamento para batalha. Também estive em Moscou e, até maio de 1941, fui adjunto do nosso adido militar lá; depois disso, fui nomeado chefe de Estado-Maior para um grupo de exércitos no Oriente."

"Então foi em Moscou que o senhor aprendeu a falar russo e foi com a sua ajuda que Hitler obteve suas informações sobre as Forças Armadas Soviéticas? Onde o senhor estava na época da Batalha de Stalingrado e qual é a sua visão em relação a ela?"

"Naquela época eu estava lutando na Frente Central, perto de Rjev. Aquilo foi horrível, Stalingrado! Foi o que deu início a todos os nossos problemas. O senhor era comandante de corpo em Stalingrado?"

"Não, comandante de exército."

"Eu li os comunicados sobre Stalingrado e o relatório de Manstein a Hitler. E o senhor é...?"

"Eu sou Tchuikov."

Krebs me lançou um olhar muito duro. Para romper o silêncio, eu perguntei: "Por que Hitler se matou?".

"As razões estão na nossa derrota militar, que ele não previu. As esperanças de futuro do povo alemão estão perdidas. O Führer percebeu os sacrifícios pelos quais o povo tinha passado e, para não suportar a responsabilidade em vida, decidiu morrer."

"Ele percebeu isso tarde demais", eu observei. "Que bom teria sido para o povo se ele tivesse percebido isso há cinco ou seis anos."

A conversa secou novamente.

"Talvez devêssemos estabelecer uma linha telefônica entre este prédio e Goebbels?"

"Eu ficaria muito satisfeito", exclamou Krebs, voltando à vida. "Então o senhor poderá conversar com o dr. Goebbels. Estou pronto para enviar o meu ajudante com seus soldados, isso ajudará."

## Krebs chega ao meu posto de comando

"Isso só ajudará se Goebbels concordar com a rendição geral", adverti.

Combinamos que o coronel Von Dufwing, que acompanhava Krebs, voltaria com o intérprete para estabelecer uma comunicação telefônica direta com a Chancelaria Imperial. Com eles, foram dois homens de nosso serviço de comunicações, um oficial e um soldado, destacados pelo nosso chefe de Estado-Maior do Exército.

Naquele momento, estavam comigo, em meu posto de comando, o comandante da artilharia do exército, o general N. M. Pozharski, o membro do Conselho Militar do Exército, major Pronin, meu adjunto, o tenente-general Dukhanov, o chefe da seção de operações, o coronel Tolkoniuk, nosso chefe de Inteligência, coronel Gladki, seu adjunto, o tenente-coronel Matusov, e nosso intérprete, o capitão Kelber.

Entramos em uma sala adjacente que tinha sido transformada em refeitório. Foram servidos chá e sanduíches, e todos estavam com fome. Krebs também não recusou, e pegou um copo e um sanduíche. Percebi que suas mãos estavam tremendo e lhe ofereci conhaque, que ele aceitou. Nós nos sentamos, cansados; dava para sentir o fim da guerra se aproximando, mas suas últimas horas eram cansativas. Esperamos por instruções de Moscou.

No entanto, a vida na frente seguia seu caminho. O Q.G. do Exército advertiu os soldados, principalmente a artilharia do exército, de que eles deveriam estar preparados para continuar o ataque. Os observadores vigiavam o inimigo, suas reservas e seus suprimentos. Os sapadores estavam construindo e aprimorando travessias sobre o canal Landwehr. De vez em quando, eu deixava Krebs e entrava em salas vizinhas para dar instruções e confirmar as que haviam sido dadas por nosso Q.G.

Os comandantes de corpos e divisões foram informados de que as conversações estavam se desenvolvendo de forma adequada, mas que as tropas deviam estar prontas para retomar o ataque imediatamente após receberem um sinal. Então, o que aconteceu foi o seguinte: Goebbels, Bormann e Krebs queriam arrastar as coisas em função de suas próprias motivações, esperando que os russos começassem a brigar com seus aliados, mas, na verdade, nós usamos esse mesmo período para melhorar nossos preparativos e poder finalizar o assalto ao Tiergarten de um só golpe, caso não viesse a rendição.

A conversa com Krebs recomeçou. Era tentador o esforço para penetrar nos segredos dos líderes do Terceiro Reich, seus planos e esperanças. Krebs, é claro, sabia de tudo, mas não dizia nada coerente, e era preciso se esforçar para tirar dele o máximo possível, vendo como suas respostas a várias perguntas se encaixavam.

"Onde está Hermann Goering agora?"

Krebs saltou como se alguém o tivesse acordado.

"Goering? Ele é um traidor, o Führer não o suporta. Goering propôs que o Führer lhe entregasse o controle do Estado, e o Führer o expulsou do Partido." E, imediatamente, ele se corrigiu: "Antes de sua morte, Hitler o expulsou do Partido. Ele escreve sobre isso em seu testamento".

Aqui já havia algo nebuloso: primeiro, o Führer não suporta a Goering, dito no presente; depois, ele o expulsou do Partido, no tempo passado. Eu tentei esclarecer as coisas perguntando: "Como o senhor vê Himmler?".

"Himmler é um traidor. Ele estava trabalhando contra o Führer; há muito tempo, ele queria fazer uma paz em separado com as potências ocidentais e nos desunir. O Führer soube de suas intenções e..." (alguns segundos de pausa) "...essa foi uma das razões do seu suicídio. O Führer dava grande importância à lealdade de seus parceiros. Antes de sua morte, ele procurou uma saída... na conclusão da paz, com a Rússia, em primeiro lugar."

"Então Himmler é um traidor?"

"Sim", confirmou Krebs. "Por vontade de Hitler, Himmler está expulso do Partido. Himmler está fora de Berlim. Está em Mecklenburg."

"Então o senhor conhecia a proposta de Himmler de rendição completa aos Estados Unidos e à Grã-Bretanha?" (Aqui eu estava realmente jogando verde, pois não sabia quase nada sobre a proposta de Himmler.)

Krebs pensou um pouco e respondeu: "Como o senhor sabe, nós suspeitávamos dele, mas eu fui convencido disso definitivamente pela reportagem da Reuter. Não fomos informados disso por Himmler. O Führer o deixara fora de Berlim, de modo que, de lá" – Krebs não disse de onde – "ele pudesse enviar ajuda a Berlim, transferindo todas as unidades de nossas forças armadas para cá. Mas ele enganou o Führer e não fez isso. Himmler é um traidor, ele queria fazer uma paz sem o conhecimento do Führer, ele é contra os interesses da Alemanha. Eu estava com o Führer o tempo todo, eu era seu conselheiro direto sobre questões da guerra. Mas fora de Berlim, em Mecklenburg, havia o OKW, o Alto-Comando da Wehrmacht. O Führer lhes dava ordens diretamente de Berlim. Eu era responsável pela Frente Oriental".

Nesse momento, Krebs havia falado um pouco demais e confirmado nossas intuições e suposições. A verdade estava mesmo em suas palavras

## Krebs chega ao meu posto de comando

sobre Hitler ter dado ordens para que todas as unidades das forças armadas da Alemanha fossem transferidas "de lá", isto é, do oeste, para Berlim, para a Frente Oriental, contra nós, abrindo assim o caminho para as tropas das potências ocidentais chegarem à cidade.

Mantendo essa linha, eu perguntei a Krebs: "O senhor sabe que o exército do general Wenck, enviado por Himmler a Berlim para levantar o bloqueio e fornecer a ajuda que os senhores estão esperando, já foi batido pelas nossas tropas?".

Krebs saltou, e uma sombra atravessou seu rosto. Era evidente que minha pergunta o convencera, mais uma vez, de que não poderia esperar ajuda de lugar nenhum.

Perguntei sobre o exército de Wenck por esse motivo. Por meio de mensagens de rádio interceptadas, nós soubéramos que a guarnição cercada de Berlim estava esperando por esse exército; e, de fato, ele tinha vindo em seu auxílio, mas fora recebido – e esmagado – no sul de Berlim por nossas forças. Pensei que esse fato forçaria os líderes do Terceiro Reich, no caso, Krebs, a concordar mais rapidamente com uma rendição. No entanto, ele parecia ter outros planos, que não incluíam rendição nem paz. Eles queriam ganhar tempo. Para quê? Bom, os mortos já não podiam dizer.

"Quem é o seu comandante em chefe agora?", eu perguntei.

"De acordo com o testamento de Hitler, é Doenitz. O novo comandante das forças terrestres é Schoerner, e o da frota, Von Greim. Goering está doente, Guderian está doente."

"Onde está Ribbentrop?"

"Em Mecklenburg. Seu lugar está ocupado por Seyss-Inquart."

"Então os senhores têm uma reorganização completa do governo. O único a não ser afetado foi o senhor mesmo. O senhor foi chefe do Estado-Maior das Forças Terrestres sob o comando de Hitler e conserva o posto agora?"

"Sim", concordou Krebs.

"Quem será encarregado de participar das negociações de paz finais com a União Soviética e seus aliados?"

"Goebbels e Bormann. Eles estão em Berlim e são os únicos representantes da Alemanha."

"E o que farão os outros membros do governo?"

"Eles cumprem a ordem do Führer."

"E os soldados reconhecerão o novo governo?"

"Se houver oportunidade de dar a conhecer o testamento do Führer ao exército, os soldados cumprirão a vontade dele. É melhor fazer isso antes do anúncio de outro governo."

"O senhor teme esse 'outro'" – eu enfatizei a palavra – "'governo'?"

"Himmler nos traiu e pode formar um novo governo. Ele ainda não sabe da morte do Führer e de seu testamento."

"Como o senhor propõe fazer contato com outras áreas? Afinal, elas estão isoladas..."

"Por meio de um armistício temporário com o senhor. Então nós divulgaremos tudo."

"Eu não entendo."

Krebs explicou: "Com sua cooperação, entraremos em contato com as províncias por via aérea ou por outros meios.".

"Então o seu governo foi criado para operar sobre o território da Alemanha, para reunir suas forças e continuar a guerra?"

Krebs balançou a cabeça energicamente. "Não", respondeu, "nós queremos iniciar negociações e acabar com a guerra.".

"Mas", eu recomecei, "o testamento de Hitler diz claramente que ele está criando um governo formado por 'homens honrados, que continuem a guerra por todos os meios'. Não seria melhor para os senhores concordar em acabar com a guerra antes e, depois, dar início a negociações?"

Krebs hesitou, levou um longo tempo para responder, pensando em como encontrar uma saída. "Meu governo pode responder a isso, não eu."

# Primeiro de Maio em Berlim

Lá fora os canhões trovejavam. Já era dia, e o 1º de Maio estava começando também em Berlim. Nós passáramos a noite toda em nossas conversações, e os resultados até então eram nulos. Moscou nos ordenou que esperássemos sua resposta. De vez em quando, eles pediam vários detalhes, para tornar mais claro o rumo das negociações.

Fui chamado ao telefone para falar com o comandante do 28º Corpo da Guarda, o tenente-general Ryzhov. Ele me informou que, às quatro e meia, uma estação de rádio alemã, identificando-se como Quartel-General para a Defesa de Berlim, havia solicitado que um oficial soviético fosse enviado ao lado nordeste do Jardim Zoológico para se encontrar com os enviados que falariam em nome do Exército Alemão. O general Ryzhov e o comandante da 39ª Divisão da Guarda, o coronel Marchenko, haviam nomeado o major Bersenev, oficial do Q.G. daquela divisão.

Como aconteceu a reunião e como ela terminou? Eis o que disse o próprio Bersenev:

> Eu deveria apresentar um ultimato exigindo a rendição incondicional, depois de garantir as vidas de todos os que deveriam depor as armas e cessar a resistência. No caso de uma recusa à rendição, eu deveria dizer aos alemães que, dentro de 24 horas, eles seriam completamente exterminados.

## A conquista de Berlim

Exatamente às 5h do dia 1º de maio, eu estava no lugar indicado, com uma bandeira branca. Deixei o carro dobrando a esquina, escondido, com o meu ordenança e o motorista dentro dele. Tive que esperar cerca de 20 minutos. Durante todo esse tempo, os alemães não dispararam contra mim; evidentemente tinham sido avisados. Durante essa espera, eu pensei muito. Um pensamento em particular girava repetidamente na minha cabeça como uma broca: seria uma falsa convocação, uma provocação? Conhecendo bem a situação em Berlim, sabendo o quanto a posição do inimigo era desesperada, eu continuava afastando aquele pensamento, mas ele voltava repetidas vezes. Por fim, vi dois alemães com uma bandeira branca dobrarem a esquina a cerca de 200 metros de distância e caminharem na minha direção.

Dei alguns passos à frente, em direção a eles. De repente, um deles caiu e imediatamente eu ouvi tiros: as balas zuniam ao meu redor, e os tiros vinham da direção dos alemães. Senti um golpe no quadril esquerdo e no joelho e caí, batendo com a cabeça contra o pavimento e perdendo a consciência.

Eu me aproximava do meu carro; meu ordenança havia arriscado a vida para me arrastar para fora do alcance dos tiros, e ele e o motorista me levantaram e me colocaram no carro. Eu não sentia a minha perna e minha cabeça estava retumbando. Eu só disse: "Me levem ao comandante da divisão.". E perdi a consciência novamente.

Voltei a mim quando estavam me dando uma injeção. O coronel Marchenko e o general Ryzhov estavam inclinados sobre mim, e eu lhes contei toda a história tal como aconteceu.

Depois do relatório do general Ryzhov sobre esse incidente, ficou claro que a guarnição de Berlim estava dividida: uma parte de seus soldados e oficiais estava pronta para se render ao vencedor; enquanto outra, supostamente constituída pelos nazistas radicais e soldados da SS, não apenas era contra render-se, mas estava usando a força para impedir as tentativas de rendição de outros. Qual grupo iria prevalecer dependeria do que fizéssemos. Era de se presumir que a calmaria gerada pelas conversas com Krebs seria usada pelos nazistas para reforçar sua influência sobre a guarnição sitiada. Precisávamos desferir outro golpe poderoso rapidamente, dar um salto à frente, e a resistência seria vencida, talvez até com a ajuda daqueles que estavam dispostos a se render.

Veio um telefonema do Quartel-General da frente. O comandante da frente me informou que o seu adjunto, o general de exército Sokolovski, partira para o meu posto de comando; a seguir, me pediu para lhe dar mais detalhes sobre Himmler, descobrir onde estava Ribbentrop, que agora era o chefe do Estado-Maior de Hitler, onde estava o corpo de Hitler... e mais perguntas, e mais perguntas...

Ao voltar à sala de reuniões, perguntei a Krebs: "Onde está o cadáver de Hitler?".

"Em Berlim. Queimado, segundo a vontade dele. Isso foi feito hoje", ele respondeu.

"Quem é o chefe do Estado-Maior do seu Alto-Comando?"

"Jodl. Doenitz é o novo comandante em chefe. Ambos estão em Mecklenburg. Só Bormann e Goebbels estão em Berlim."

"Por que não me disse antes que Doenitz está em Mecklenburg?"

Krebs não disse nada. Eu peguei o telefone, chamei o marechal Zhukov e disse:

"O 'comandante em chefe supremo', o grande almirante Doenitz, está em Mecklenburg; com ele está Himmler, a quem Goebbels considera traidor. Hermann Goering supostamente está doente, ele está no sul. Em Berlim estão Goebbels, Bormann e o cadáver de Hitler. É possível tirar conclusões a esse respeito quanto à proposta e aos documentos de Goebbels e Bormann."

Em resposta, o marechal Zhukov disse que essa confusão sobre o envio de emissários para discutir tanto conosco, em Berlim, quanto com os nossos aliados, no oeste e no sul, estava atrasando a decisão do nosso governo. Mas haveria uma resposta em breve, e provavelmente exigiria a rendição total.

Krebs, é claro, ouviu meu relato a Zhukov. Tivemos de retomar os nossos "exercícios" diplomáticos.

"Então", resumi, "os principais líderes militares estão em Mecklenburg, enquanto Goebbels e Bormann permaneceram em Berlim para cumprir os desejos do Führer. Que são...?"

"Eles querem acabar com a guerra, mas somente depois de os senhores reconhecerem o governo criado de acordo com os desejos do Führer."

"Ou seja, um governo que não quer paz nem guerra?"

Krebs pensou um pouco e disse: "Eu estou pronto para cessar fogo no setor onde ele ainda existe."

"Por que fazer isso", repliquei, "se o seu chamado 'governo' não está disposto a se render? Os senhores querem que haja mais derramamento de sangue?"

"Quero fazer todo o possível, o mais rápido possível, para que o governo legal em Berlim seja reconhecido, de modo que não apareça algum outro governo, ilegal."

"Se os senhores não se renderem, nossas tropas entrarão para atacá-los; então, tentem, se puderem, resolver onde está o governo legal e onde está o ilegal."

"É por isso que estamos pedindo um armistício", disse Krebs melancolicamente.

"E nós exigimos a rendição!"

Outra convocação ao telefone. O Q.G. da frente nos pediu que enviássemos todos os documentos que Krebs havia trazido de Goebbels e Bormann.

Dirigi-me para Krebs e perguntei: "O senhor tem mais documentos além dos que já apresentou?".

"Há também esta lista complementar de membros do governo, sobre os quais eu já lhe informei." Ele me ofereceu mais um papel, dando os nomes dos membros do gabinete que já estavam listados no testamento de Hitler.

"O objetivo da sua visita é conversar apenas com a União Soviética?"

"Apenas com os senhores."

"O senhor conversa conosco, e Himmler conversa com os aliados. Por que os senhores não estão dispostos a conversar simultaneamente com nossos aliados e preferem agir separadamente?"

Pausa. Krebs baixou os olhos, depois levantou a cabeça. "Se os meus poderes forem ampliados, também vamos manter conversações com os outros governos, seus aliados", disse ele.

"Então esses poderes serão dados não por Goebbels, mas por algum 'governo'?"

"Quando ele se reunir na íntegra. Esse é o nosso principal objetivo."

"Onde o seu governo deve se reunir?"

"Isso ainda não foi decidido, mas Berlim seria melhor."

"Mas, até a rendição completa do que resta da guarnição de Berlim, seu governo não poderá se reunir aqui."

"Permita-me explicar mais detalhadamente", disse Krebs com um ar muito prestativo. "Eu estou profundamente convencido de que, se a guarnição de Berlim se render, nosso governo nunca se reunirá. Isso significaria deixar de cumprir o testamento do Führer. Eu considero que a rendição total não pode ocorrer até que o novo governo tenha sido reconhecido por todos."

"Então o governo funciona e não se rende?"

"Eu vim para resolver todas essas questões e transmitir garantias do lado alemão. A questão da rendição total pode ser resolvida dentro de poucas horas após um armistício e após o reconhecimento do novo governo."

"Isso significa que os senhores querem lutar até o fim? O senhor conhece os termos de rendição completa?"

"Sim, conheço", respondeu Krebs. "Mas quem vai continuar as conversações?"

"O senhor tem o *Reichskanzler* aqui, e Bormann está com ele. Se eles lhe deram poderes para continuar negociando conosco, podem tomar a decisão final. Não é verdade?"

"Eles não podem tomar a decisão sobre a rendição total sem antes informar Doenitz na íntegra. Os únicos meios de comunicação por rádio estão nas mãos de Himmler. Nosso receptor de rádio foi bombardeado."

"Nós lhe forneceremos uma conexão. Divulgue o testamento do Führer pelo rádio. Isso vai acabar com o derramamento de sangue."

Krebs fez uma careta. "Isso seria estranho", ele observou. "A notícia seria bastante inesperada para Doenitz, pois ele ainda não sabe do testamento. Fizemos uma tentativa de interessar à União Soviética, e não queremos um governo ilegal disposto a fazer um tratado em separado com os Estados Unidos e a Grã-Bretanha. Nós preferimos conversar com a Rússia."

"O senhor fala com a Rússia; Goering, com os americanos; e Himmler, com os britânicos. Eu entendo a sua jogada." Tive vontade de completar "Que pretende dividir a coalizão anti-Hitler", mas me contive. Deixei que ele continuasse acalentando a esperança de que não tínhamos percebido o que o sr. Goebbels e companhia estavam pretendendo.

"Eu tenho receio", prosseguiu Krebs, "de que seus aliados acabem fazendo negociações separadas com Himmler."

"Não tenha. Nós não temos receio disso."

"Nós não nos recusamos a conversar com seus aliados, mas precisamos da ajuda do governo soviético."

Só então, aparentemente, ele estava começando a entender que nós não confiávamos em Goebbels nem em seus emissários. Só restava lhe dizer abertamente que eu, como militar, estava interessado, antes de tudo, em acabar o mais rapidamente possível com as forças inimigas, que ainda sustentavam a defesa impossível de Berlim.

Depois de me ouvir, Krebs repetiu: "Se a guarnição de Berlim for aniquilada, não haverá governo legal da Alemanha...".

"Isso é bobagem", eu o interrompi.

"Já lhe expliquei a minha missão, não tenho autoridade para outra coisa."

"E eu lhe informei sobre os termos únicos e definitivos: rendição incondicional."

O general Krebs e seu ajudante permaneceram aparentemente calados e contidos, mas que esforço isso lhes custava!

Eu voltei a afirmar: "Nós garantimos a preservação da vida, mas, sobre o governo, falaremos mais tarde. Os senhores não têm exército, mas mesmo assim querem reunir algumas supostas forças. Isso não vai funcionar!".

Krebs disse apressadamente em russo: "Eu proponho uma pausa na batalha. Nós podemos dar ordens para não atirar a partir de determinada hora".

Tocou o telefone, mais uma vez. O comandante da frente queria saber como iam as negociações. Eu expliquei.

Desliguei o aparelho e me dirigi a Krebs para dizer novamente: "A melhor saída para aqueles que querem ver o novo governo reconhecido é a rendição."

"Total?", perguntou Krebs.

"Total. Então nós conversaremos com esses membros do governo."

Krebs sacudiu a cabeça em negação. Falando ora em alemão, ora em russo, ele murmurou: "Eu não tenho poderes para a rendição. Assim, o nosso governo perecerá...".

"Mas uma bomba não vai saber a diferença entre um soldado e um membro do governo", observei.

Krebs sacudiu a cabeça mais uma vez e disse em russo: "Eu estou pensando nos interesses da conclusão da paz".

"Insistimos na exigência comum, nossa e de nossos aliados: rendição incondicional."

"A rendição total e efetiva só pode ser decidida pelo governo legal", Krebs objetou, com voz irritada. "Se Goebbels não tiver nenhum acordo com os senhores, o que isso significará? Os senhores devem dar preferência ao governo legal em detrimento do traidor Himmler. A questão da guerra é resolvida com antecedência. Os resultados devem ser discutidos com o governo indicado pelo Führer."

"Divulgue o testamento do seu Führer ao público", eu o instiguei.

Krebs tinha ficado excitado e estava quase gritando: "Himmler, o falso, o traidor, pode acabar com os membros do novo governo!"

"Que horror!" Eu senti vontade de rir; eles estavam pensando apenas na própria pele.

Teria sido bom sair ao ar livre naquele momento; o sol brilhava lá fora. Moscou ainda não havia dito nada. Nós estávamos sentados lá, mortos de cansaço. Os alemães conversavam em voz baixa entre si.

O general Sokolovski chegou, e eu o informei sobre o andamento das negociações.

*Sokolovski* (para Krebs): Quando os senhores vão contar ao público sobre Hitler e Himmler?

*Krebs*: Quando chegarmos a um acordo com os senhores sobre o novo governo.

*Sokolovski*: O comandante da frente considera que, antes, Himmler deve ser declarado traidor, de modo a atrapalhar seus planos.

*Krebs* (com animação): Um conselho muito sensato. Isso pode ser feito imediatamente, com a permissão do dr. Goebbels, é claro. Peço novamente que meu assistente seja enviado a ele.

"Goebbels deve ser informado que, até a rendição, não pode haver nenhum novo governo", eu disse.

*Krebs*: Devemos fazer uma pausa. Temos que criar o governo.

"Depois da rendição total."

*Krebs*: Não.

*Sokolovski*: O senhor tem Goebbels e outros aqui e pode anunciar a rendição.

*Krebs*: Só com a permissão de Doenitz, e ele está fora de Berlim. Poderíamos mandar Bormann a Doenitz, assim que declarássemos uma pausa. Não tenho aeronave nem rádio.

A atmosfera ia ficando quente.

"Deponha suas armas, e então falaremos sobre o restante."

*Krebs*: Não, isso é impossível. Pedimos um armistício em Berlim.

"O senhor tem os códigos secretos e coisas do tipo?", eu perguntei.

*Krebs*: Himmler tem. (Sokolovski e eu involuntariamente trocamos olhares.) Se vocês permitirem uma pausa, chegaremos a um acordo.

"Somente com base na rendição, depois da qual Doenitz pode vir até nós como o senhor fez."

*Krebs*: Doenitz deve ser chamado; os senhores o deixarão passar.

*Sokolovski*: Não estou autorizado a decidir isso.

"Rendam-se imediatamente", eu disse, "então providenciaremos para que Doenitz viaje até aqui".

*Krebs*: Primeiro, entre em contato com Doenitz; depois, a rendição. Eu não posso me render sem Doenitz. (Depois de uma pequena reflexão.) Mas eu poderia perguntar a Goebbels sobre isso, se o senhor enviar o coronel a ele (indicando seu assistente).

*Sokolovski*: Então chegamos à seguinte situação: o coronel alemão vai a Goebbels para saber se ele concorda com a rendição imediata...

*Krebs* (interrompendo): Haverá um armistício ou Goebbels deve concordar em se render antes do armistício?

*Sokolovski*: Não vamos permitir que qualquer questão sobre armistício seja colocada a Goebbels.

*Krebs* (irredutível, mais uma vez): Sem Doenitz, nem eu, nem Goebbels podemos permitir a rendição.

"Então os senhores não formarão o seu governo."

*Krebs*: Não, o governo tem que ser formado. Depois se decide a questão da rendição.

Sokolovski foi a uma sala ao lado, telefonou ao comandante da frente e relatou:

"Krebs insiste; ele diz que, sem a concordância de Doenitz, eles não podem se render, e Doenitz supostamente não sabe nada do que está acontecendo. Krebs pede que Doenitz seja informado de tudo, então será tomada uma decisão. Talvez devêssemos enviar o assistente de Krebs a Goebbels, e, então, talvez enviar alguém a Doenitz. São 200 quilômetros de carro para ir e voltar de Mecklenburg. Eu acho que deveríamos enviar um de nossos oficiais para buscá-lo. Doenitz pode esperar por ele na linha da frente."

Depois de receber as instruções do marechal Zhukov, Sokolovski voltou. Krebs pediu permissão para sair da sala com seu assistente; estava claro que eles queriam conversar. Em pouco tempo, entraram novamente.

Eu telefonei para o chefe de Estado-Maior do Exército e ordenei que ele entrasse em contato com um batalhão nosso na linha de frente e com o batalhão alemão do outro lado e pusesse Goebbels em contato conosco.

"O governo da Alemanha deve ter autoridade", Krebs declarou de repente.

"E o senhor acha que, após a derrota completa da Alemanha, a autoridade de Hitler ainda tem peso?"

"O senhor vê o nosso sofrimento", disse Krebs com tristeza. "Talvez a autoridade do Führer esteja um tanto diminuída, mas ainda é grande. Suas medidas não podem ser alteradas. Os novos homens e o novo governo se basearão na autoridade de Hitler... Talvez a base possa ser mais ampla, mais democrática, isso eu admito. Mas nós queremos nos preservar. E, se a Grã-Bretanha e a França nos ditarem as fórmulas da ordem capitalista, isso será ruim para nós."

Ouçam isso!

"Nós não pretendemos destruir o povo alemão, mas não vamos permitir o fascismo", disse Sokolovski. "Não estamos propondo eliminar os membros do Partido Nacional-Socialista, mas, como organização, ele deve ser dissolvido. O novo governo alemão deve ser formado sobre novas bases."

Krebs olhou para nós atentamente. "Eu penso", disse ele calmamente, "que estou convencido de que só há um líder que não quer a destruição da Alemanha: Stalin. Ele disse que a União Soviética não pode ser destruída e também que a Alemanha não pode ser destruída. Isso está claro para nós, mas temos medo dos planos anglo-americanos para a destruição da Alemanha. Se eles puderem fazer o que bem entenderem conosco, isso será terrível."

"E Himmler?"

"Posso falar claramente? Himmler acha que as tropas alemãs ainda podem ser uma força contra o Leste. Ele disse isso aos aliados dos senhores. Para nós isso é claro, absolutamente claro!"

"Então, sr. general, eu não entendo a sua insistência. Os combates em Berlim são um desperdício de sangue desnecessário."

Nós pedimos que ele nos contasse detalhes do suicídio de Hitler.

"Houve várias testemunhas: Goebbels, Bormann e eu. De acordo com a vontade dele, seu corpo foi encharcado com gasolina e queimado... O Führer se despediu de nós; tentamos dissuadi-lo, mas ele insistiu. Nós o aconselhamos a ir para o Ocidente..."

A conversa foi interrompida pelo telefone. O governo soviético deu a sua resposta final: rendição geral ou rendição de Berlim.

Olhei o relógio: 10h15. Se a resposta fosse "não", daríamos início a um novo ataque de artilharia à cidade, imediatamente. Eu falei isso a Krebs.

"Eu não tenho poderes", ele reiterou. "Nós devemos lutar, e o fim será terrível. A rendição de Berlim também é impossível: Goebbels não pode dar sua concordância sem Doenitz. Isso tudo é um grande infortúnio."

*Sokolovski*: Não estamos dispostos a admitir armistício nem negociações separadas. Por que Goebbels não pode tomar a decisão ele próprio?

*Krebs*: Se anunciarmos a rendição total de Berlim, todos saberão que o Führer está morto. E nós queremos formar um governo e fazer tudo de forma organizada.

*Sokolovski*: Deixe Goebbels anunciar que...

*Krebs* (interrompendo): Mas Doenitz não é um homem do Partido. É mais fácil para ele decidir. Deixe que ele faça a rendição para que não seja preciso suportar perdas desnecessárias.

*Sokolovski*: Rendam-se e anunciem o novo governo. Nós vamos lhe fornecer um transmissor de rádio em Berlim para isso. Os senhores também farão contato com os governos de nossos aliados.

*Krebs*: Sim, parece que Goebbels terá que se decidir por isso. Quem sabe eu poderia ter permissão para ir até ele?

*Sokolovski*: O senhor pode fazer isso. Estamos lhe dizendo tudo diretamente: sua situação não tem solução; os senhores nem sequer têm contato entre Goebbels e Doenitz. Mas, assim que Berlim se render, nós vamos lhe dar um avião ou um carro e estabeleceremos contato por rádio.

*Krebs*: Nós não seremos presos? Todos os líderes militares que organizarem a rendição permanecerão em liberdade? Ou seremos considerados prisioneiros?

*Sokolovski*: Não sabemos quais serão as decisões dos governos aliados.

*Krebs*: Repito a pergunta: o que nos espera depois da rendição?

*Sokolovski*: Nós garantimos aos membros do novo governo provisório alemão o direito de estabelecer relações de forma totalmente oficial com os governos aliados. As decisões serão tomadas pelos três governos aliados e, repito, os senhores serão informados.

*Krebs*: Eu preciso saber o que o dr. Goebbels pensa. Ele deve ser informado da versão na qual Berlim se rende.

*Sokolovski*: Dirijam-se aos três governos aliados. Como Hitler está morto, os senhores têm todos os poderes.

Krebs estava em um estado de confusão nervosa. Nosso bombardeio de artilharia havia começado, e aviões sobrevoavam. O intérprete alemão, que tinha saído com Dufwing e nossos homens de comunicação, agora retornava. Estava muito incomodado e começou a nos contar o que tinha acontecido.

"Enquanto avançávamos, eu gritava: 'Não disparem, nós somos emissários!'. Nossos soldados não me respondiam. O major russo estava desenrolando o cabo para a linha e, na esquina da Prinz Albrecht Strasse, foi baleado na cabeça e ferido. Comecei a dizer novamente para que não atirassem e, depois, continuei com o cabo. O coronel Von Dufwing caminhava atrás. Então ele tirou o sobretudo e suas armas e foi em frente com uma bandeira branca. O tiroteio continuava. Havia russos ali de pé, esperando pela conexão (vários deles haviam sido feridos, incluindo um comandante de companhia). A conexão estava pronta e aberta do lado russo, mas não do nosso. Provavelmente o grupo de combate não havia sido informado. O que deveríamos fazer agora? Os russos, por sua vez, garantiam que o coronel teria salvo-conduto para voltar aqui."

"Volte e garanta que o coronel possa voltar a cruzar de novo", disse Krebs. "Tudo foi organizado segundo o mapa. Quem estava disparando?"

"Um franco-atirador, provavelmente. Parece que o major russo vai morrer. É uma pena."

Nós olhamos a Prinz Albrecht Strasse no mapa. Estudamos a área.

"Aqui está o Hotel Excelsior", assinalou o intérprete, "foi aqui que nós chamamos, e era daqui que o franco-atirador estava disparando. Os russos não estavam disparando em nenhum setor."

Marcamos todas essas três quadras no mapa. Veio um telefonema do nosso batalhão: o coronel alemão tinha atravessado ao setor alemão, mas ainda não havia linha.

"Vá", eu disse ao intérprete.

Ele pediu um megafone e uma bandeira branca.

Ao recebê-los, ele se virou com elegância, levantou a mão, curvou-se para nós e se foi.

O general Pozharski, da artilharia, deu ordens para cessar fogo no setor 35, do lago do Jardim Zoológico até a Friedrich Strasse, já que os enviados atravessariam lá.

Um pouco mais tarde, Krebs disse: "O 1º de Maio é uma grande festa para vocês".

"E por que não celebrar hoje? É o fim da guerra, e os russos estão em Berlim", eu respondi.

"Em 1941, quando estava em Moscou e tive a honra de ser adido militar adjunto, eu fiquei na plataforma ao lado do Mausoléu, no 1º de Maio..."

Depois do almoço, eles entraram em contato com a Chancelaria Imperial. Krebs se animou e perguntou se podia anotar todos os pontos em que o comando soviético insistia com relação à rendição para poder transmiti-los ao seu comando. Ele pegou o telefone e começou a falar, enfatizando uma questão específica: haverá um anúncio no rádio de que Himmler é um traidor.

Goebbels respondeu que exigia o retorno do general Krebs e que iria discutir tudo com ele pessoalmente. Demos nosso consentimento.

Então Krebs leu o que havia anotado sobre nossas condições para rendição:

1. Rendição de Berlim.
2. Todos os que se renderem devem entregar suas armas.
3. As vidas de oficiais e soldados serão preservadas.
4. A assistência aos feridos está garantida.
5. Oportunidade para conversações com os aliados serão garantidas por rádio.

"O seu governo", explicamos, "terá a oportunidade de fazer um anúncio público de que Hitler está morto e que Himmler é culpado de traição e de fazer uma declaração de rendição total aos governos da União Soviética, dos Estados Unidos e da Grã-Bretanha. Assim, também atenderemos parcialmente às suas exigências. Se vamos ajudá-los a formar um governo? Não; mas lhe concedemos o direito de nos apresentar uma lista de pessoas que os senhores não querem ver como prisioneiras de guerra."

"A lista de pessoas que estão agora em Berlim, que vamos lhe dar, não será considerada como uma lista de prisioneiros de guerra?", Krebs perguntou com vívido interesse.

"Isso está garantido. Os oficiais manterão seus títulos, suas condecorações e suas armas que não sejam de fogo. Nós lhes concedemos o direito de apresentar uma lista de membros do governo, de estabelecer contato com Doenitz, e assim por diante. Mas tudo isso, depois da rendição."

"Com o objetivo de formar um governo geral e legal da Alemanha?", Krebs sondou.

"Somente com o propósito de fazer um anúncio e estabelecer contato com os governos dos países incluídos em nossa coalizão."

"Então", resumiu o general alemão, "após a rendição, a rádio soviética fará um anúncio sobre a morte de Hitler, o novo governo e a traição de Himmler."

Ele nos garantiu que faria o que pudesse para chegar a um acordo sobre tudo aquilo rapidamente.

Eram 13h08, e Krebs tinha ido embora. O enviado que veio negociar em nome do Terceiro Reich não tinha cedido, não tinha concordado em se render, não tinha aceitado interromper a destruição de Berlim e acabar com a matança de vítimas desnecessárias em ambos os lados, incluindo cidadãos pacíficos. O que ele queria de nós, do comando soviético, do governo soviético?

Antes de partir, Krebs passou um bom tempo se mexendo nervosamente, e voltou duas vezes depois de chegar até a escada. Na primeira, esquecera as luvas, que tinha posto no parapeito da janela com o quepe, mas pôs o quepe na cabeça e não pegou as luvas. Na segunda vez que voltou, foi com a desculpa de que havia esquecido o embornal, que nem trouxera consigo. Ele continuou nos garantindo que havia trazido os documentos de Goebbels e Bormann nele, sendo que, na verdade (eu me lembro bem disso), ele os tirou do bolso lateral.

Em seus olhos e em seu comportamento se podia ver que aquele general alemão estava dividido sobre voltar ao inferno ou ser o primeiro a se render. Talvez estivesse esperando que o declarássemos prisioneiro de guerra, o que teria lhe agradado. Mas qual a utilidade de um prisioneiro desse tipo para nós? Era mais racional deixá-lo voltar, já que ele poderia exercer influência para conter o derramamento de sangue.

E o que Krebs esperava obter de nós, afinal de contas? Sem dúvida, ele estava cumprindo a vontade de Goebbels e Bormann, que também era a vontade dele. Assim, os três contavam com suavizar as relações entre a União Soviética e a Alemanha nazista trazendo notícias da morte de Hitler. Sugerindo que a Alemanha pagara pelos milhões de vítimas pelo fato de que o principal autor da guerra havia queimado. Mas isso não era tudo, e não era o principal.

O mais importante era que eles – e, possivelmente, todos os outros assessores e colaboradores de Hitler, assim como o próprio até as últimas horas de sua vida – contavam com potencializar as contradições entre a União Soviética e seus aliados. O fato de existirem certas diferenças não era segredo.

Nós, os militares, também sabíamos disso, mas se pode afirmar com plena responsabilidade que, entre os aliados militares, entre os soldados da coalizão anti-Hitler, não havia contradições. Nós tínhamos um objetivo comum, um inimigo comum, e fizemos o melhor que pudemos para terminar com o inimigo o mais rápido possível. Quanto mais o contato entre os soldados soviéticos e os dos nossos aliados se tornou próximo, mais forte ficou a sua união e mais aumentou o respeito mútuo.

Os líderes do Terceiro Reich e algumas pessoas no Ocidente não entenderam isso e não contaram com isso. Eles se esforçaram para encontrar uma divisão entre os povos dos países Aliados, mas não conseguiram. E, se chegaram a perceber vacilações, uma tendência por parte de alguns nas potências ocidentais de chegar à conciliação com os nazistas e a uma paz em separado, quem não lhes permitiu cometer tal crime foi, sobretudo, o povo das terras daquelas potências.

Tendo passado cerca de 12 horas conosco, o general Krebs não viu nenhuma vacilação em nossa lealdade para com nossos aliados. Pelo contrário, nós lhe havíamos mostrado que não recuaríamos um passo sequer das decisões das conferências de Yalta e Teerã. Nossa lealdade e nossa firmeza reprimiam qualquer expressão de vacilação em relação a nossos aliados. Goering e Himmler também não tiveram sucesso nessa área.

O general Krebs, sem dúvida alguma um grande homem da inteligência e diplomata experiente, afastou-se de nós visivelmente frustrado. Essa parece ter sido a última tentativa de conseguir uma divisão entre os Aliados. Não tendo tido sucesso, Goebbels e companhia tinham que tomar alguma decisão.

# A rendição

A ordem foi dada: abrir fogo a plena capacidade e terminar com o inimigo o mais rápido possível!

Em todos os lados, ouviam-se os estrondos das salvas de Katyushi, e milhares de bombas e projéteis disparavam em direção aos blocos de prédios governamentais, à Chancelaria Imperial, ao Reichstag. Os resultados desse poderoso e bem preparado golpe de artilharia logo ficariam visíveis. Começaram a chegar relatos de ações bem-sucedidas por parte das nossas tropas.

O general Ryzhov, comandante do 28º Corpo da Guarda, informou que suas tropas estavam no centro do Jardim Zoológico e avançavam para o norte, para se unir ao exército de tanques do general Bogdanov.

O general Bakanov, comandando a 74ª Divisão da Guarda, alegrou-nos com a notícia de que a estação ferroviária Potsdamer havia sido tomada e que havia combates na quadra 152, em frente à estação de metrô da Saarlandstrasse. Os nazistas estavam atirando Faustpatronen e nossos homens respondiam na mesma moeda: com Faustpatronen e com fogo de artilharia de todos os calibres, em sua maioria, disparando direto.

A operação de assalto crescia e se tornava cada vez mais irresistível. A quadra 151 estava ocupada; a encruzilhada onde a Wilhelm Strasse e a Leipziger Strasse se encontravam era nossa; lutava-se pela posse das quadras 150 e 153.

Aquele era o centro do Tiergarten, e ali se erguiam os enormes edifícios que ficavam junto à Chancelaria Imperial no sul.

Os soldados da guarda estavam envolvidos no ataque do 1º de Maio, cuja ponta de lança mirava o próprio coração do Terceiro Reich. A quadra 152 foi tomada (era a sede da Gestapo): as tropas soviéticas haviam aniquilado a toca dos répteis mais perigosos, que tentaram injetar seu veneno e matar tudo o que fosse vivo e progressista. Um dos correspondentes de guerra lia seu boletim da linha de frente por telefone, declamando-o como poesia.

> A luta está em andamento na Avenida das Vitórias. Um pequeno projétil atinge e atravessa a cabeça de uma estátua de Bismarck, o chanceler de Ferro. Ao lado está a estátua de Moltke, o Velho, o vitorioso de Sedan, mas sua pose calma não combina com o entorno; ele vê soldados russos marchando vitoriosos no centro de Berlim pela terceira vez na história da cidade...

Fui informado de que o general Krebs atravessou a linha da frente em segurança, e agora provavelmente estava fazendo seu relatório a Goebbels e Bormann.

Eram cerca de duas da tarde e ainda não tínhamos almoçado. Todos entraram no refeitório. Depois do almoço, Vsevolod Vishnevski pediu licença para ir até a linha da frente ou, para ser exato, entrar nos prédios do governo. Eu lhe disse, em tom de brincadeira: "Você vai ser derrubado lá, Vsevolod, e será o fim, mas vou pegar 20 dias de prisão por sua conta. E Sofia Kasianovna (sua esposa) vai me amaldiçoar pelo resto da vida. Fique onde está!".

Relatório: Explodiram o muro em torno do Jardim Zoológico e, pelas brechas, continuaram o avanço sobre Charlottenburg para se encontrar com o exército de tanques de Bogdanov. Dos telhados dos prédios e dos *bunkers*, os alemães disparavam com canhões antiaéreos à queima-roupa. Nossa artilharia os estava eliminando de seus poleiros, também disparando direto.

Relatório: Eles chegaram aos muros da pista de corrida.

Notícias de muitos soldados e oficiais nazistas que se entregaram voluntariamente chegavam o tempo todo. São 22h20.

O dia passou como se fosse um instante. Estávamos cansados até o limite, mas ainda nos aguentando. Ninguém queria ir embora. Em cima da mesa, havia pilhas de mapas e de pratos cheios de cigarros.

Próximo ao anoitecer, a batalha começou a arrefecer. Da rua, de tempos em tempos, ouvia-se o som de tiros. Todo mundo estava com sono, mas não

## A rendição

podíamos dormir. De qualquer forma, nossos nervos estavam tão tensos que seria impossível pegar no sono. Era véspera do fim da guerra! Os telefonemas eram como combustível vindo para movimentar o motor humano, e ele respondia e funcionava sem parar, embora superaquecido ao extremo.

Eu decidi me deitar por um tempo em um divã. Meus olhos estavam fechados, mas meu cérebro continuava funcionando no mesmo ritmo. Soou uma campainha... e o telefone estava na minha mão novamente. O general Ryzhov informou:

"Ao norte do Jardim Zoológico, nossos homens chegaram à área onde fica a embaixada sueca. O embaixador nos pede para lhes fornecer uma guarda, mesmo que de apenas alguns homens. Ele está empolgado com a bravura do Exército Soviético. O pessoal da embaixada está em um abrigo."

Dou as minhas ordens: "Tranquilize os suecos e dê a eles a sua guarda. Absoluta cortesia para com todos. E não apenas os suecos, todos.".

Eram 23h35.

Passamos o 1º de Maio de 1945 lutando, sem dormir nem descansar, mas havia alegria entre o povo soviético e em Moscou!

Era 1h25 de 2 de maio.

Embora não em toda parte, a luta ainda prosseguia, ouviam-se rajadas de fogo das armas automáticas e explosões, aparentemente eram granadas. Eu me deitei para descansar, cubri a cabeça com um casaco de feltro, mas... a tensão nervosa era grande demais para ser superada!

Um toque do telefone: relatório do Quartel-General do 28º Corpo da Guarda:

> À 0h40 do dia 2 de maio, os receptores de rádio da 79ª Divisão da Guarda interceptaram uma mensagem em russo, que dizia o seguinte: "Olá, olá! Aqui é o 56º Corpo Panzer alemão. Pedimos que cessem fogo. À 0h05, hora de Berlim, enviaremos emissários à ponte Potsdamer para discutir com os senhores. Observem, para fins de reconhecimento, uma bandeira branca. Esperamos sua resposta". A mensagem foi repetida cinco vezes.
>
> A estação de rádio da 79ª Divisão respondeu: "Sua mensagem recebida. Mensagem recebida. Seu pedido transmitido aos nossos oficiais superiores". A essa transmissão, a estação do 56º Corpo Panzer respondeu: "Estação de rádio russa. Estou recebendo seu sinal. Você está falando com um oficial superior".

Imediatamente, dei ordens para que as operações ofensivas fossem interrompidas apenas no setor onde os emissários se encontrariam; para que os alemães fossem informados de que esses emissários poderiam chegar e se reunir no lugar indicado; em outros setores, o ataque deveria prosseguir. Enviei um dos oficiais do exército, o tenente-coronel Matusov, e o intérprete, o capitão Kelber, para se encontrar com os emissários alemães. Dei instruções para que não desenvolvessem negociações que não fossem para promover uma rendição incondicional; os alemães deveriam depor as armas imediatamente.

Um pacote foi entregue a mim. O documento tinha o timbre da Missão Real Sueca (em sueco). Abaixo, dizia (em russo):

> Ao general comandante.
>
> Por meio desta, chamamos sua atenção para o fato de que a Missão Real Sueca está localizada nos seguintes endereços: Rauchstrasse, 1, 3, 25, e Tiergartenstrasse, 36. O endereço da Igreja Sueca é: Berlim, Wilmersdorf, Landhausstrasse, 27.
>
> Peço às autoridades militares soviéticas que permitam que a missão prossiga o seu trabalho de proteger cidadãos e propriedades suecos.
>
> Eu ficaria muito grato pela oportunidade de conversar com um representante autorizado do Exército Vermelho.
>
> Aguardo sua resposta favorável sobre essa questão. Como é de conhecimento geral, a Missão Real Sueca ainda é encarregada da proteção dos direitos soviéticos na Alemanha.
>
> Berlim, 1º de maio de 1945.
> Hugo Ehrifast, agente diplomático.

Um oficial de Estado-Maior foi enviado à Missão Sueca para lhes garantir que o comando do exército estava ciente da carta do diplomata e de que garantiríamos a nossa total cooperação com a missão no desempenho de suas funções oficiais.

Os combates continuaram, mas com longos períodos de silêncio. O general do exército V. D. Sokolovski não aguentou e foi à sala ao lado descansar. Eu também estava caindo de sono.

Outro telefonema. A 47ª Divisão da Guarda informou que os oficiais enviados à ponte Potsdamer tinham se reunido com os emissários alemães, um coronel e dois majores. O coronel Von Dufwing, chefe do Estado-Maior do 56º Corpo Panzer, havia declarado que estavam autorizados pelo general

## A rendição

de artilharia Weidling a informar o comando soviético da decisão do general de abandonar a resistência por parte do 56º Corpo Panzer e se render. O coronel Semchenko, comandante em exercício da 47ª Divisão da Guarda, perguntou a Von Dufwing quanto tempo seria necessário para que o comando de seu corpo depusesse as armas e entregasse ao comando soviético, de maneira organizada, o pessoal e o armamento de suas unidades. Von Dufwing respondeu que precisaria de três ou quatro horas. Além disso, eles queriam fazê-lo à noite, já que Goebbels havia dado ordens para atirar pelas costas em qualquer pessoa que tentasse chegar aos russos.

Dei ordens para que o coronel Von Dufwing fosse enviado de volta ao general Weidling para informá-lo de que sua rendição fora aceita, mas que os dois majores alemães seriam retidos por nós. Enquanto aguardava novos desdobramentos, eu cochilava.

Às 5h50, fui despertado com a notícia da chegada de uma delegação de Goebbels. Saltei do divã e corri para me lavar em água fria. Havia três delegados, vestindo roupas civis e, com eles, um soldado de capacete de aço e com uma bandeira branca. Dei instruções para que o soldado saísse da sala. Um dos três era o conselheiro Heinersdorf, do Ministério da Propaganda.

"O que o senhor quer e o que posso fazer pelo senhor?", perguntei.

Heinersdorf me entrega uma carta em uma pasta rosa. Eu a leio. Vishnevski, Pozharski, Weinrub e Tkachenko vieram, todos, lê-la sobre o meu ombro. A carta era assinada pelo dr. Fritsche e dizia:

> Como o senhor foi informado pelo general Krebs, não conseguimos ter contato com o ex-chanceler Goering. O dr. Goebbels já não vive. Eu, como um dos que permanecem vivos, peço-lhe que tome Berlim sob sua proteção. Meu nome é conhecido: diretor do Ministério da Propaganda, dr. Fritsche.

Portanto, foi assim que os eventos foram acontecendo no espaço dos últimos dias e até mesmo horas! Goebbels acompanhara Hitler ao túmulo, e quem seria o próximo depois de Goebbels? Quem quer que fosse, era o fim da guerra.

"Quando o dr. Goebbels se matou?"

"Ontem à noite, no Ministério da Propaganda."

"Onde está o corpo dele?"

"Foi queimado. Seu ajudante pessoal e seu motorista fizeram a queima."

O corpo de Hitler também havia sido queimado. Sendo assim, os líderes do Terceiro Reich tinham escolhido o fogo, por assim dizer, para purificá-los de seus pecados terrenos.

"Onde está o chefe do Estado-Maior, o general Krebs, que ontem conversou conosco em uma missão dada por Goebbels?"

"Não sabemos. O novo chefe de Estado-Maior é o general Einsdorf."

Mais tarde, ficou-se sabendo que Krebs havia se suicidado com um tiro. O que mais lhe restava fazer, depois de um fracasso tão completo?

"Os senhores estão cientes de nossos termos? De que só podemos falar de rendição incondicional?"

"Sim, estamos cientes disso. Isso é o que nós viemos fazer, e oferecemos nossa ajuda."

"E o que os senhores podem fazer para ajudar o seu povo?"

"O dr. Fritsche pede que lhe seja dada a oportunidade de falar pelo rádio ao povo e ao Exército alemães, pedindo-lhes que parem com o derramamento de sangue sem sentido e aceitem a rendição incondicional."

"Os soldados aceitarão ordens de Fritsche?"

"Seu nome é conhecido em toda a Alemanha, principalmente em Berlim."

Tocou um telefone. Do posto de comando da 47ª Divisão da Guarda, o general Glazunov informou: eles tinham relatos, vindos de nossas posições avançadas, de que era possível ver os soldados alemães formando em colunas.

Às 6h do dia 2 de maio, o comandante do 56º Corpo Panzer, general da artilharia Weidling, cruzou a linha da frente e se rendeu. Em seu depoimento, Weidling declarou que também era o oficial comandante das defesas de Berlim. Ele fora designado para o posto seis dias antes.

Quando o coronel Semchenko perguntou se a rendição do corpo era feita com o conhecimento de Goebbels, Weidling respondeu que tomara a decisão sem informá-lo. Eu dei ordens para cessar fogo em todo o setor diante desse corpo e disse que o general Weidling deveria ser enviado a mim, acompanhado pelo tenente-coronel Matusov e pelo nosso intérprete.

Voltei-me aos delegados de Fritsche e lhes perguntei se eles – e Fritsche – sabiam que a guarnição de Berlim estava começando a se render. Eles responderam que, quando saíram, nada se sabia.

"Neste momento, soldados alemães estão se rendendo em todos os setores da frente. Onde está Bormann?"

"Parece que ele estava na Chancelaria de Hitler. Houve uma explosão de gás lá. Bormann e a família de Goebbels pereceram."

## A rendição

"É notícia recém-chegada, mas difícil de acreditar!"*

Telefonei para o marechal Zhukov e informei sobre a chegada dos delegados de Fritsche.

"Podemos confiar que o dr. Fritsche vai dizer o que é preciso ao povo alemão pelo rádio?", Zhukov perguntou. Eu respondi que nós poderíamos confiar nele, se a coisa fosse feita sob nosso controle. Poderíamos organizá-la de forma satisfatória.

Esse foi o final da nossa conversa. Eu dei ordens para que o coronel Vaigachev, o representante político adjunto do nosso Q.G. do Exército, chefe da inteligência, fosse trazido a mim.

O amanhecer era azul lá fora. Eram 6h45 de 2 de maio.

O marechal Zhukov telefonou. Depois de falar com ele, fiz o seguinte anúncio a todos os presentes, principalmente aos delegados de Fritsche:

1. O comando soviético aceita a capitulação de Berlim e está dando ordens para que cessem as hostilidades.
2. As autoridades alemãs e militares restantes devem dar a conhecer a todos os soldados, oficiais e à população que quaisquer propriedades militares, prédios e instalações públicas, bem como objetos de valor, devem ser preservados em boas condições, e nada deve ser explodido nem destruído, principalmente propriedades militares.
3. O senhor Heinersdorf irá com o nosso oficial até o dr. Fritsche, o levará consigo à estação de rádio para que ele faça o seu anúncio e depois voltará aqui.
4. Confirmo, uma vez mais, que "garantiremos a vida de soldados, oficiais, generais e da população e que prestaremos a assistência aos feridos na medida do possível".
5. Exigimos que não haja ações provocativas por parte dos alemães – disparos ou outras atividades diversionistas –, caso contrário, nossas tropas serão obrigadas a reagir.

Heinersdorf solicitou proteção para o pessoal do Ministério da Propaganda.

"Aqueles", eu respondi, "que depuserem suas armas voluntariamente e não se envolverem em nenhuma atividade hostil contra as nossas tropas podem ter a certeza de que nem um fio de cabelo será tocado."

---

* N.T.: Citação de um clássico russo, A infelicidade de ter demasiado espírito, de Griboyedov.

O coronel Vaigachev chegou e, com ele, um intérprete, o sargento-major Zhuravlyov. Dei a Vaigachev a seguinte missão:

"Você vai com Heinersdorf ao dr. Hans Fritsche. Permita que esse Hans Fritsche dê ordens às tropas em nome do governo alemão, para que elas se rendam integralmente, com suas armas e equipamentos. Permita que Fritsche diga a todos, pelo rádio, que o comando soviético aceitou a proposta de rendição e toma Berlim e toda a sua guarnição sob sua proteção. Você providenciará para que Fritsche seja levado à nossa estação de rádio e tomará as medidas necessárias para garantir que o anúncio seja feito da maneira que eu indiquei. Depois do anúncio de Fritsche no rádio, ele e seus assistentes mais próximos devem vir aqui. Falaremos sobre os próximos passos aqui. Está claro?"

O coronel Vaigachev e o sargento-major Zhuravlyov, com a delegação alemã, saíram pela porta. Na entrada, inesperadamente deram de cara com Weidling, que lançou a seu compatriota um olhar selvagem e exclamou: "Você deveria ter feito isso antes".

O general Weidling era um homem magro de estatura mediana, asseado e controlado, usava óculos e tinha o cabelo escovado uniformemente para trás.

"O senhor comanda a guarnição de Berlim?", eu lhe perguntei.

"Sim, sou o comandante do 56º Corpo Panzer."

"Onde está Krebs? O que ele te disse?"

"Eu o vi ontem na Chancelaria Imperial. Acredito que ele tenha cometido suicídio. Para começar, ele me censurou porque a capitulação tinha começado ontem, extraoficialmente. Hoje, uma ordem para a rendição foi emitida às tropas do corpo. Ontem, Krebs, Goebbels e Bormann recusaram a ideia de rendição, mas Krebs logo se convenceu da aproximação de nosso cerco e decidiu – apesar de Goebbels – parar o derramamento inútil de sangue. Repito, dei ordens a meu corpo para que se rendesse."

"E a guarnição? Sua autoridade se estende a toda ela?"

"Ontem à noite, eu dei uma ordem para continuar a resistência, mas... mais tarde, dei outra ordem."

Senti que o caos estava instalado no lado dos alemães. Em um mapa alemão, Weidling apontou os locais de seu Q.G. e das unidades de seu corpo, das Volkssturm e de outras formações. Às 6h, eles começariam a se render. O general Sokolovski entrou. Agora Weidling estava sob fogo cruzado.

"Para onde foram Hitler e Goebbels?"

## A rendição

"Até onde eu sei, Goebbels e sua família devem ter cometido suicídio. O Führer fez o mesmo no dia 30 de abril. Sua esposa... tomou veneno."

"O senhor ouviu dizer isso ou viu?"

"No início da noite de 30 de abril, eu estava na Chancelaria Imperial. Fui informado por Krebs, Bormann e Goebbels."

"Então este é o fim da guerra?"

"Na minha opinião, desperdiçar mais uma única vida seria um crime, uma loucura."

"Muito bem... O senhor está há muito tempo no Exército?"

"Desde 1911. Eu comecei como soldado raso..." E, neste ponto, Weidling foi tomado por uma crise nervosa. Sokolovski e eu fingimos não notar nada e trocamos algumas palavras.

Então, quando demos tempo ao alemão para que recuperasse o controle, Sokolovski disse: "O senhor deve emitir uma ordem de rendição total".

"Eu não pude emitir ordens de rendição a todos, pois não tinha contato", explicou Weidling. "Assim, pode haver grupos isolados em vários lugares que continuarão resistindo. Muitas pessoas não sabem da morte do Führer, já que o dr. Goebbels proibiu que ela fosse anunciada."

"Nós cessamos totalmente as hostilidades, e até mesmo aterrissamos todas as aeronaves da força aérea. O senhor não sabe dos últimos desdobramentos? Seus soldados começaram a se render e, depois disso, uma delegação veio de Fritsche com uma declaração de rendição, e nós interrompemos todas as ações para lhes facilitar sua aplicação."

"Eu terei prazer em ajudar a fazer com que nossas tropas cessem as hostilidades." Ele nos mostrou onde ainda havia unidades da SS, principalmente em torno da Chancelaria Imperial.

"Eles querem passar e ir para o norte", Weidling nos informou. "Minha autoridade não se estende a eles."

"Dê uma ordem de rendição total... Para que a resistência não possa ser mantida, nem mesmo em setores isolados."

"Não temos reservas de munição, de modo que a resistência não pode durar muito."

"Nós sabemos disso. Escreva uma ordem de rendição total e sua consciência estará tranquila."

Weidling começou a escrever uma ordem. Eu olho o relógio: 7h50.

"Talvez o senhor queira o seu assistente", eu disse a ele. "Ah, sim! Isso seria muito bom!", respondeu o general, muito satisfeito.

Eu ordenei que o chefe do Estado-Maior da 56ª Divisão Panzer fosse trazido a mim. Entrou um cavalheiro alto, de cabelos escuros, usando monóculo, com uma perfeita divisão no cabelo e luvas cinza nas mãos. Os alemães conversaram. Weidling estava segurando a cabeça, mas continuava escrevendo. Então ele leu:

"Em 30 de abril, o Führer pôs fim à vida com suas próprias mãos..."

O general Sokolovski interrompeu: "Ficamos sabendo que Doenitz anunciou isso ao mundo."

"Não", disse Weidling, "ontem o dr. Goebbels me disse que apenas Stalin ficara sabendo disso".

"Ontem houve uma transmissão de uma estação de rádio alemã não identificada, dizendo que Hitler tinha tido uma morte heroica."

Weidling encolheu os ombros, sem saber o que fazer com isso, e me entregou o texto com sua ordem. Nós a lemos. Talvez as formulações contidas nela não fossem todas muito boas. O que ele escreveu foi o seguinte:

> Em 30 de abril, o Führer pôs fim à vida com suas próprias mãos e, portanto, nós, que juramos lealdade a ele, ficamos sós. De acordo com a ordem do Führer, vocês, soldados alemães, deveriam continuar a lutar por Berlim, apesar de terem acabado as munições e independentemente da situação geral, o que torna sem sentido mais resistência de nossa parte. Minhas ordens são: cessar imediatamente a resistência. Weidling, general da artilharia, ex-comandante da área de defesa de Berlim.

"O senhor não precisa dizer 'ex'; ainda é comandante", Sokolovski o corrigiu.

O general Pozharski me perguntou: "Devemos incluir essa formulação sobre juramento de lealdade?"

"Não há necessidade de alterar", respondi. "É a ordem dele."

Weidling estava em dúvida sobre o título que daria ao documento: "Um apelo ou uma ordem?".

"Uma ordem", eu disse.

"Quantas cópias?", perguntou o intérprete.

"Doze. Não. O máximo possível."

"Eu tenho uma equipe grande", disse Weidling. "Tenho dois chefes de Estado-Maior e dois outros generais que estavam na reserva, mas vieram a

## A rendição

mim e puseram os seus serviços à minha disposição. Eles podem organizar a rendição."

A máquina de escrever matracava sem parar.

Serviram chá. Os alemães foram levados a outra sala e alimentados lá. Nós, Sokolovski, Tkachenko, Pronin, Weinrub, Pozharski e eu, repassamos repetidamente os eventos dos últimos dias e horas, fazendo nossos próprios comentários. Alguns pensavam que havia algo estranho na história da queima dos corpos de Hitler e Goebbels e sobre o desaparecimento do general Krebs.

"E Weidling se descontrolou, você percebeu?", perguntei.

"Sim, é muito difícil para ele", disse Sokolovski.

"Claro", disse Pronin enfaticamente. "Mas sua ordem foi bem elaborada. Foi um toque hábil enfatizar a lealdade e, em seguida, as circunstâncias reais..."

Informamos que a ordem estava datilografada. Falei com o chefe do Estado-Maior do Exército, o general Belyavski: "Ponha um dos nossos oficiais e um alemão em um carro, dê cópias da ordem a eles e os envie para que dirijam pelas ruas e proclamem a ordem às tropas e à população".

Era uma manhã cinzenta e fria. Recordamos Stalingrado, fizemos piadas, fumamos.

Eram 11h30. Um assistente anunciou a chegada de Fritsche em um jipe. Estávamos em um grupo. Vestindo um sobretudo cinza, entrou Fritsche, um homem de óculos de estatura mediana. Ele leu papéis enquanto caminhava. Sentou-se em silêncio, com seu intérprete ao lado. Fritsche também aceitou os termos da rendição incondicional. Aquele, ele gostando ou não, havia sido o resultado inevitável de nossas conversações.

*Sokolovski* (a Fritsche): Temos interesse em garantir a calma em Berlim. Podemos fornecer uma guarda para quem estiver preocupado com sua segurança.

*Fritsche*: Os órgãos da polícia alemã se desagregaram e seus membros fugiram, mas podem ser reunidos novamente.

*Sokolovski*: Não estamos interessados na polícia, eles serão considerados prisioneiros de guerra. Estamos interessados nos funcionários administrativos. Forneceremos guardas a eles, e eles não sofrerão qualquer dano.

*Fritsche*: Eu não entendo. Quem lhes causaria dano, e onde? Quem ousaria cometer excessos?

*Sokolovski*: Alguns dos nossos soldados e a população alemã podem ser cruéis em relação a vocês em função das ações da Gestapo etc.

*Fritsche*: Sim, isso pode acontecer.

*Sokolovski*: Nós providenciamos tudo e fizemos os devidos anúncios. Foi nomeado um comandante para Berlim, o general soviético Berzarin. Foi criada uma *komendatura*\* para cada distrito, e elas tomarão todas as medidas. Os senhores têm algum outro desejo?

*Fritsche*: Escrevi uma carta ao senhor, sendo o último representante responsável do governo. Eu a escrevi para evitar derramamento de sangue.

*Sokolovski*: Nós entendemos o seu gesto forçoso.

*Fritsche*: Gostaria de ampliar esse documento, e para isso preciso estabelecer contato com Doenitz.

"Às 9h de hoje", informei a ele, "Doenitz se dirigiu ao Exército e ao povo com a declaração de que assumira para si a liderança e continuaria a luta contra o bolchevismo até o fim, e também contra os americanos e os britânicos, se eles o impedissem. Mas não temos medo dele, pois demonstrou ter o olho maior que a barriga."

*Fritsche*: Eu não sabia disso. Onde devo ficar?

*Sokolovski*: Aqui. Aguarde mais instruções nossas.

Fritsche foi levado embora. Será que ele não foi uma figura trazida para encobrir a situação? Continuei pensando e dizendo meus pensamentos em voz alta:

"Doenitz declarou Himmler traidor. Assim, Berlim se rendeu por conta própria. Quem sabe Hitler foi para a clandestinidade? De um jeito e de outro, nós os eliminamos. Em que estado de desintegração e turbulência política eles deviam estar, se Goebbels queria nos ver!"

Todos compreenderam minha ironia e riram.

Boas notícias do Quartel-General do Exército: nossas unidades haviam unido forças com o exército de choque do general Kuznetsov. Os combates na área do Reichstag, da Chancelaria Imperial e do Tiergarten como um todo estavam chegando ao fim. Berlim estava em silêncio.

"O fim da guerra está se aproximando!", disse Vasili Danilovich Sokolovski animadamente.

"Sim, vamos fumar um cachimbo de paz!"

---

\* N.T.: Comandância, ou seja, cargo de comandante ou área de competência de comandante.

# O último tiro é disparado em Berlim

Era meio-dia em ponto.

A guarnição de Berlim, as tropas da SS que faziam a guarda da Chancelaria Imperial e dos restos do governo de Hitler, tinha se rendido. Não havia nada mais que pudessem fazer. As conversações no posto de comando do 5º Exército da Guarda terminaram com a assinatura de uma ordem de rendição.

Pensei que passariam mais uns dias e seria assinado um ato de capitulação por toda a Alemanha na *presença* – enfatizo a palavra – dos representantes da Grã-Bretanha, dos Estados Unidos e da França, na cidade que tinha sido tomada de assalto pelas forças soviéticas, e que a esse grande ato oficial de capitulação também compareceriam os arrogantes "líderes militares" nazistas, que agora não tinham exércitos.

Saímos à rua. Tudo ao redor estava silencioso, um silêncio incomum que soava nos ouvidos. Em algum lugar não muito distante, fileiras de soldados estavam marchando de forma ordeira, em ritmo perfeito. Era difícil acreditar que os nossos soldados da guarda já haviam encontrado tempo para adquirir uma harmonia e uma precisão tão grandes em movimentos de manobra. Mas de que outra forma poderia ser em um momento desses? O desgaste tinha dado lugar ao orgulho e à alegria.

Os homens em marcha se aproximaram. Era uma companhia da 79ª Divisão da Guarda que saía marchando do parque Tiergarten. A companhia era liderada pelo capitão N. I. Kruchinin; ele acabara de tomar o *bunker* leste de alguns nazistas que haviam tentado continuar resistindo. O último tiro na luta por Berlim acabava de ser disparado. O último tiro! E os soldados da guarda saíram da ação para a via central de Berlim como se marchassem em um desfile.

Eu acho que nunca vi uma ordem unida como aquela. Passo a passo, pé por pé, ombro a ombro, os heróis da pátria russa percorreram as ruas da capital conquistada do nazismo. E uma canção russa ressoava claramente no ar da cidade onde os líderes do Terceiro Reich haviam amadurecido seus planos para dominar o mundo.

A guerra acabou. Percorreu-se uma estrada longa e difícil. Se pudéssemos pôr lado a lado todas as trincheiras e linhas de fogo, todas as trincheiras de comunicação e vias, somar todas as marchas forçadas e movimentos de flanqueamento e transformar tudo isso em uma linha reta, muito provavelmente ela seria longa o suficiente para circundar a Terra em seu equador. E toda essa distância foi percorrida pelos soldados do 8º Exército da Guarda debaixo de fogo de metralhadoras e de armas automáticas, sob bombas e projéteis de aeronaves e artilharia, cruzando grandes barreiras de água e campos semeados com minas.

Em pensamento, repito essa viagem passo por passo, mas desta vez não do Volga ao Spree, e sim de continente a continente, para contar aos povos do mundo a minha história de soldado sobre a guerra. Cada linha destas memórias é fruto de minhas observações, experiências e reflexões, que às vezes podem ser subjetivas, mas são sempre sinceras. Eu falei, falo agora e ainda falarei da guerra sem segredos, dizendo tudo o que penso, tudo o que mobiliza a minha alma.

A chama ameaçadora da última guerra surgiu do centro da Europa, da Alemanha de Hitler. Quanto sofrimento foi suportado, quantos sacrifícios foram feitos pelos povos antes que a chama fosse extinta! Dezenas de milhões foram mortos e aleijados, centenas de milhares de cidades e vilarejos, destruídos e queimados.

Os maiores sacrifícios foram feitos pelos povos da Terra dos Soviets, porque a força principal dos golpes da máquina militar de Hitler recaiu sobre nós, o povo soviético. Temos o direito moral de cobrar a conta mais elevada de qualquer parte culpada de agressão e de todos aqueles que deram espaço aos agressores. Mas a ira, mesmo a mais justa, é má conselheira em assuntos da paz. Vale a pena falar com calma e franqueza sobre a guerra passada e tudo o que ela trouxe. Isso é importante para o futuro.

Com os esforços unidos dos povos dos países da coalizão anti-Hitler, a chama da guerra mundial foi extinta lá onde surgiu. Mas por que isso aconteceu somente em maio de 1945, e não, por exemplo, em 1937 ou 1939?

Qualquer um que pare para pensar sobre essa pergunta deve chegar à inevitável conclusão de que a história dos anos anteriores à guerra é uma lição tenebrosa e horrível para a humanidade. Quando se trata de conter um agressor, a desconfiança de alguns governos em relação a outros é cheia de consequências desastrosas. A confiança entre potências é a garantia da paz, de uma paz que dure muitos anos no futuro.

Quando a guerra já havia começado, quando ficou claro que a Alemanha de Hitler estava arrastando mais e mais países para as profundezas desse imenso banho de sangue, a coalizão antinazista foi formada. Essa união em batalha, selada com o sangue derramado na luta contra as forças obscuras do nazismo, permaneceu inabalável até o fim da guerra, até a vitória sobre o inimigo comum.

Mas que grande sorte teria sido se aquela união existisse antes da guerra e tivesse continuado firme mesmo quando a guerra terminou! Quem pensa no passado também tem o futuro em mente. Quem fala do futuro não tem direito de se esquecer do passado. Eu, que passei pelo fogo de muitas batalhas, sou contra a guerra.

Pode parecer estranho: um soldado profissional, há quase meio século no serviço militar e que, de repente, é contra a guerra. Mas não há nada de estranho nisso. Eu conheço não apenas a alegria da vitória, mas o peso das provações da guerra, e não quero que tal sina recaia sobre meus filhos, sobre os filhos de meus filhos e sobre as gerações futuras. Além disso, há muito se sabe que um incêndio descontrolado pode ser combatido com êxito direcionando-se contra ele uma chama poderosa.

As Forças Armadas Soviéticas aperfeiçoam e aumentam sua capacidade de combate não para fazer a guerra, e sim para preveni-la. Elas foram criadas pelo maior dos humanistas: Vladimir Ilyich Lenin. Mas, até que se chegue ao desarmamento universal e completo, elas continuarão a existir, com um único objetivo: não permitir que as chamas de outra guerra se acendam e, se isso acontecer, extingui-las bem no início.

Não muito tempo atrás, Nikita Sergeyevich Khrushchev disse: "Eu gostaria de ver alguém tolo o suficiente para não ter medo da guerra". Muito bem dito! A guerra termonuclear promete não ter misericórdia de ninguém. E aquele que, a partir de cálculos primários, deseje acender a chama da guerra no território de outro, será certamente condenado a sufocar-se e morrer, ele próprio, na chama de explosões atômicas em sua terra.

O bom senso e uma compreensão realista das coisas e dos eventos advertem a humanidade de que ela deve estar atenta àqueles "tolos que não têm medo da guerra". As lições do último conflito dão às nações o direito de manter sob controle comum tudo o que possa provocar uma nova guerra. Até que se obtenha concordância e confiança entre todos os países, os painéis de controle das instalações de armas termonucleares devem ser fechados com um duplo selo e trancados com uma tranca dupla, e as chaves só serão entregues com a permissão do líder maior de qualquer país - o povo - e só depois de um referendo realizado com o povo como um todo.

Sabemos e acreditamos que os povos amantes da liberdade desejam viver em paz, criar, trabalhar para a prosperidade universal por meio do esforço pacífico. Estou me aproximando dos 70 anos, venho usando um uniforme de soldado há quase 50 e digo com um sentido pleno de responsabilidade em relação às minhas palavras: nós, soldados soviéticos, e outras patentes, como oficiais, generais e marechais, seremos os mais confiáveis e fiéis apoiadores de qualquer união de países e povos que se esforcem para evitar a guerra.

A razão exige que as amargas lições da história sangrenta da última guerra não sejam esquecidas. E, se os homens seguirem os ditames do bom senso, há razões de sobra para ter esperanças de que a última guerra mundial tenha sido realmente a última.

# O autor

**Vassily Tchuikov** nasceu em 1900, em Serebryannye Prudy, perto de Moscou. Após a Revolução Russa, ingressou no Exército Vermelho, que defendeu durante a guerra civil. Na Segunda Guerra Mundial, entre 1942 e 1943, atuou na defesa de Stalingrado. Após a retirada do Exército Nazista, Tchuikov comandou o avanço soviético, da Polônia até Berlim. Foi o primeiro comandante Aliado a saber do suicídio de Adolf Hitler e aceitou a rendição dos nazistas lotados na cidade. Foi promovido a general em 1955 e a membro do comitê central do Partido Comunista da União Soviética em 1961. Serviu no Exército Soviético entre 1917 e 1972 e lutou nas principais campanhas militares do período. Faleceu em 1982.